구스타프 말러
19세기에서 20세기로 전환될 때, 주로 오스트리아 빈과 미국 뉴욕을 중심으로 지휘자와 작곡가로서 활동한 말러는 낭만주의 시대의 마지막 거장이자 현대음악의 관문으로 평가받는다. 사진은 1907년경의 모습으로, 그의 음악 인생이 가장 정점을 찍었을 때다.

필하모닉오케스트라를 지휘하는 말러
말러는 빈의 궁정오페라극장를 이끄는 한편으로 필하모닉오케스트라의 지휘자로도 3년 동
안 재임했다. 그는 필하모닉오케스트라와 함께 총 스물네 번의 공연을 했으며, 그중 당시 빈
음악계가 정전처럼 떠받들던 베토벤의 작품을 가장 많이 연주했다. 그림은 빈 출신의 화가
막스 오펜하이머가 1935년에 그린 것이다.

말러에게 영감의 원천이 된 알프스의 자연
말러는 빈과 뉴욕이라는 당대 가장 화려하고 세속적 욕망으로 들끓는 도시의 한복판에서
늘 빡빡한 공연을 소화하며 보냈지만, 휴가 때면 문명의 손길이 닿지 않은 것 같은 자연의 품
으로 달려가 작곡에 매진하며 온전히 자신만을 위한 시간을 보냈다. 그의 위대한 걸작은 자
연과 소통하는 특별한 능력을 가진 그에게 알프스가 선사한 선물과도 같다.

말러의 생애와 예술 공간

대서양

미국

7

뉴욕

함부르크

2

독일

이흘라바

1

체코

3

아테르제

8

4

오스트리아

그린칭

이탈리아

6

5

토블라흐

빈국립오페라극장

마이에르니히

1860년, 체코 이흘라바에서 선술집을 운영하던 부모 밑에서 어린 시절을 보낸 말러는 열다섯 살의 나이에 빈음악원에 입학함으로써 처음으로 합스부르크 제국의 중심부에 발을 들여놓았다. 그러나 그는 학업보다는 숲에서 많은 시간을 보내거나 바그너의 음악과 니체 철학에 심취했다. 결국 학교를 중퇴한 그는 지휘자로 전향하여 라이바흐, 카셀, 라이프니츠 등에서 초년 시절을 보낸 뒤 부다페스트와 함부르크에서 바그너 전문 지휘자로서 이름을 알리기 시작했다. 그리하여 1897년에는 음악의 도시 빈의 궁정오페라극장의 지휘자 자리에 오르고 그것과 거의 동시에 필하모닉오케스트라도 맡게 되면서 그의 인생에서 가장 화려한 시절이 시작되었다. 그는 비시즌에는 알프스 자락에 마련한 소박한 작곡 오두막에서 지내면서 작곡에 몰두했다. 그의 걸작들은 대부분 이 오두막에서 탄생했다. 그러나 첫째 딸의 죽음과 함께 찬란했던 빈 시절에 종지부를 찍은 말러는 뉴욕으로 건너가 메트로폴리탄오페라극장과 뉴욕필하모닉을 이끌며 예술혼을 불태웠지만 건강은 날로 악화했다. 유럽으로 다시 돌아온 그는 결국 1911년에 빈에서 눈을 감았다.

❶ 이흘라바 체코
유소년기를 보낸 곳

1860년, 구스타프 말러는 체코의 칼리슈테에서 태어나 보헤미아 지역과 모라비아 지역의 경계 부근에 있는 이흘라바에서 유소년기를 보냈다. 어린 말러는 길거리에서 들려오는 군악대 소리, 아버지가 운영하는 선술집에서 나는 흥겨운 권주가 소리, 동유럽 집시들의 노랫소리 등을 일상적으로 들으며 자랐고, 이는 훗날 그의 음악에서 음향적 원천이 되었다.

❷ 함부르크 독일
지휘자로서 본격적으로 궤도에 오른 곳

말러는 어릴 때부터 음악적 재능을 보여 열다섯 살에 빈음악원으로 유학을 갔지만 학업에 별로 흥미를 느끼지 못했다. 결국 중퇴 이후 지휘자로 전향한 그는 라이바흐, 라이프치히 등을 거쳐 부다페스트와 함부르크에서 극장 최고 자리에 올랐다. 특유의 치밀하고 정확한 연주로 호평을 받았으며, 그가 숭배한 바그너 음악도 적극적으로 소개했다.

❸ 아테르제 오스트리아
첫 번째 작곡 오두막이 있는 곳

함부르크 시절, 말러는 작곡에 몰두할 수 있는 장소를 절실하게 물색하다가 잘츠카머구트 지역에 있는 아테르제 호숫가를 찾게 되었다. 유려한 경관에 비해 인적이 드문 이곳은 한동안 답보 상태에 있던 말러의 작곡 활동에 생기를 불어넣어 주었다. 첫 휴가를 성공적으로 마친 말러는 이곳에 아예 작곡 전용 오두막을 지어 세 번의 여름을 거기서 보냈다.

❹ 빈국립오페라극장 오스트리아
가장 찬란한 시절을 보낸 곳

부다페스트와 함부르크 시절, 말러는 이미 지휘자로서 안정 궤도에 올랐음에도 그는 그것에 만족하지 않고 더 먼 곳을 내다보았다. 그러나 유대인이라는 정체성은 음악의 도시 빈으로 가는 데 걸림돌로 작용했다. 이에 가톨릭 세례를 받음으로써 응수한 그는 결국 1897년 서른일곱 살에 빈국립오페라극장 지휘자로 발탁되어 10년간 최고의 전성기를 누렸다.

❺ 마이에르니히 오스트리아
두 번째 작곡 오두막이 있는 곳

빈국립오페라극장에서 일하던 초창기, 말러는 아테르제에 이어 작곡을 위한 새로운 오두막을 찾기 시작했다. 동생 유스티네의 도움으로 발견한 곳은 뵈르테제 호수를 끼고 있는 마이에르니히였다. 말러는 호수 근처에는 별장을, 숲속 언덕에는 작곡 오두막을 지어 일곱 번의 여름을 보냈다. 이곳에서 누린 평화는 첫째 딸의 이른 죽음과 함께 종지부를 찍었다.

❻ 토블라흐 이탈리아
세 번째 작곡 오두막이 있는 곳

궁정오페라극장 음악감독직을 사임하고 뉴욕으로 떠난 뒤에도 말러는 창작을 위해 휴가철에는 알프스 산자락으로 귀환했다. 온갖 비극을 경험한 마이에르니히 오두막을 청산한 뒤 그는 과거에 휴가를 몇 번 보낸 토블라흐에 세 번째 오두막을 지었다. 이곳에서 그는 <대지의 노래>와 교향곡 9번을 완성했고, 미완의 교향곡 10번 스케치를 남겼다. 이들 작품은 모두 말러가 죽을 때까지 초연되지 못했다.

❼ 뉴욕 미국
마지막 예술혼을 사른 곳

뉴욕에서 말러는 처음에는 메트로폴리탄오페라극장에 몸담았다. 특유의 철저한 완벽주의로 <트리스탄과 이졸데>, <돈 조반니> 등 자신의 주무기를 잇달아 선보이며 승승장구하던 그는 메트 측의 음악감독직 제안에 대해서는 거절했다. 이후 그는 자신의 결정권을 적극적으로 보장해 주는 뉴욕필하모닉 오케스트라를 맡아 슬럼프에 빠져 있던 악단을 새롭게 부활시켰다.

❽ 그린칭 오스트리아
영원히 잠든 곳

뉴욕에서 세 번째 시즌을 보내던 1910년 가을부터 말러의 건강은 악화되었다. 결국 1911년 카네기홀 공연을 마지막으로 지휘봉을 내려놓은 그는 뉴욕을 떠나 유럽행 배에 올라탔다. 먼저 파리에 도착해서 치료를 모색했지만 모든 의학적 시도가 바닥나자 빈으로 향했고, 1911년 5월 18일에 끝내 사망했다. 그의 시신은 그린칭에 있는 첫째 딸의 곁에 묻혔다.

일러두기

— 단행본, 잡지 등 책으로 간주할 수 있는 것은 겹낫표(『 』)로, 책의 일부나 단편소설,
　　신문 등은 홑낫표(「 」)로, 미술, 음악, 연극 등의 작품명은 홑화살괄호(〈 〉)로 표기했다.
— 외래어 표기는 국립국어원 외래어표기법을 따랐으나, 관습적으로 굳은 표기는
　　그대로 허용했다.

말러

×

노승림

경계 위의 방랑자

arte

말러의 교향곡 4번 악보

말러는 교향곡은 모든 것을 끌어안아야 한다고 했다. 세속과 대자연이라는 전혀 상반된 세계를 모두 껴안고 있는 그의 교향곡들은 분열되고 파편화된 세계를 살아가고 있는 지금 여기의 우리에게 베토벤의 그것과는 또 다른 의미의 웅장한 서사와 깊은 여운을 선사한다. 사진은 교향곡 4번 악보로, 말러의 초기 4부작의 마침표에 해당한다.

CONTENTS

파우스트의 고독한 방랑길

어디에도 속하지 않은

자신의 조국이 달콤하게 느껴지는 사람은 아직 미숙한 어린아이와도 같다. 외국이 모두 자기 조국처럼 느껴지는 사람은 이미 성숙한 어른이다. 그러나 세계가 다 외국으로 느껴지는 사람이야말로 완전한 사람이다.

— 빅토르 위고

구스타프 말러는 경계인이었다. 물론 이는 처음에는 그 자신이 선택한 것이 아니었다. "나는 삼중으로 고향이 없는 사람이다. 오스트리아에서는 보헤미아인으로, 독일인들 사이에서는 오스트리아인으로, 세계에서는 유대인으로, 어디에서나 이방인이고 환영

받지 못한다"라는 그의 유명한 토로에는 태어날 때부터 어디에서 나 소외된 자의 운명적 고독이 묻어 있다.

하지만 말러는 타고난 고독을 부정하거나 그것을 극복하기 위해 살지는 않았다. 어린 시절부터 인적 드문 숲속에서 몽상에 잠기는 것이 취미이던 사차원의 사내아이는 성인이 된 이후에는 자발적으로 고독에 빠져들었다. 시대를 대표하는 지휘자로 입지를 굳힌 다음에는 충분히 세상으로부터 대접받고 유유자적한 삶을 누릴 수도 있었다. 그럼에도 그는 어느 쪽에도 완전히 속하거나 기우는 법이 없이 음악이라는 외줄타기 인생을 완고하게 고집했다.

말러에게 음악은 온전한 자신만의 세계였다. 그는 타고난 재능을 출세나 명예를 위해 사용하는 법이 없었다. 하이든, 모차르트, 베토벤과 같은 선배 작곡가들과 달리 그는 황제나 고관대작을 위해 음악을 지휘하지 않았고, 작곡은 더더욱 하지 않았다. 그가 자신의 음악을 헌정한 처음이자 마지막 인물은 지극히 사적인 존재인 아내 알마 말러뿐이었다.

말러의 음악이 독창적인 이유는 아마 여기에 있을 것이다. 그는 세상의 선택을 받기 위해 음악을 만들지 않았다. 그는 당시 사회가 존중하던 형식을 지나치게 과장하거나 파괴했고, 촌부들의 세속적인 권주가 혹은 거리의 노래를 서슴없이 음악적 재료로 사용했다. 여기에서는 당시 고전음악을 듣던 부르주아들의 고상한 취향도, 세상을 향한 아부도 발견할 수 없다. 그랬기에 그가 생전에 작곡한 작품들은 사람들 사이에서 인정받지 못했다.

말러를 찾아가는 길

말러의 발자취를 따라가면 양극단으로 갈라진 세상을 볼 수 있다. 세속적인 욕망과 속물주의가 꿈틀대는 화려한 메트로시티, 그 반대편에는 인간의 흔적이라고는 거의 찾아볼 수 없는 고적한 자연이 펼쳐진다. 이처럼 분열된 세계는 세월이 흘러 지금은 서로의 영역에 스며들어 있고, 그로 인해 말러가 살아 있다면 크게 웃음을 터뜨렸을 아이러니도 목격할 수 있다.

분열된 세계의 음악

이 책은 철저하게 음악만을 추구한 말러의 외길 인생을 따라간 여정이다. 그 길에서 내가 발견한 것은 양극단으로 갈라진 세상이었다. 빈과 뉴욕이라는, 세속적인 욕망과 속물주의가 꿈틀대며 당시 가장 화려하고 찬란하게 빛났던 메트로시티, 그 반대편에는 문명이 거의 느껴지지 않을 만큼 고적한 오스트리아의 자연 풍광이 펼쳐졌다. 이 분열된 세계가 세월이 흘러 지금은 서로의 영역으로 스며든 것을 볼 수 있었고, 그로 인해 연출된 웃지 못할 아이러니도 목격할 수 있었다.

가령 말러가 금기시한, 극장 내 청중의 다과와 사교를 위해 마련된 공간은 그의 이름을 따서 '말러룸'이라고 불리고, 말러를 추모하기 위해 조성된 체코 이흘라바의 추모 공원에서는 일렉트로닉 댄스 뮤직 페스티벌이 흥겹게 펼쳐졌는가 하면, 생애 가장 침통한 작품들이 탄생한 그의 마지막 작곡 오두막은 엉성한 동물 농장으로 변해 있었다.

하지만 이런 삶의 아이러니를 말러는 일찌감치 깨닫고 있었고, 자신의 음악에 심었다. 흥겨운 왈츠로 죽음과 대적하고, 구슬픈 멜로디로 사랑의 기쁨을 노래했으며, 범부의 음탕한 권주가를 장송 음악으로 사용한 그는, 인간이 순수하게 자신의 감정을 표현하기에는 이 세상이 너무도 현란하게 뒤틀린 것을 어린 시절부터 겪은 경험을 통해 익히 알고 있었다.

이 책은 단순한 말러 전기를 의도하지 않았다. 국내외 저명한 권위자들이 집필한 전기가 이미 시중에 널리 읽히고 있을뿐더러, 그 책들은 굳이 부연이 필요하지 않을 만큼 수준이 높다. 옌스 말테 피셔의『구스타프 말러』를 비롯하여 노먼 레브레히트의『왜 말러인가?』와 아직 번역되지 않은 *Mahler Remembered*, 앙리 루이 드 라 그랑주의 장대한 말러 해석서 *Gustav Mahler*, 한국의 말러 전문가인 김문경 음악평론가가 쓴 말러 교향곡 해설 전집인『구스타프 말러』는 이 책을 완성하는 데 큰 도움이 되었다. 다만 다분히 독일과 오스트리아 중심으로 말러를 바라보는 피셔의 관점과 말러의 유대인 정체성을 지나치게 부각한 레브레히트의 관점 사이에서는 균형 있는 시각이 필요했다. 이를 보완하는 데는 데이비드 존스가 쓴 *Music in Vienna, 1700, 1800, 1900*과 대니얼 스노우맨의 *The Glided Stage: A Social History of Opera*, 크리스티안 브란트슈태터의 *Vienna 1900* 같은 저서가 말러가 살던 시대를 또 다른 각도로 들여다 볼 수 있는 흥미로운 만화경을 제공했다.

이 책은 오늘날 세계 도처에서 만날 수 있는 말러의 흔적을 이정표 삼은 여행기에 가깝다. 다행히 모차르트나 베토벤에 비해 말러의 유산은 가필되지 않고 있는 그대로 남아 있는 경우가 많았고, 무엇보다 그가 즐기던 자연 경관은 지금과 크게 다르지 않을 것이라 생각한다. 방문한 도시와 자연을 필요 이상으로 자세히 묘사한 까닭은 이 책을 가지고 또 다른 여정을 떠날 독자들을 작게나마 배려하기 위해서다.

그 길을 따라가다 보면 여행은 더 이상 즐거운 '관광'일 수 없다. 말러를 보듬으면서도 동시에 압도한 자연, 외로운 창작의 고통이

여전히 묻어 있는 조그만 작곡 오두막들, 그가 살아남기 위해 처절하게 투쟁한 찬란한 도시의 문명은 최고의 자리를 차지하고도 소외당한 자의 고독을 실감하게 한다.

마음을 더욱 불편하게 만드는 것은 그가 겪은 불행과 고독이 해소되지 않은 채 그대로 세상에 떠돌고 있다는 사실이다. 내가 바라본 말러의 인생은 고난을 이긴 성공 스토리와 거리가 멀며, 그도 의도하지 않았다고 생각한다. 책이나 음악이 아닌 현실 세계에서 내가 만난 말러는 세상에서 가장 아름다운 존재를 확인하기 위해 떠돌던 파우스트와 같은 방랑자다. 부귀영화나 세속적인 명예는 그의 마음을 채워 줄 수 없었다. 인간이 저마다 안고 태어나는 인생의 고난은 극복이 아닌 포용하고 초월할 대상임을 삶은 그에게 가르쳐 주었고, 그의 음악이 우리에게 알려 주는 바도 이것이다. 인간은 노력하는 한 방황하게 마련이라는 괴테의 명언을 되새기며 독자들도 이 여행에 동참하기를 바란다.

1902년경의 말러
지휘자이자 작곡가로서 말러는 음악사의 새로운 페이지를 썼지만, 다른 한편으로는 그 스스로 말한 '삼중의 이방인'으로서의 정체성을 뼈저리게 실감했다. 그러나 그는 자신의 운명적 고독을 부정하지도, 극복하려고 애쓰지도 않았다. 그는 세상에서 가장 아름다운 것을 만나기 위해 세속과 자연을 떠돌던 영원한 방랑자였다.

01

그린칭 묘지로
가는 길

모퉁이를 돌면 죽음이 기다리고 있을지라도

빈에서의 첫날 아침. 빈대학교 앞에서 38번 트램을 타고 도시 근교의 숲 지역인 그린칭으로 향했다. 그곳에는 베토벤의 별장이 있다. 그는 난청이 심해질 무렵부터 요양 삼아 이곳을 자주 찾아왔다. 1802년에 그의 두 동생인 카를과 요한에게 남긴 저 유명한 「하일리겐슈타트 유서」를 쓴 곳도, 죽고 싶을 만큼 힘든 절망을 극복한 곳도 바로 여기 그린칭에 있는 베토벤하우스다. 그 집을 둘러싼 숲 또한 베토벤의 산책로로 유명하다. 고통에 시달리던 작곡가에게 영감과 충전을 넘어 치유와 구원의 공간이기도 했다. 삶의 의지를 다시 세운 보상으로 숲은 베토벤에게 교향곡 6번 〈전원〉의 평화로운 악상을 선물했다.

트램 창문 너머로 바라보는 숲은 세속의 공간을 여전히 부드럽게 에워싸고 있었다. 베토벤 이후에도 이 숲은 세대를 거듭하며 여러 작곡가들에게 자신을 내주었다. 슈베르트에게는 고독과 사

녹음이 인상적인 그린칭 거리

그린칭은 빈 시내에서 북서쪽 방향으로 10킬로미터 떨어진 외곽에 위치한 마을로 포도 재배
단지로 유명할 뿐만 아니라, 빈을 대표하는 음식인 호이리게의 본고장이다. 이 마을을 둘러싼
숲은 베토벤이 귓병으로 고통받으며 절망에 빠져 있을 때 다시 일어날 수 있는 힘을 주었고,
빈음악원으로 유학 온 말러에게는 은둔의 공간을 제공하기도 했다. 마을 북쪽으로 10분쯤
걸어가면 그린칭 묘지가 나오는데, 이곳에 말러가 묻혀 있다.

색의 공간이었고, 빈음악원으로 유학 온 말러에게는 현실 도피와 은둔의 공간을 제공했다. 작곡가들이 남긴 삶의 흔적을 온전히 보전하고 있는 곳은 베토벤하우스처럼 인공적으로 박제된 박물관이 아니라 그때나 지금이나 한결같은 이 숲일지도 모른다. 소멸이나 죽음이라는 개념을 모르는 숲은 인간보다 현명한 방식으로 영생을 유지한다.

우거진 숲을 20분쯤 한가로이 감상하고 나니 목적지인 그린칭에 도착했다. 트램에서 내려 북쪽으로 10분쯤 걸어가면 그린칭 묘지 입구가 보인다. 영생의 숲과 달리 소멸의 흔적이 모인 곳. 바로 여기에 말러의 무덤이 있다.

빈에서 내로라하며 활동하던 음악가들의 무덤은 빈 외곽의 중앙묘지에 모여 있다. 베토벤을 비롯해 슈베르트, 모차르트, 요한 슈트라우스, 브람스의 무덤들이 있는 그곳은 클래식 음악 애호가들에게 소문난 명소다. 말러보다 후배인 쇤베르크의 묏자리도 그곳에 있다. 그런데 세기말을 주름잡던 유명 인사 말러의 유골은 왜 그가 살지도 죽지도 않았던 이곳에 묻힌 것일까?

이유야 무엇이든 그것은 말러의 선택이었다. 자신이 죽으면 그린칭 묘지에 묻힌 장녀 마리아의 옆에 묻어 달라고 일찌감치 남긴 유언을 남은 자들이 충실히 따른 것이다. 죽음 이후 그가 바란 것은 위대한 선배 음악가들과 어깨를 나란히 하는 영광이 아니라, 어린 나이에 세상을 뜬 가엾은 딸 곁에 머무는 소박한 안식이었다. 빈오페라극장 음악감독 재직 시절 자동차나 마차 대신 트램을 타고 사람들과 부대끼며 출퇴근을 했다는 말러의 선택답다. 어쩌면 그도 생전에 내가 타고 온 38번 트램을 타고 딸의 무덤을 종종 찾지 않았을까?

말러의 발자취를 따라가는 여정에서 무덤만큼 어울리는 출발점은 없었다. 만인에게 공평하게 부여된 운명 중 하나가 죽음이겠지만, 말러에게 그것은 유달리 각별했다. 자신도 아버지처럼 심장 질환으로 죽을까 봐 걱정하며 살았다든가, 베토벤처럼 교향곡 아홉 개를 완성하면 죽는다는 '베토벤의 저주'가 무서워 교향곡 9번 작곡을 뒤로 미루었다는 등 세간에 회자되는 원초적인 두려움을 의미하는 이야기가 아니다. 말러에게 죽음은 그보다 훨씬 근원적인 문제였다.

말러가 살던 시대, 인류는 곁에 머무는 죽음에 꽤 익숙했다. 전쟁과 전염병이 삶을 갉아먹던 시절부터 죽음은 언제나 골목 사이사이를 배회했고, 창문 너머에서 손을 내밀며 우리의 영혼에 대고 달콤하게 속삭였다. 그 속삭임에 아이를 잃은 부모는 흔했고, 양친이 모두 살아 있는 소년은 귀했다. 바흐는 아홉 살에 아버지와 어머니를 차례로 잃었고, 훗날 스무 명의 자식을 낳았지만 그중 절반이 성인이 되지 못한 채 세상을 떠났다. 슈베르트는 열다섯 살에 어머니를 잃었고, 열네 명의 형제 중 다섯 명만이 성년을 맞았으며, 그 자신은 서른한 살에 요절했다.

나는 너의 친구이니 해치지 않아

나를 편하게 대하렴

나는 두려운 존재가 아니란다

말러의 묘지

빈 분리파 건축가 요제프 호프만이 제작한 이 비석은 위아래로 길쭉한 직사각형 화강암 평판 상단에 대문자로 "GUSTAV MAHLER"라고 두 줄 새겨진 것이 전부다. "나를 보러 오는 사람들은 내가 누구인지 알 것이고, 나머지는 몰라도 되는 사람들"이라며 말러는 자신의 묘석에 부연이나 장식 없이 이름만 새겨 넣으라고 신신당부했다.

내 품에서 꿈결같이 고이 잠들렴.

— 프란츠 슈베르트, 〈죽음과 소녀〉 중

　슈베르트는 당시 일상에 만연해 있던 죽음의 그림자를 노래했다. 아름다운 선율 너머 죽음의 속삭임은 낭만주의 시대 사람들이 죽음에서 느끼던 관능적인 유혹마저 암시한다.

　말러 또한 슈베르트처럼 많은 가족을 잃었다. 열세 명의 형제 중 절반이 유아기에 사망했다. 하지만 말러 자신의 삶은 슈베르트에 비하면 썩 나쁘지 않았다. 슈베르트가 가난한 무명 작곡가로 요절한 반면, 말러는 빈 최고의 음악가로 인정받으며 당시 평균수명인 마흔다섯 살보다 5년을 더 오래 살았으니 말이다. 그가 음악과 더불어 고뇌하던 죽음은 두려움보다는 오히려 실존적 의미을 띤 것이었다. 저 골목 모퉁이에서 죽음이 나를 기다리고 있을지라도 지금 이 순간 내가 살아 있는 이유를 알고 싶었던 것이라 생각한다. 생애 첫 교향곡인 교향곡 1번 〈거인〉을 발표하면서 그는 "내 교향곡의 영웅은 무덤가에서 태어난다"라고 공언하며 청중의 코앞에 죽음을 들이댔다. 음악을 그저 여흥거리로 여기던 당시 빈 청중에게 이렇듯 진지한 말러의 메시지는 소화하기 부담스러운 성찬으로 다가왔을 것이다.

죽은 아이를 그리며

묘지 입구에 도착하니 때 아닌 긴장감이 밀려왔다. 그린칭 공동묘지는 중앙묘지보다는 작지만 그래도 거의 동네 하나 규모의 구역이었다. 5000개가 넘는 비석들이 저마다 다른 모양으로 초등학교 교실처럼 줄지어 늘어서 있었다. 화려하다 못해 터무니없는 모양새를 한 천차만별의 묘석들이 그 아래 누워 있는 자들의 죽어서도 놓지 못한 허영심을 드러냈다. 이 가운데 말러의 무덤을 어떻게 찾을 것인가? 인터넷에서 내려받은 묘지 지도를 살펴보며 전의를 다지고 있던 차에 입구 옆 작은 부스에서 묘지기로 보이는 노인이 나왔다.

"구스타프 말러?"

주어, 동사 다 자르고 툭 던진 이 두 마디 이름에 내가 고개를 끄덕이자 그는 나를 말러의 묘지 앞에 데려다 주었다. 이곳에 묻혀 있는 유명 인사가 비단 말러 하나뿐이겠나 싶지만, 바다 건너 동양인까지 찾아오는 순례자가 찾는 무덤은 분명 말러가 유일했나 보다.

말러의 비석은 생김새가 단순했다. 위아래로 길쭉한 직사각형 화강암 평판 상단에 대문자로 "GUSTAV MAHLER"라고 두 줄 새겨진 것이 전부다. "나를 보러 오는 사람들은 내가 누구인지 알 것이고, 나머지는 몰라도 되는 사람들"이라며 말러는 자신의 묘석에 부연이나 장식 없이 이름만 새겨 넣으라고 생전에 신신당부했다. 말러보다 열 살 연하의 빈 분리파 건축가인 요제프 호프만이 제작

알마 말러 베르펠의 묘지

말러의 무덤을 등지고 대각선 방향 뒤에는 아내 알마 말러 베르펠의 묘지가 있다. 첫째 딸 마리아와 합장해 달라는 말러와 달리 알마는 훗날 두 번째 남편 발터 그로피우스와의 사이에서 낳은, 열여덟 살에 요절한 딸 마논과 합장해 달라고 유언으로 남겼다. 알마의 비석 아래에는 삼각형 모양의 마논 그로피우스의 묘비가 누워 있다.

한 이 비석은 말러의 유언에 충실히 부응했다. 이 비석과 그 앞에 똑같은 직사각형 모양으로 깔린 푸른 잔디만으로는 말러의 생전 직업도, 그가 누린 영광도, 심지어 그의 외모조차도 가늠할 수 없었다.

말러의 무덤 대각선 방향 뒤에는 아내 알마가 잠들어 있다. 까맣게 녹슨 청동으로 만든 직사각형 비석에는 "ALMA MAHLER WERFEL"이라는 이름과 생몰 연도만 새겨져 있어 남편의 비석 못지않은 단순미를 자랑했다. 그 앞에 자리 잡은 삼각형 모양의 석판에는 "MANON GROPIUS"라는 이름이 적혀 있었다. 말러의 아내로서 동시에 네 살 연하의 건축가인 발터 그로피우스와도 밀회한 그녀는 말러가 사망한 뒤에도 결혼을 두 번이나 더 했다. 딸 마리아의 곁을 찾은 말러처럼 알마 또한 그로피우스와의 사이에서 낳은, 열여덟 살에 요절한 딸 마논과의 합장을 선택했다. 남의 자식과 함께 묻혀 있는 아내의 무덤 곁에서 말러는 과연 안식을 누릴 수 있었을까? 아내의 불륜을 알고서도 헤어지기를 두려워하며 죽을 때까지 아내만을 바라보던 말러로서는 선택지가 그리 많지는 않았겠지만 말이다.

말러가 사망한 날은 1911년 5월 18일이다. 그의 시신이 집을 나서 장례식이 치러지고 묘지로 운구된 것은 그로부터 나흘 뒤의 일이었다. 엄청난 폭우가 쏟아졌지만 내로라하는 정치인들과 문화계 인사 수백 명이 비바람을 뚫고 장례 행렬에 참여했다. 시신을 묻은 뒤 말러의 추종자이던 쇤베르크는 바로 캔버스 앞에 앉아 말러의 장례식 풍경을 그렸다. 쇤베르크의 유화 〈구스타프 말러의 장례식)을 보면 무덤 구덩이 곁에 서 있는 거대한 나무 한 그루가 유독 존재감을 과시한다. 표정 없는 군중이 양옆으로 줄지어 있는 가운데 바람에 가지가 휘날리는 이 나무는 무덤에 쏟아지는 거센 빗줄기를 가려 주고 있다.

이 나무를 볼 수 있을까 하고 무덤 주변을 두리번거렸지만 소용없었다. 그것은 실제로는 존재하지 않는 상상의 나무인 것이다. 쇤베르크가 그림으로 남긴 말러의 죽음은 이 작곡가의 삶의 풍경을 은유하는 듯 보인다. 말러에게 대중은 자신을 관람하는 구경꾼에 불과했다. 그의 일거수일투족은 매일같이 빈 시민들의 입에 올랐지만 애정 어린 관심이나 환영에서 비롯된 것이 아니었다. 사람으로부터 이해와 위로를 구할 수 없었던 그는 때가 되면 도시를 떠나 그림 속 나무가 상징하는 자연의 품에서 고독과 소외라는 이름의 생채기를 다독이다 돌아왔다.

빈은 그에게 최고의 전성기를 선물한 도시였다. 그 도시가 아니었다면 '말러'라는 이름은 변방의 음악가로서 역사 속에 티끌 같은 존재로 희미하게 남았을 것이고, 세상 동쪽 끝에서 일부러 그의 무덤을 찾아와 경배하는 순례자도 없었을 것이다. 하지만 말러는 빈이라는 도시에 일말의 소속감도 느끼지 못했다. 휴가든 연주든 그는 빈을 벗어날 수 있다면 기회를 마다하지 않았고, 그때마다 비로소 행복하다고 입버릇처럼 말했다. 어쩌면 죽어서까지 그 도시에 자신의 유해를 남기고 싶지 않아서 빈 중앙묘지 대신 그린칭 묘지를 선택했는지도 모른다.

그럼에도 심장병이 악화되어 마침내 사형선고를 받았을 때, 말

⟨구스타프 말러의 장례식⟩

작곡가 쇤베르크가 그린 유화로 1911년 5월 22일 이후 완성되었으며, 현재 빈미술사박물관에 소장되어 있다. 『신 빈 저널*Neues Wiener Journal*』은 5월 18일 거행된 말러의 장례식 풍경에 대해 다음과 같이 묘사했다. "그의 마지막 길에 하늘의 수문이 열린 듯 폭우가 쏟아졌다. 모두가 엄숙하게 침묵을 지키는 가운데 그의 관이 땅 아래로 내려지는 모습은 감동적이었다. 화가 몰과 악장 로제가 무덤에 다가가 흙을 한 줌씩 관 위에 던졌다. 그제서야 관 위에서 둔탁한 금속 소리가 났다."

러는 한 치의 망설임 없이 빈으로 돌아오는 티켓을 끊었다. 음악가들이 불행에 잠식되면서도 결국 연어처럼 돌아올 수밖에 없었던 빈. 그 도시가 지닌 힘은 과연 무엇이었을까?

02

유년기를
찾아서

이흘라바로 가는 길

프라하 중앙역에서 브르노행 기차를 탔다. 프라하에 들른 이유는 두 가지였다. 하나는 교통편 때문이었다. 기껏 딴 운전면허증을 장롱에 처박아 둔 '뚜벅이'에게 동유럽은 동선을 짜기 여러모로 난해한 지역이다. 아주 작은 시골 마을에까지 모세혈관처럼 촘촘히 스며들어 있는 서유럽 철도를 기대해서는 안 된다. 서유럽과 국경을 맞대고 있는 체코조차도 우리나라의 5분의 1밖에 되지 않는 인구 때문인지 프라하 이외의 지역은 도시화가 더디다. 구소련 정권이 무너지고 강산이 세 번은 바뀌었건만 수도를 제외한 어지간한 도시들은 모두 우리 기준으로 '시골'에 가깝고, 교통 시스템 또한 소박하기 그지없다. 다리품을 팔아서 역이나 정거장에 직접 찾아가 운 좋게 인터넷으로는 찾을 수 없던 버스나 기차를 발견하더라도 기쁨은 잠시뿐. 여행객의 편의 따위는 아랑곳하지 않는 체코어와 씨름해야 한다. 영어뿐만 아니라 한국어 표지판에 감격하는 호사는 프라하 바츨라프하벨국제공항에서 끝난다. 현지 정보에 해박한 지인도 없고, 장롱 면허에다, 체코어에는 까막눈인 평범한 여행객은 프라하에서 조금만 벗어나도 불확실한 미래를 감수해야 한다.

이런 불편을 감수하며 가려는 내 목적지는 말러가 유년기를 보낸 이흘라바였다. 말러가 살던 시절에는 독일어로 이글라우라 불리던 작은 도시다. 다행히 체코의 수도 프라하와 두 번째로 큰 도시 브르노 사이에 위치해 있어 양대 도시를 잇는 버스나 기차만 잘 찾으면 자동차 없이도 찾아갈 수 있다.

이흘라바행 열차를 확인하고도 프라하를 바로 떠나지 않고 굳이 하루를 묵은 이유는 이곳에서도 말러와 관련한 무엇을 건질 수 있지 않을까 하는 막연한 기대 때문이었다. 말러는 1885년 여름부터 약 1년간 이곳의 극장에서 음악감독직을 역임했다. 짧은 기간이지만 〈라인의 황금〉, 〈발퀴레〉, 〈탄호이저〉, 〈뉘른베르크의 마이스터징거〉 등 바그너의 음악극을 잇달아 무대에 올리며 바그너 전문 지휘자로 지명도를 쌓기 시작한 곳이 바로 프라하다. 1908년에는 체코필하모니관현악단을 이끌고 자신의 교향곡 7번을 초연하기도 했다.

하지만 기대와 달리 프라하에서 말러의 흔적을 찾기란 쉽지 않았다. 말러가 부지휘자로 있었던 프라하국립오페라극장(전 왕립독일극장)에서는 말러를 기리는 어떤 흔적도 찾을 수 없었고, 말러의 교향곡이 초연된 루돌피눔에는 후배 드보르자크의 동상이 입구에서부터 기선을 제압하고 있었다. 하기는 프라하는 대대로 '음악

말러가 유소년기를 보낸 이흘라바

체코의 프라하에서 동남쪽으로 자동차로 약 한 시간 반 정도 걸리는 곳에 위치한 이흘라바는 말러 생전에는 독일어로 이글라우라고 불렸다. 체코 동쪽의 모라비아 지역과 서쪽의 보헤미아 지역 사이에 위치하여 군사적 요충지로서의 역할을 한 이곳에는 거대한 규모의 지하 통로, 오래된 성벽, 유서 깊은 성당 등 오래된 도시의 특징을 풍부하게 간직하고 있다. 말러의 부모는 말러가 생후 3개월이 되었을 때 칼리슈테에서 이곳으로 이주해 왔다.

유년기를 찾아서

도시'로 명성이 자자했다. 비발디부터 시작해서 모차르트, 베토벤, 리스트, 바그너, 차이콥스키 등의 외지인은 물론 스메타나, 수크, 드보르자크 같은 본토 작곡가들이 모두 프라하를 거점으로 활동했다. 수많은 음악 거장들의 사랑을 받아 온 이 도시에는 말러까지 챙길 여력이 없을지도 모르겠다.

말러가 아니더라도 프라하는 이번 여행에서 가장 마음이 불편한 경유지였다. 막 동유럽이 개방되던 시절 프라하에는 소박하지만 순수한 감동이 있었다. 하지만 도시 전체가 인파로 북적거리는 디즈니랜드 같은 인공적인 유흥지로 탈바꿈한 21세기 프라하는 정을 주기 쉽지 않은 모습이다. 그래서인지 1박이라는 짧은 여정이 전혀 아쉽지 않았고, 다음 날 아침 미련 없이 기차에 올랐다.

이흘라바 기차역에 도착한 것은 이른 오후였다. 북적거리던 프라하와는 정반대로 고적함이 느껴질 정도로 인적 드문 도시가 나를 맞이했다. 체코에서 꽤 규모가 큰 산업도시라고 들었건만 5만 명이 넘는다는 그 인구는 다 어디에 숨은 것일까? 평일 낮에 맞닥뜨린 중세도시의 적막함은 심히 당황스러웠다. 사람을 찾을 수 없는 이국적인 마을 풍경에서 살짝 느껴지던 고립감은 시간이 흐르면서 위기감으로 바뀌었다. 과연 내가 제대로 찾아온 것일까? 유일하게 들리는 소리라고는 내 캐리어 바퀴가 돌바닥과 부딪히며 내는 불규칙한 소음뿐. 그 바퀴 소리와 더불어 긴장 가득한 내 마음 또한 고요한 낡은 성벽이며 담벼락에 부딪혀 갈수록 더 크게 동요되었다.

다행히 시가지로 접어들자 거리를 오가는 차와 사람들이 하나둘 보이기 시작했다. 그리고 내가 예약한 숙소인 구스타프말러호텔이 모습을 드러냈다. 입구에 "GM HOTEL"이라고 적힌 간판이 없었다면 무슨 문화재인 줄 알고 그냥 지나칠 뻔했다. 돔으로 덮인 높은 천장에 고딕 양식의 회랑과 복도가 인상적인 이 호텔은 중세 시대 수도원을 개조한 건물로, 바로 옆에 교회가 붙어 있었다.

구스타프말러호텔이라는 간판이 무색하게도 이 건물은 20세기에 점화된 '말러 투어리즘'의 산물일 뿐, 작곡가와 직접적인 인연이 닿은 장소는 아니었다. 리셉션 데스크에서 호텔 안내원과 영어로 말문을 트고 나니 비로소 동요하던 마음에 안도감이 찾아왔다. 방에 짐을 풀기 전, 영어가 통하는 사람을 만난 김에 남은 숙제를 바로 해결하고 싶었다.

"여기서 칼리슈테로 가는 버스가 있나요?"

칼리슈테는 말러가 태어난 생가가 있는 곳으로, 이흘라바에서 자동차로 40분쯤 걸린다. 인터넷으로는 아무리 뒤져도 대중교통 편을 찾을 수 없었다. 말러가 태어난 시절에도 전체 인구가 600명이 안 되는 한적한 시골이었다고 한다. 말러 교향곡에 남다른 애정을 가진 지휘자 마이클 틸슨 토머스도 샌프란시스코교향악단과 함께 제작한 음악 다큐 프로그램인 〈키핑 스코어〉 시리즈 중 '말러' 편을 칼리슈테에서 촬영했다. 영상에서 토머스는 사람 하나 없는 푸른 숲과 탁 트인 들판이 인상적인 칼리슈테 풍경을 말러의 교향곡 1번 〈거인〉 도입부에 울리는 6옥타브의 A 내추럴 음과 연관시킨다. 말러가 악보에 "Naturlaut" 즉, '자연이 태동하는 소리'라고 지시한 바로 그 소리다.

칼리슈테에 있는 말러의 생가

칼리슈테는 이흘라바에서 남서쪽으로 자동차로 약 30분 걸리는 곳에 위치한 작은 마을이다. 말러는 이곳에서 1860년 7월 7일에 태어났지만, 같은 해 10월에 온 가족이 이흘라바로 이주함으로써 어린 시절 대부분을 이흘라바에서 보냈다. 말러의 생가는 19세기에 벼락을 맞아 불에 타서 폐허인 상태로 방치되었다가 20세기 말러 100주년을 기념해 일어난 말러 붐에 힘입어 복원되었다. 현재 이곳은 숙박 시설로 운영되고 있다.

하지만 말러가 칼리슈테에서 그 소리를 떠올렸다면 그것은 어머니 뱃속 아니면 태어나자마자였을 것이다. 말러의 가족은 그가 태어난 지 3개월 만에 이홀라바로 이주했고, 이후 두 번 다시 고향을 찾지 않았다. 사실 칼리슈테는 작곡가의 법적 출생지 이상의 의미를 찾기 어렵다. 게다가 나치 시대와 제2차 세계대전 중 주민 대다수를 차지하고 있던 유대인들이 모두 추방되면서 마을 전체가 쇠락했다.

이 마을에서 말러가 다시 조명받기 시작한 것은 20세기 후반의 일이다. 말러가 태어난 집은 전쟁 전 벼락을 맞고 불에 타 재가 된 지 오래였다. 하지만 1995년 서양의 말러 애호가들이 자발적으로 후원금을 모아 생가를 예전 그대로의 모습으로 복원했다. 입구 맞은편에 대문자로 "MAHLER"라고 적혀 있는 이 깔끔한 흰색 건물은 지금은 펜션으로 운영되고 있다. 말러의 두상이 전시되어 있는 펜션 내 강당에서는 작곡가의 생일이나 서거일 등 기념일에 맞추어 간단한 음악회가 개최된다. 말러 탄생 150주년이었던 지난 2010년에는 세계적인 말러 전문 성악가인 바리톤 토머스 햄프슨이 그곳에서 리사이틀을 열었다. 말러의 생가에서 1박이라니. 관광지도 아니고, 숙박 시설이 부족한 외딴 시골에 성지순례처럼 찾아오는 말러 애호가들로서는 구미가 당길 수밖에 없는 제안이다. 물론 교통편만 해결된다면.

"하루에 한 번씩 버스가 다니는데, 오늘은 이미 떠났어요."

"자전거로 갈 수 있을까요? 호텔에서 자전거도 대여해 주나요?"

"자전거는 빌려 줄 수 있지만 말리고 싶네요. 왕복으로 네다섯 시간은 걸릴 텐데. 자전거로 가기에는 도로가 안전한 편도 아니고 요. 무엇보다 오늘 오후부터 폭우가 쏟아진다는 일기예보가 있거 든요."

그렇게 칼리슈테행은 무산되었다. 생각보다 아쉬움은 크지 않 았다. 말러 사후 만들어진 인위적인 유적지보다는 생후 3개월부 터 빈으로 유학 가기 직전인 열다섯 살까지 머물렀던 이흘라바에 서 그의 의미 있는 흔적을 훨씬 더 많이 찾을 수 있을 터였다. 날씨 가 나빠지기 전에 할 일을 끝내야 한다는 압박감에 짐을 숙소에 던져 놓고 서둘러 시내로 향했다.

말러 음악의 요람

굳이 말러 애호가가 아니더라도 이흘라바는 방문하기에 충분 히 매력적인 도시. 8세기에 형성된 이 도시는 골목골목마다 유 적지 냄새가 물씬 풍기는 하나의 거대한 중세 박물관과 같았다. 다섯 개가 넘는 교회며 성당은 대부분 13세기 전에 건축되어 고딕 양식의 진화를 초기부터 후기까지 차례로 감상할 수 있다. 그중에 서도 성야고보성당은 이 지역에서 가장 높은 언덕배기에 위엄 있 게 앉아 있다. 말러가 유년 시절 성가대원으로 활약하며 바흐와 헨델을 비롯한 여러 합창 음악을 처음 만났던, 바로 그 유서 깊은 성당이다. 도심을 이중으로 울퉁불퉁 둘러싸고 있는 낡은 성벽 또

어린 말러가 성가대원으로 활동한 성뿌야고보성당
이흘라바에서 가장 높은 언덕배기에 자리하고 있는 성야고보성당은 말러가 유대인임에도
불구하고 성가대원으로 활동하면서 바흐와 헨델 등의 합창 음악을 처음으로 접한 곳이다.

한 중세 시대의 산물로, 모라비아와 보헤미아*의 경계에 위치한 이 도시가 지닐 수밖에 없었던 지정학적 긴장감을 지금까지도 온몸으로 증언한다.

군사적 요충지이던 이흘라바의 정체성은 심지어 땅 밑까지 뻗어 있다. 구도심 지하에 층층이 뚫린 거대한 규모의 지하 통로가 바로 그것이다. 중세 시대 만들어진 이 땅굴은 길이 총 25미터에 가장 깊은 곳은 무려 지하 14미터까지 내려간다. 언제 누구에 의해 만들어졌는지는 알 수 없지만 처음에는 성직자들의 무덤으로, 전쟁 중에는 군사작전을 위해서, 평화로운 시절에는 와인 창고로, 제2차 세계대전 중에는 주민들의 공습 대피소로 사용되었다. 지금은 통로 일부가 대중에게 공개되어 관광 자원으로 제 역할을 하고 있다. 가이드 투어로만 진행되는데 체코어를 알아들 수 없는 것만 감수한다면 충분히 흥미진진하다.

땅굴에서 나와 시내를 향해 조금만 걸으면 이흘라바의 명물인 거대한 광장이 눈에 들어온다. 지금은 체코어로 마사릭광장이라 불리는 이곳은 말러가 살던 시절에는 시청 앞 원형 광장이라 불렸다. 이 광장이 도시의 중요한 심장부임은 광장을 에워싼 역사적 건축물로 알 수 있다. 우선 가장 장엄한 스케일로 광장을 내려다보고 있는 로욜라 이그나티우스 예수회 교회가 가장 먼저 눈에 들어온다. 그 옆으로 서너 채 건너편에 이 광장의 시그니처인 시청

---

* 체코는 크게 모라비아와 보헤미아 지역으로 나뉜다. 슬라브족 계열이 거주하던 동부를 모라비아, 체코족이 살고 있는 서부를 체히Cechy라고 부르는데, 이 체히를 라틴어와 영어로 보헤미아라 칭한다. 이 보헤미아의 중심부가 오늘날 체코 수도인 프라하다.

이 빨간 지붕에 귀여운 시계탑을 꽂고 서 있다. 광장 가운데에는 두 개의 분수대와 거대한 마리아상이 서 있다.

하지만 이런 우람한 건축물들이 자잘해 보일 만큼 마사릭광장은 그 규모 자체로 압도적인 존재감을 과시했다. 남북으로 길쭉하게 펼쳐진 모양새가 도시 전체 규모에 비해서 기이하게 여겨질 정도로 큰데, 이 또한 군사적 이유 때문으로 보인다. 18세기부터 프로이센과 슐레지엔 지역을 두고 전쟁을 벌이던 합스부르크 가문에게 이흘라바는 제국의 안보와 직결된 군사적 요충지였다. 그 시절 이 광장에는 모라비아와 보헤미아는 물론 제국 산하 다양한 지역에서 파견된 보병대가 365일 상주하고 있었다.

이런 환경 속에서 어린 구스타프는 군사 문화를 당연한 듯 일상적으로 접했다. 거리 곳곳에서 다양한 지역의 군복을 입은 군인들과 마주쳤고, 아침이면 광장에서 울려 퍼지는 점호 나팔 소리에 잠을 깼다. 군인들은 위화감을 느끼는 도시 주민들을 달래기 위해 군악대 연주회와 같은 특별 서비스를 종종 제공했다. 이 소리는 어린 구스타프의 무의식에 깊이 각인되어 훗날 작곡을 위한 의미 있는 음향의 원천이 되었다. 그의 교향곡에서 빼놓을 수 없는 행진곡 리듬, 우렁찬 금관 사운드, 멀리서 아련하게 울려 퍼지는 오프 스테이지의 팡파르 소리가 모두 이 시청 앞 광장에서 비롯된 것이다.

광장이 선사한 소리는 비단 군대 음악뿐만이 아니었다. 광장에서는 가끔 축제가 펼쳐졌고, 그때마다 모라비아와 보헤미아 양쪽 지역 주민들이 한데 모여 고유의 전통 춤과 음악을 선보였다. 군

이흘라바의 심장부 마사릭광장

왼쪽에 있는 건물이 로욜라 이그나티우스 예수회 교회이고, 오른쪽에 있는 빨간 지붕의 건물은 시청이다. 말러가 어렸을 때 이곳은 합스부르크 제국의 군대가 1년 내내 상주하고 있었을 만큼 제국의 안보와 직결된 요충지였다. 어린 말러는 여기에서 들려오는 군악대 소리를 날마다 들으며 자랐고, 그 소리는 훗날 그의 작품 속으로 녹아들었다.

인들의 꽁무니를 쫓아다니며 타향살이를 하던 떠돌이들은 물론 합스부르크의 이민 정책에 따라 여러 지역에서 이주해 온 유대인들, 이곳저곳 유랑하다 흘러들어 온 동유럽 집시들도 이 축제에 참여했다. 다양한 민족과 음악과 춤이 뒤엉켜 넘실거리는 광장은 어린 구스타프에게 하나의 작은 지구촌처럼 다가왔을 것이다. 민속음악을 채집하러 일부러 여행을 떠나야 했던 버르토크 같은 작곡가들과 달리, 그 소리는 은혜롭게도 말러의 삶에 스스로 걸음해주었다. 어린 시절부터 뛰어난 암기력과 음악적 재능을 보인 구스타프는 두 살 때 이미 수백 곡의 민요와 병사의 노래를 외워서 부르고 다녔다. 또 네 살 무렵에는 광장 병영에서 들려오는 군악과 노동요를 아코디언과 피아노로 편곡해서 연주했다. 훗날 이 모든 소리는 말러의 교향곡에 장송 행진곡과 스케르초 악장, 랜틀러, 왈츠로 용해되었다.

술집 위의 보금자리

　광장 남쪽 즈노옘스카 거리로 내려가면 광장에서 두 번째 아치 모양 건물 입구에 말러의 옆모습이 새겨진 동판을 볼 수 있다. 즈노옘스카 거리 265번지 4호. 구스타프가 유년기를 보낸 바로 그 집이다. 1860년 구스타프의 아버지 베른하르트 말러가 아내 마리와 3개월 된 구스타프를 데리고 이곳으로 이사했을 때만 해도 그는 세입자의 신분이었다. 그는 1, 2층에 입주해 2층은 살림집으로 쓰고 1층에 양조장 겸 선술집을 열었다. 3층에는 다른 가족이 거주했다. 꽤 수완 좋은 사업가였던 아버지 덕에 구스타프 가족은 1872년 바로 옆집인 264번지 집을 사서 이사했다.

구스타프가 빈으로 떠난 뒤에도 나머지 가족은 한동안 이 집에 살았다. 구스타프 또한 여름 휴가 때면 늘 찾아와 부모 곁에 머물렀다. 부모가 모두 사망한 뒤, 말러는 이흘라바의 집과 재산을 모두 처분하고 동생들을 빈으로 불러들였다. 이후 이 집에는 여러 주인이 거쳐 갔다. 나치 시대에는 독일 정부 소유가 되었다가, 1949년에 다시 이흘라바시로 귀속되었고, 1990년대 초반까지는 모라비아제철소의 기숙사로 이용되었다.

말러 탄생 100주년이던 1960년부터 전 세계에 불기 시작한 말러 열풍은 결국 이 집까지 찾아왔다. 체코-독일 구스타프 말러 하우스 소사이어티가 결성되어 1993년에 이흘라바시로부터 30년간 이 집을 무상으로 임대받아 번듯한 박물관으로 새 단장할 계획을 야심 차게 추진했다. 하지만 독일 정부로부터 받던 자금 지원이 끊기면서 내부 인테리어는 완성하지 못했다. 도로 집을 인수한 이흘라바시는 정부 예산으로 남은 공사를 마무리했다. 2001년부터 말러 생가는 이흘라바시립도서관이 운영하고 있다. 1층은 '카페말러'라는 간판을 단 카페로 운영되고 있고, 2층에는 상설 전시관, 3층에는 기획 전시관과 구스타프 말러 하우스 소사이어티가 본부로 사용하는 사무실이 있다.

거장의 생가에 이런 방식으로 집착하는 모습은 마치 선사시대 원주민들이 자기 부족의 조상이 살던 곳을 신성하게 꾸미던 전통

말러가 유소년기를 보낸 집

말러가 이흘라바에 살던 시절, 이곳의 1층은 아버지가 운영하는 선술집이었고, 2층은 부엌, 현관, 방 두 개로 구성된 작은 살림집이었으며, 3층에는 다른 가족이 살고 있었다. 1층 선술집의 고객은 주로 군인들이었고, 그들에게는 매춘도 제공되었다. 취객들의 흥에 겨운 노랫소리, 집시들의 연주, 남녀가 질펀하게 어울리는 소리 등이 한데 어우러져 어린 말러의 무의식에 깊이 각인되었을 것이다.

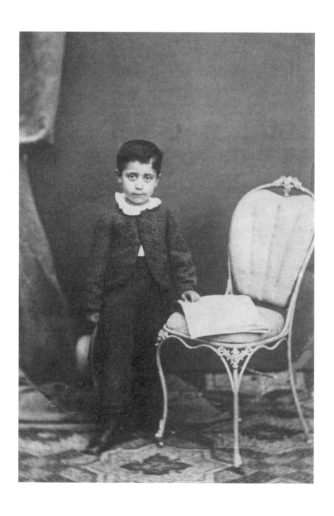

다섯 살 때의 말러

지금까지 남아 있는 말러 사진 가운데 가장 어릴 때 모습이다. 오른손에는 납작한 모자가 들려 있고 왼손은 의자 위의 오선지 위에 얹어 있다. 그는 어릴 때부터 음악적 재능을 보이기는 했지만, 음악에 대한 소양이 깊지 않았던 부모는 아들의 재능을 충분히 살피지 못했다. 그러다가 말러의 재능을 알아본 한 유명 피아니스트가 그의 부모를 설득함으로써 빈으로 음악 유학을 가게 되었다.

을 연상시킨다. 인간이라는 종족은 그런 장소에서 자신이 물려받은 남다른 정신성의 근원을 찾고자 한다. 하지만 예수와 같은 성인이 아닌 이상 어린 시절부터 당연한 듯 영적인 후광을 발산하는 거장은 극히 드물다.

복원한 말러의 생가는 하지만 신동으로 신성화된 여느 음악가들의 유적지와는 분위기가 달랐다. 그는 당시 기준으로 서민층 유대인 가정집에서 태어났고, 또래 아이들과 크게 다르지 않은 평범한 유년기를 보냈다. 다만 여기서 '평범'이라는 말의 의미를 오늘날의 관점으로 이해하려고 하면 곤란하다. 당시 사람들이 당연하게 받아들인 교육 환경은 지금과는 상당히 거리가 멀다. 우선 주거 환경부터 그랬다.

카페를 지나 2층으로 올라갔다. 말러 가족이 사용하던 식기며 옷들과 양조장 증류기도 여기에 전시되어 있다. 지금은 벽을 일부 허물고 공간을 넓게 터놓아 구분할 수 없지만, 말러가 살던 시절에는 부엌과 현관, 그리고 방 두 개로 구성된 자그마한 가정집이었다. 이 가운데 방 하나는 아버지 베른하르트의 서재였고, 나머지 방 하나는 온 가족이 다 같이 사용하는 침실이었다.

'온 가족'의 숫자는 해가 바뀔 때마다 달라졌다. 칼리슈테에서 이흘라바로 이사 올 당시 세 명에 불과하던 단출한 가족은 훗날 열 명이 넘는 대가족을 이루었다. 이는 순전히 구스타프의 어머니 마리의 다산력에서 기인한 것이었는데, 그녀는 21년 동안 세 명의 딸을 포함해 모두 열네 명의 자식을 낳았다. 그 아이들이 모두 한두 살 터울인 것을 감안하면 20년 넘게 거의 매일같이 임신한 상태였다고 보아도 무방하다. 이 아이들 중 절반은 어린 나이에 사망했다. 일단 구스타프부터가 말러 부부의 첫째 아들이 아니었다. 부부에게는 2년 먼저 태어난 장남 이시도르가 있었지만 태어난 지 몇 주 만에 사고로 잃었다. 이흘라바에서 태어난, 열두 명이나 되는 구스타프의 동생들 가운데 여섯 명 또한 유아기를 넘기지 못하고 사망했다.

마지막까지 생존한 나머지 자녀들이 부모와 함께 생활하기에 2층 방은 그리 넓어 보이지 않았다. 비슷한 규모의 맞은편 집으로 이사 가기 전까지 이 방에서는 부모와 구스타프를 포함해 일곱 식구가 공동으로 생활했다. 이사한 집에서는 유아기에 죽은 동생들을 빼고도 족히 열 명이 좁은 방 하나에 모여 살았다. 여기에 아이들을 돌보던 유모나 보모까지 함께 거주했다고 생각하니 내 상상력의 한계를 넘어 버렸다. 이는 말러뿐만 아니라 당시 비슷한 계층의 가족들이 비슷하게 영위하는 삶의 방식이었다. 이런 가족에게 사생활이란 것이 과연 있었을까? 그 수많은 아이들을 낳기 위해 가졌을 부부관계를 포함해, 가족 구성원 하나하나의 발언과 행동과 감정이 있는 그대로 노출되고 공유될 수밖에 없는 집단생활 속에서 구스타프를 포함한 아이들은 과연 정서적으로 정상적인 성장이 가능했을까?

육아는 예나 지금이나 보통 일이 아니다. 1년 내내 임신 중이던 어머니 마리를 대신해 고용된 보모들은 동화책을 읽어 주거나 옛날이야기를 들려주며 아이들을 보살폈다. 하지만 이 시절 독일 교육은 아이들의 연약한 정서를 무시하고 엄격한 규율을 강조했다.

어른들의 일상을 방해하지 않도록 하기 위해서는 아이들에게 공포심을 조장하고 정신적인 폭력을 사용하는 것도 개의치 않았다. 그림 형제가 수집한 전래 민담집은 엄청난 강도의 사디즘과 퇴폐와 타락을 담고 있었음에도 '교육용'으로 꾸준히 팔려 나갔다. 규율을 어기는 이들에게 도래하는 소름 끼치는 결말은 아이들의 정신세계와 일상을 장악했다.

말러도 예외는 아니었다. 그가 10대 시절에 완성한 칸타타 〈탄식의 노래〉는 그림 형제의 민담집에 수록된 '노래하는 뼈'라는 이야기를 토대로 작곡한 것이다. 한 아름다운 여왕이 숲에서 자신이 원하는 꽃을 찾아서 가져오는 사람과 결혼하겠노라 약속한다. 이에 숲으로 들어간 형제 중 동생이 먼저 그 꽃을 발견하지만 형은 꽃을 빼앗고 동생을 죽인다. 우연히 숲에 들어갔다가 동생의 뼈를 발견한 음유시인은 그것으로 피리를 만들어 분다. 그 뼈로 만든 피리는 자신이 겪은 살인의 이야기를 노래한다.

형과 여왕의 결혼식 날 성에 도착한 음유시인이 피리를 불자 살인의 노래가 파티장 가득 울려 퍼진다. "형은 왜 내 젊은 생명에 죽음을 주었나요?" 형의 패륜적인 행각이 피리에서 흘러나오는 노랫말로 낱낱이 드러난다. 말러의 칸타타는 성이 무너지는 것으로 끝나지만, 동화 원작에서는 형이 여왕의 명령에 따라 물속에 내던져져 사형당하는 결말을 맞이한다.

말러가 자신의 초기 교향곡(1~4번)의 원천으로 삼았던 연가곡 〈어린이의 이상한 뿔피리〉의 가사 또한 아힘 폰 아르님과 클레멘스 브렌타노가 출판한 동명의 시집에서 발췌한 것이다. 이 시들은

이흘라바의 거리

말러의 부모는 슬하에 무려 열네 명의 자식을 두기는 했지만 그렇다고 금슬이 좋고 화목한 것은 아니었다. 아버지는 걸핏하면 선술집 여종업원들의 뒤꽁무니를 따라다녔고, 아내를 함부로 대한 폭력적인 가부장이었다. 어린 말러는 그런 부모의 모습이 고통스러우면 집 밖으로 뛰쳐나왔고, 그럴 때면 이흘라바의 거리 어딘가에서 떠돌이 악사가 연주하는 경쾌한 유행가 가락이 그의 감정과는 상관없다는 듯 무심하게 들려왔다. 이흘라바 시절의 경험은 특히 그의 교향곡 1번 〈거인〉에 상당 부분 투영되어 있다.

두 작가가 독일 전역에서 수집한 전래 민담이다. 전쟁 중 적의 총을 맞고 죽어 가는 북 치는 병사가 시체 속에 누워서 자신의 북소리에 죽은 아군의 시체들이 일어나 적군을 물리치는 상상을 하는 '기상나팔'이나, 배고프다고 칭얼대는 아이들을 위해 엄마가 추수하고 타작해서 빵을 굽고 나니 아이가 이미 죽어 버리는 '지상에서의 삶', 교수형장으로 끌려가는 북 치는 소년의 하직 인사를 담은 '북 치는 소년'에 이르기까지 죽음과 관련한 줄거리가 실로 그로테스크하기 그지없다. 이 모든 이야기를 구스타프는 어린 시절 동생들과 함께 으스스한 분위기가 감도는 이 방 어딘가에서 듣거나 읽었을 것이다.

동생아, 아직도 자고 있니

전시물 가운데 술을 만드는 데 사용되었던 증류기에 시선이 꽂혔다. 말러가 살던 시절에는 선술집이던 1층이 이 물건의 본래 자리였을 것이다. 이 선술집은 말러 가족을 먹여 살리는 경제적 원천이었다. 아버지는 꽤 수완이 좋은 사업가였고, 술집을 기반으로 시민권을 획득해 이흘라바에서 당당히 대접받는 부르주아 계급으로 성장했다. 하지만 살림집 바로 아래에서 운영하는 술집은 말러 가문 아이들의 정서에 예상하지 못한 영향력을 행사했을 것이다. 이 주점의 주요 단골손님은 도시에 주둔하던 군인들이었고, 베른하르트는 그들에게 술은 물론 매춘까지 주선했다. 방음이라고는 전혀 되지 않는 건물 아래층에서 취객들이 흥청망청 불러 대는 유행가와 아버지가 고용한 집시 밴드들의 민요 연주는 남녀 간의 음탕한 희롱의 속삭임과 뒤범벅이 되어 윗층 아이들의 침실에까지 엄습했다.

그 가운데는 〈마르틴 형제Bruder Martin〉*라는 당시 유행하던 돌림노래도 있었다. 우리에게는 〈존 동생Brother John〉이라는 영어 노래로 더 익숙하다. "아직도 자고 있습니까 / 마틴 형제님 / 아침 종이 울리고 있습니다요 / 딩동댕"이라는 가사를 가진 이 노래는 본래 게으른 수도사들을 빈정거리는 어른들의 풍자였는데, 지금은 남동생을 깨우는 동요로 정착했다. 아래층에서 들려오던 이 노래를 말러는 자신의 교향곡 1번 〈거인〉 3악장에 사용했다. 한데 이 교향곡에서는 흥겨운 유행가 선율이 음울한 단조의 장송 행진곡으로 둔갑해 있다. 3악장의 장송 행진곡은 1889년 헝가리 부다페스트에서 초연할 당시에도 청중을 불편하게 만들며 악평의 원인이 되었다.

"〈마르틴 형제〉는 장례식이 아니라 즐겁게 술을 마시면서 부르는 노래이지 않았나?"

이 흥겨운 권주가가 아래층에서 울려 퍼질 때, 2층 침실에서는 어떤 일이 벌어지고 있었을까? 말러 전기를 집필한 영국 음악 칼럼니스트 노먼 레브레히트가 상상했듯, 어린 나이에 병으로 숨을

* 18세기 프랑스에서 *Frère Jacque*라는 노래로 시작하여 전 세계에 퍼지면서 독일에서는 *Bruder Martin*으로 가사가 바뀌었다.

거둔 동생들의 시신이 관에 실려 낡은 계단을 따라 아래층으로 내려가고 있었을까? 1875년, 구스타프는 가장 아끼던 남동생인 에른스트를 병으로 잃었다. 걸음마도 떼기 전에 요람에서 죽어 간 다른 동생들과 달리 열네 살까지 생존한 에른스트는 구스타프와 유년기를 공유한 피붙이였다. 이때 구스타프가 느낀 상실감은 평생 사라지지 않았으며, 때때로 그의 작품에 유령처럼 출몰한다. 이흘라바에서 보낸 유년 시절이 상당 부분 인용된 교향곡 1번 〈거인〉은 특히 그렇다. 어쩌면 〈마르틴 형제〉는 에른스트가 죽을 때 들려오던 노래가 아니었을까? 아니면 병마에 시달리다 숨을 거둔 동생의 시신 옆에서 그가 나직하게 부르던 노래일지도 모르겠다.

동생아, 동생아,
아직도 자고 있니?
저 종소리가 들리지 않니?

Bruder Martin, Bruder Martin
Schläfst du noch?
Hörst du nicht die Glocken?

가장 괴롭고 슬픈 상황에 가장 즐거운 배경음악이 울려 퍼지는 정서 부조화의 순간은 이 집에 비일비재했다. 죽음이라는 극단적인 비극이 부재할 때도 이 집안은 그리 화목한 편이 아니었다. 아버지는 자식에 대한 교육열은 높았지만 권위적인 데다 다혈질에 때로는 폭력까지 사용하는 가부장이었다. 반면 온화하고 감수성이 예민한 어머니는 유약한 신경과 심장을 타고난 데다 아이를 낳고 떠나보내기를 거듭하며 갈수록 쇠약해졌다. 이런 아내를 남편은 열네 번이나 임신시켜 놓고도 제대로 사랑해 주지 않았다. 남편이 주점에 고용한 여종업원들과 불륜을 저지를 때마다 아내는 경악했다. 아버지가 연약한 어머니를 괴롭히고 때로는 두들겨 패는 모습을 부모와 같은 방을 쓰는 아이들은 울며 겨자 먹기로 지켜볼 수밖에 없었다. 어머니에게 정서적으로 의지하고 있던 어린 구스타프에게는 특히 견디기 힘든 고역이었을 것이다.

부모에게서 느낀 어린 시절 은밀한 고통을 말러는 훗날 정신분석학자 지크문트 프로이트에게 털어놓은 적이 있다. 어느 날 구스타프는 부모가 사납게 싸우는 모습에 겁에 질려 집 밖으로 뛰쳐나갔다. 무작정 나오고 보니 유랑 밴드가 〈오 그대 사랑스러운 아우구스틴〉이라는 오스트리아 민요를 경쾌하게 연주하고 있었다. 우리나라에서는 〈동무들아 오너라〉라는 동요로 널리 알려진 선율이다. 말러의 음악에서 슬프고 비극적인 선율에 반드시 해학적인 웃음이 뒤섞이는 이유는 이처럼 어린 시절 가장 슬프고 우울한 순간에 즐거운 노래가 배경음악으로 존재하는 상황을 일상적으로 경험했기 때문이다.

이 말인즉슨 세상이 그의 감정에 무심했다는 소리이기도 하다. 죽음과 같은 가장 비극적인 순간에도 나와 상관없다는 듯 들려오는 웃음소리로 인해 구스타프는 자신에게 닥쳐온 슬픈 감정에 제대로 몰입할 수 없었다. 성인이 되어 유대인으로서 겪는 차별을

〈사냥꾼의 장례식〉

오스트리아 화가 모리츠 폰 슈빈트가 1850년에 제작한 목판화로, 말러 교향곡 1번 〈거인〉 중 3악장 장송 행진곡에 영감을 준 작품이다. 천적인 사냥꾼이 죽자 그에게 고통을 받던 숲속의 동물들이 도리어 장례식을 치러 주는 아이러니한 상황을 묘사한 것이다. 구슬픈 멜로디로 시작해 흥겨운 리듬의 춤곡으로 확장되는 말러의 장송 행진곡의 맥락을 이해할 수 있는 그림이다. 깃발을 든 토끼가 앞장서고 그 뒤를 사냥꾼의 관을 짊어진 곰과 여우, 사슴, 늑대가 따라간다. 행렬 옆에는 고양이, 두꺼비, 까마귀 등이 작은 악단을 이루어 음악을 연주한다.

유년기를 찾아서

각성하기 훨씬 이전부터 그는 자신의 감정과 상관없이 돌아가는 냉정한 세상을 자각하고 있었다. 기쁨과 슬픔, 비참과 우아, 타락과 갱생, 공포와 안식에 이르기까지 말러의 음악 속에서 엇박자로 짝지어진 희비극은, 흥겨운 권주가를 들으며 동생의 장례식을 치르고, 학대받는 어머니의 울음소리와 유쾌한 민요가 동시에 들려오는 가운데 그의 감수성에 새겨진 치유 불가능한 흉터다.

말러공원

말러의 생가에서 나와 남쪽으로 조금 더 걸어 내려가니 투박한 중세 성벽 너머로 작은 숲이 펼쳐졌다. 이미 가을이 한참 무르익었을 계절임에도 숲은 아직 여름의 생기를 머금고 푸르게 빛나고 있었다. 마치 결계結界라도 쳐진 양 성벽 너머의 세계는 시각적으로나 청각적으로나 정적에 휩싸여 있었다. 숲은 예전만큼 풍성하지 못했고, 사이사이 가로질러 나 있는 도로가 그곳 또한 속세임을 증명했지만, 소년 구스타프가 살던 시절에는 그마저도 없는 완벽한 대자연 그 자체였을 터였다. 지금도 아련하게 남아 있는 고립감과 외로움, 그리고 다른 세계에 뚝 떨어졌을 때 느껴지는 위기감이 고스란히 전달되었다.

영국 작곡가 데이비드 매튜스*는 칼리슈테가 아닌 바로 이흘라바의 숲에서야말로 교향곡 1번 〈거인〉 도입부, 즉 '자연이 태동하는 소리'가 들려온다고 말한 바 있다. 고요함 속에 나뭇가지 사이

이흘라바의 숲

말러는 곧잘 자연 속에서 몽상에 빠지고는 했다. 어릴 때는 이흘라바의 숲이 그에게 내적 안
식처가 되어 주었고, 장성해서는 빈의 그린칭 숲과 알프스의 대자연이 그러했다. 때는 가을
이지만 여전히 여름의 생기를 머금고 있는 이흘라바의 숲은 지금도 여전히 세상과 동떨어져
있는 듯한 정적에 잠겨 있었다.

로 부는 바람 소리가 하모닉스로 연주되는 6옥타브의 A음을 연상시킨다는 것이다.

이 숲은 소년 구스타프의 내적 안식처 중 하나였다. 세상으로부터 감정적으로 고립된 아이들은 내면세계로 도피하기 마련이다. 구스타프는 특히나 지독한 몽상가였다. 어지간한 수준을 넘어서는 아들의 몽상 기질로 인해 아버지의 근심은 때때로 분노로 번졌다. 어느 순간에 시야에서 사라진 아들은 오랜 시간 수색 끝에 때로는 지붕 위에서, 때로는 돼지우리에서, 때로는 바로 이곳 숲속에서 멍하니 넋을 놓고 있는 채로 발견되었다. 애가 탈 대로 탄 아버지가 어깨를 마구 흔들면 아들은 그제서야 정신을 차렸다. 그 다음에는 으레 혹독한 야단과 매질이 기다렸다고 말러는 훗날 고통스럽게 회상했다.

서쪽으로 해가 많이 기울어 노을이 지고 있었다. 예고되었다는 비는 다행히 내릴 기미가 보이지 않았다. 어두운 잔영이 얇게 깔리기 시작한 숲을 등지고 다시 도심으로 돌아가 북쪽에 있는 말러 공원으로 향했다. 이 공원은 원래 유대인들이 예배를 보는 시나고그가 있던 곳이다. 합스부르크가가 발표한 새로운 칙령에 따라 거주의 자유를 얻은 유대인들이 물밀듯이 이 도시로 흘러 들어오던 1863년, 유대인 전용 묘지와 더불어 시나고그가 바로 이곳에 세워졌다. 도시의 상당한 비중을 차지하던 유대인 인구에 비례해서 엄

* 말러 전문가인 데릭 쿡을 도와 말러가 미완성으로 남긴 교향곡 10번을 완성하는 한편, 말러가 현악 오케스트라 버전으로 편곡한 베토벤의 현악사중주 11번 f단조 Op. 95 〈세리오소〉 악보를 복원한 바 있다.

청나게 큰 규모를 자랑하던 로마네스크 양식의 이흘라바 시나고 그는 1939년 나치의 침략과 함께 전소되었으며 그 폐허 위로 한동안 주차장과 시장이 들어서 있었다.

이 장소에 말러공원이 만들어진 것은 말러 탄생 150주년이던 2010년의 일이다. 하필 시나고그가 있던 자리에 그를 추모하는 공원이 만들어진 것은 아마도 그가 유대인이었기 때문일 것이다. 도시 내 유대인들과의 원만한 교류를 위해서 말러 가족은 이곳 예배에 참여했다. 하지만 그들은 적극적인 교인은 아니었던 것으로 보인다. 만약 그랬다면 베른하르트는 아들 구스타프가 가톨릭교회인 성야고보성당의 성가대원으로 활동하도록 내버려 두지 않았을 테니까.

나치 시대 폭력적으로 제거되었던 유대인 말러의 흔적이 오늘날의 수준으로 복원된 데는 미국과 유럽의 부유한 유대인 커뮤니티의 노력이 지대했다. 복원 과정에서 말러는 인종차별 속에서도 자신의 유대교적 뿌리에 대단한 자부심을 가졌던 영웅으로 탈바꿈했다. 유대인으로서 말러의 정체성이 필요 이상으로 부각된 것은 후세 유대인들의 주관적인 혹은 과장된 시각에서 비롯된 것이 아닐까?

말러는 성인이 된 이후 유대교 예배에 참여한 적이 없다. 빈오페라극장에 입성하기 위해 가톨릭으로 개종한 이후에도 자신의 결혼식을 제외하고는 그 어떤 종교의식을 치른 바가 없다. 그는 기본적으로 종교 형식이나 영성에 크게 구애하지 않는 사람이었다. 음악에 스며들어 있는 유대인적 요소는 종교보다는 문화나 생

말러 조각상

이흘라바에서 유대인들의 시나고그가 있던 자리에는 말러공원이 조성되어 있고, 그 중심에는 체코의 조각가 얀 코블라사가 말러 탄생 150주년이 되는 해를 기념하여 완성한 조각상이 우뚝 세워져 있으며, 말러를 상징하는 설치물들이 그 조각상을 둘러싸고 있다. 그곳에 가면 숙연해질 것이라는 말러리안들의 증언과는 달리 저잣거리처럼 시끌벅적했다. 흥겨움과 음울함이 공존하는 말러의 선율처럼.

활 방식, 즉 민족지적ethnographic인 측면에서 접근해야 할 문제다. 말러가 고독했던 이유는 존재론적인 의미가 컸다. 부모를 포함해 그 누구로부터도 이해를 구하지 못했던 '인간 구스타프 말러'가 느끼던 근원적인 소외감을 인종이나 국적, 종교와 같은 피상적인 딱지에서 찾으려 한다면 그 고독의 아픈 결실인 그의 음악을 온전히 이해할 수 없다.

말러공원 한가운데는 이곳의 상징이라 할 수 있는 말러 조각상이 우뚝 서 있다. 20세기 가장 위대한 체코의 예술가 얀 코블라사 Jan Koblasa가 말러 탄생 150주년을 기념해 완성한 작품이다. 그는 생전에 말러가 자신의 예술적 영감의 원천이었다고 공공연히 언급했을 만큼 진지한 말러 추종자였다. 물결치듯 길쭉한 모양의 추상 기둥 위에 얹힌 말러의 두상은 왠지 다른 작가들의 말러 조각상에 비해 강단 있어 보인다. 공원을 꾸미는 다른 부속물은 모두 이 조각상을 중심으로 포진해 있다. 입구를 상징하는 듯한 새 모양의 두 개 기둥을 비롯해 세 마리의 물고기(말러의 가곡 〈물고기에게 설교하는 파도바의 성 안토니우스〉에 대한 풍자가 분명한)와, 그가 작곡한 열 개의 교향곡을 상징하는 열 개의 분수, 심지어 아무 의미 없이 설치한 듯한 벤치까지 이 조각상을 둘러싸고 있다. 공원은 마치 말러를 중심으로 모든 피조물이 공전하는 작은 은하계 같았다.

나보다 앞서 말러공원을 순례한 주변의 여러 말러리안들은 한결같이 그곳 분위기가 외롭고 한적해서 절로 숙연해질 것이라고 증언했다. 나도 조각상 앞에 바칠 양으로 가는 길에 꽃집에 들러 꽃 한 송이를 샀다. 하지만 목적지에 가까워질수록 인파가 늘어나고 시끌벅적한 소리가 들려왔다. 소음의 근원지는 바로 나의 목적지인 말러공원이었다. 하필 가는 날이 장날이라고, 이날 공원에서는 일렉트로닉 댄스 뮤직 페스티벌이 열리고 있었다. 동네 주민 모두가 이곳에 모인 듯 남녀노소가 어울려 먹고 마시고 춤추는 그 장면은 이 도시에 도착한 이래 가장 높은 밀도의 북적거림을 자랑했다.

공원 한켠에서는 술과 음식을 나누어 주고 있었고, 또 다른 곳에서는 몇몇 젊은이들이 리듬에 맞추어 어깨를 들썩이며 턴테이블을 돌리고 있었다. 그런데, 오 맙소사! 그들의 디제잉 스테이지는 바로 나치가 불태워 허물었다는 바로 그 유대인 시나고그 제단이 있던 터였다. 비극적인 유적지 위에서 흥겨운 댄스 뮤직이 울려 퍼지고 있다니. 말러리안들이 예고한 경건함은 간 데 없고 가장 일상적이고 세속적인 즐거움만이 그곳에 가득 넘쳤다. 소년 말러가 느끼던 이율배반적인 감정이 이런 것이었을까? 기쁨과 슬픔은 그 시절과 다름없이 지금도 여전히 부조리하게 공존하며 사람을 웃지도 울지도 못하게 만든다.

빈으로 떠나다

말러가 이흘라바를 떠나 빈으로 향한 것은 그의 나이 열다섯 살 때였다. 그는 어린 시절부터 음악적 재능을 보이기는 했지만 모차르트나 베토벤처럼 세상을 뒤집어 놓을 정도의 신동으로 인정받은 것은 아니었다. 설령 신동이었다 한들 아들을 어떻게든 음악가로 성공시켜 보겠다며 뒷배를 든든히 지켜 줄 부모도 없었다. 음악에 대한 소양이 그리 깊지 않았던 부모는 자식들 교육에 관심이 많았지만 장남인 구스타프를 딱히 음악가로 키울 생각은 없었다. 장남의 출세는 집안을 위해 필요한 일이었고, 이에 베른하르트는 열한 살의 구스타프를 프라하 김나지움으로 유학을 보낸 바 있었다. 하지만 이 시도는 구스타프가 학년 전체 꼴찌라는 최악의 성적표를 받고 귀향하며 반년 만에 불발로 끝났다.

그로부터 4년 뒤 당대 유명 피아니스트 율리우스 엡슈타인이 나타나 당신 아들은 양조장을 물려받을 것이 아니라 음악가가 되어야 할 운명이라고 말했을 때, 베른하르트는 뒤통수를 얻어맞은 듯했다. 어쨌거나 그는 아들의 장래 문제로 전전긍긍하던 중이었고, 출세만 한다면 그 직종이 음악이든 무엇이든 상관없었다. 엡슈타인의 설득으로 구스타프는 어린 나이에도 불구하고 빈 유학을 허락받았다. 1875년, 빈으로 떠나는 말러의 마음은 어땠을까? 가족과 떨어지게 되어 분리 불안을 느꼈을까? 혹은 이제 누추한 하숙방이지만 가족들의 간섭 없이 자신만의 세계에 마음껏 빠져들 수 있게 된 데 안도하지는 않았을까?

호텔에 돌아와 씻고 침대에 누워 잠을 청하니 예보되었던 비가 그제서야 쏟아졌다. 간간이 번개와 천둥소리가 끼어드는 엄청난 장대비였다. 알아서 밤에 내려 주다니, 여행을 방해받지 않은 데에 고마움을 느끼며 잠을 청했다. 그것이 대착각이었음을 깨달은 것은 이른 아침, 다음 목적지로 떠나기 위해 기차역에 도착했을 때였다.

너무 이른 새벽에 떠나야 해서 포기했던 내 몫의 조식이 도시락으로 포장되어 리셉션 데스크 위에 올려져 있는 것을 볼 때만 해도 감사하고 기분 좋은 출발이었다. 한데 하루 전날 이른 오후에 도착했을 때만 해도 적막하기 그지없던 기차역이 이른 새벽부터 인파로 북적거려 어안이 벙벙했다. 처음에는 무슨 사태인지 모르고 있다가 기차들이 연달아 취소되는 것을 게시판을 통해 확인했다. 내 기차는 언제, 어디에? 안절부절하며 무거운 캐리어를 끌고 창구로 향했지만 영어를 할 줄 모르는 역무원은 내 앞에서 합죽이가 되었다. 내 표정에서 낭패가 어지간히 흘러넘쳤는지 내 바로 뒤에 줄 서 있던 젊은 체코 부부가 영어로 상황 설명을 해 주었다.

"어젯밤 폭우로 나무들이 쓰러지면서 철로가 다 망가졌어요. 프라하행은 오늘 안에 타기 힘들 거예요."

상황을 파악하게 되어 홀가분했지만 오늘 안에 떠날 수 없다는 소식은 일정이 빡빡한 나 같은 여행자에게 청천벽력 같은 통보였다. 고맙다고 말하면서도 지독한 표정을 거두지 못하자 부부는 자기들끼리 체코어로 대화하다가 내게 고마운 제안을 했다.

"다음 마을까지 우리랑 같이 택시를 타고 가요. 거기서부터 브르노역으로 버스를 타고 가면 대도시라 프라하행 기차가 많을 거예요."

내 대답을 듣기도 전에 그들은 우버 앱으로 택시를 불렀다. 문명의 이기를 익숙하게 사용하는 부부의 모습을 보면서 말러의 흔적을 쫓아 과거에 머물러 있던 나의 의식을 현재로 소환했다. 시간 여행은 끝났다. 자연재해를 극복하고 다음 여정을 이어 가기 위해서는 정신을 바짝 차려야 할 터였다. 작은 승용차 트렁크에 부부의 짐을 포함한 대용량 캐리어 세 개는 무리였다. 따로 부탁하지도 않았는데 남편은 말없이 내 거대한 캐리어를 껴안고 앞 좌석에 앉았다. 그제서야 우리 셋은 경계심을 풀고 인종과 언어와 나이를 초월해 이야기를 나눌 수 있었다. 결혼 3년 차인 이 부부는 남편의 가족을 만나러 이흘라바에 왔다가 돌아가는 길이었다. "말러박물관 보러 여기 온 거죠?" 이흘라바가 고향인 남편이 먼저 정확히 넘겨짚었다. 그린칭 묘지에서 묘지기 노인을 만났을 때와 비슷한 기시감이 느껴졌다.

음악에 별다른 관심이 없던 이들 부부와 말러에 관한 이야기는 여기서 끝났다. 체코 전통 음식과 한식을 비교하며 한참 수다를 떨다 보니 목적지에 도착했다. 택시비는 남편의 앱으로 지불되었고, 현금으로 사례를 하고 싶었지만 이 사람 좋은 부부는 극구 사양하고 나를 다음에 타야 할 버스에 실어 놓은 뒤 유유히 제 갈 길로 사라졌다.

03

GUSTAV MAHLER

애증의 도시
빈

음악의 도시

　빈은 음악가들에게 애증의 도시였다. 이 도시는 자신을 진정으로 대하는 인간들을 고독의 우리 안에 가두고 사육하는 몹쓸 이면을 지니고 있었다. 거침없는 입담의 소유자인 베토벤은 이 도시를 "오물통"이라 일컫기를 마다하지 않았다. 그는 여러 이유로 수틀릴 때마다 파리로, 혹은 런던으로 음악적 망명을 꿈꾸었지만 마지막 순간에는 결국 빈에 주저앉았다. 그가 사망하자 빈은 이 거장에게 그 어느 귀족보다도 웅장한 장례식을 치러 주었다.

　음악가의 명성이 귀족이나 군주의 그것을 넘어설 수 있는 유일한 도시. 음악가들은 바로 그 치명적인 정치적 매력에 홀렸을 것이다. 모차르트는 이 도시를 "음악을 하기에 최고의 장소"라고 아버지에게 적어 보냈고, 슈만은 "음악의 영혼"이라 흠모했다. 베토벤을 분노케 하고 말러를 탈진시키던 부조리와 난제를 용케 베일로 가려둔 채, 빈은 모두가 사랑하는 '음악의 도시'로서의 명성을

오랜 역사에 걸쳐 다져 나갔다.

　그 추동력은 합스부르크 가문 대대로 내려온 음악에 대한 애정이었다. 빈의 영광은 합스부르크 황가와 더불어 시작되었다. 이 가문은 1273년에 신성로마제국 황제로 등극한 루돌프 1세부터 시작하여 1918년 카를 1세까지 지속되었다. 시간상으로는 중세를 관통해 르네상스를 거쳐 근대까지 이어진, 지리적으로는 유럽 땅덩어리의 절반을 지배한, 역사상 최고로 막강한 권력이었다.

　황가의 세력을 표현하는 방식은 실로 다양했지만 그중에서도 음악은 합스부르크 가문이 가장 선호한 유희이자 황가 그 자체를 상징하는 중요한 예술 양식이었다. 음악의 부흥은 합스부르크의 건재함을 의미했다. 이를 증명하기 위해 합스부르크 가문은 늘 100명 이상의 음악가들을 황실에 고용해 두었는데, 이는 당시 유럽 최대 규모였다. 일단 황궁에 고용된 음악가들은 황제가 인정하지 않는 외부 활동을 일체 할 수 없었고, 작품 또한 황제와 제국에 유리한 방식으로 창작해야 했다. 이런 까다로운 제약에도 불구하고 황실은 당시 모든 음악가가 선망하는 직장이었다. 프리랜서 음악가로서 성공 사례로 손꼽히는 모차르트와 베토벤은 물론, 슈베

음악의 도시 빈

부다페스트와 함부르크에서 지휘자로서의 명성을 차곡차곡 쌓아 가던 말러는 그에 대한 지지 여론을 등에 업고 마침내 1897년 4월에 유럽 최고의 음악 도시인 빈의 궁정오페라극장 부지휘자로 발탁되었고, 같은 해 10월에 음악감독으로 임명되어 약 10년간 몸담았다. 빈은 그에게 인생에서 가장 찬란한 시절을 선사했지만, 애석하게도 그는 빈이라는 도시에 소속감을 느끼지 못했다.

르트도 황궁 음악가를 꿈꾸었다. 시민들로부터 충분히 인정받고 사랑받았음에도 베토벤이 빈을 "오물통"이라 쏘아붙인 데는 그 자신의 황궁 입성이 끝끝내 무산된 데 대한 심술도 어느 정도 작용했을 것이다.

황제의 음악 사랑은 대를 이어 늘 한결같지만은 않았다. 이는 도시의 헤게모니, 즉 권력의 변화와 관련 있었다. 18세기만 해도 빈의 음악계는 황제로부터 녹봉을 받는 음악가들의 작품과 연주로 가득 채워졌지만, 그로부터 100년 뒤에는 귀족의 후원을 받는 음악가들이 이들을 대체했다. 하지만 계급만 왕족에서 귀족으로 한 계단 내려왔을 뿐, 후원 형식은 이전 세기와 대동소이했다. 황제를 흉내 내고 싶었던 귀족들은 자신의 영지에 극장을 짓고 자신만을 위해 작곡할 음악가를 고용했으며, 이들의 음악을 연주할 악단을 창단해 각자 여흥과 자기 홍보에 나섰다.

이런 상황은 베토벤이 빈에 입성할 무렵 달라졌다. 귀족들의 정치적, 사회적 기반은 프랑스혁명에 의해 흔들리면서 더 이상 유지될 수 없었다. 경제적 난관에 처했지만 예술적 허영을 포기할 수 없었던 귀족들은 음악가를 영구적으로 고용하는 대신 필요할 때마다 작곡가에게 일회성으로 위촉하거나 음악 딜러에게 도움을 청했다. 돈을 아끼기 위해 마음이 맞는 후원자들끼리 뭉쳐서 음악을 공동으로 위촉하는 풍습이 생겨났고, 그 과정에서 귀족들의 음악 애호 문화는 사적인 유희를 넘어 집단의 취향을 선도하는 모양새를 띠기 시작했다.

부르주아의 부상과 링슈트라세

부르주아 계급이 귀족들의 살롱 문화에 새롭게 침투한 시기는 바로 이때였다. 변호사, 은행가, 의사, 공무원, 사업가와 같은 경제적 여력이 넘치는 전문 직업인들이 클래식 음악에 열혈 관심을 드러내며 음악계의 새로운 주도 세력으로 급부상하기 시작한 것이다. 이 계급이 클래식 음악에 끼친 영향력은 로열패밀리나 귀족과 차원이 달랐다. 귀족들에게 음악은 개인의 부와 지적인 과시를 위한 수단에 불과했던 반면, 부르주아들은 음악을 자신들이 속한 계급 전체의 정체성을 상징한다고 보았다. 그들은 자신들이 공유하는 음악을 사회적으로 부흥시킬 수 있다면 부와 지식을 기꺼이 퍼다 줄 준비가 되어 있었다. 빈의 부르주아가 주축을 이룬 음악 후원은 1814년 빈악우협회 설립과 더불어 본격적으로 틀을 갖추기 시작했다. 빈에서 행해지는 모든 음악 활동을 지원하기 위해 설립된 이 순수 민간단체는 조직적이고도 체계적인 후원을 전담했다.

빈악우협회의 성공은 도시의 번성과 긴밀하게 관련되어 있었다. 19세기 초만 해도 25만 명에 불과했던 빈의 인구는 세기말에 이르러 200만 명 가까이 증가했다. 1840년부터 70년 사이에만 거주 인구와 기업 수가 각각 두 배씩 늘어났고, 시가지는 기존의 성벽을 뚫고 뻗어 나갈 정도로 과포화 상태가 되었다.

중세 시대 오스만튀르크의 침공을 막기 위해 세워진 성벽과 해자壕子는 이미 본연의 목적을 상실한 지 오래였고 시민들의 소통과 운송에 걸림돌만 될 뿐이었다. 1857년, 프란츠 요제프 황제의

빈의 링슈트라세를 달리는 트램

1860년대부터 시작된 도시 건설 프로젝트의 결과로 빈의 순환도로인 링슈트라세를 따라 국회의사당, 빈대학교, 빈예술사박물관, 빈자연사박물관, 빈국립오페라극장 등 많은 유명 건축물이 줄줄이 들어섰다. 사진에서 오른쪽으로 보이는 건물은 마리아 테레지아 여왕 때 완공된 부르크극장으로, 19세기 빈의 풍요를 상징한다.

승인 아래 시 당국은 심각한 주거 부족 문제와 교통 정체를 해결하고자 성벽을 허물기로 결정했다. 성벽이 있던 자리에는 급속히 늘어나는 도시 인구를 안전하게 수용할 뿐 아니라 '메트로폴리스 빈'의 위용을 자랑할 만한 각종 공공 시절과 문화 기관으로 채워 나갔다. 1860년부터 약 30년에 걸쳐 진행한 이 도시 건설 프로젝트의 결과물이 바로 오늘날 빈 시가지를 둘러싼 순환도로인 링슈트라세Ringstrasse다.

현재 링슈트라세에는 과거 제국을 대표하던 행정, 교육, 문화, 종교 기관은 물론 황가의 건축물이 총집결되어 있다. 이 도로만 따라 걸으면 국회의사당, 법원, 시청, 빈대학교, 증권거래소, 빈예술사박물관, 빈자연사박물관, 빈미술아카데미, 빈국립오페라극장을 차례로 만날 수 있는 것이다. 유럽의 여러 저명 인사들도 링슈트라세를 찾아와 그 매력에 굴복했다. 그중에는 훗날 제3제국의 총수가 되어 유럽을 공포의 도가니에 몰아넣을, 젊은 뜨내기 시절의 아돌프 히틀러도 있었다. "뭔가 대단한 존재가 되고 싶은 마음에" 빈에 찾아온 그에게는 이 순환도로가 "『천일 야화』에 나오는 마법처럼" 보여서, 그 위로 펼쳐진 건물들을 차례로 바라보며 몇 시간씩 우두커니 서 있었다고 한다.

링슈트라세의 문화적 가치를 일일이 다 언급할 수는 없다. 다만 이 프로젝트가 근대적이고 진보적이며 시민주의적인 성격을 띠고 있었다는 점만은 분명 짚고 넘어갈 필요가 있다. 황제가 주도한 사업이었지만 갈수록 위세가 높아지던 자유주의 부르주아 시민계급의 입김을 무시할 수 없었다는 말이다.

빈국립오페라극장

1869년에 도시 계획의 일환으로 링슈트라세의 한가운데에 세워진 빈국립오페라극장은 빈의 심장이라 불릴 만큼 도시를 상징하는 건물이다. 네오르네상스 양식으로 설계된 이 극장은 기대보다 소박한 외관 때문에 개관 전부터 시민들로부터 비난의 대상이 되었다. 그로 인해 건물을 설계한 두 건축가가 모두 개관을 보지 못하고 사망하는 우여곡절을 겪었지만 지금은 빈 시민들에게 절대적인 사랑을 받고 있다. 말러는 이곳에서 1897년부터 1907년까지 음악감독으로 일하며 지휘자로서 전성기를 보냈다.

이 도로 위에는 음악과 관련한 상징적인 건축물 두 개가 1869년과 1870년 연이어 세워졌다. 그중 궁정오페라극장이 합스부르크 황가의 권세를 상징했다면, 빈무지크페라인잘은 빈악우협회의 본부로 시민계급의 문화적 상징이었다. 이 두 건축물은 모두 훗날 빈에 입성한 말러의 주요 활동 무대가 되었다.

빈의 심장, 빈국립오페라극장

화창한 오후, 이른 점심을 먹고 극장 가이드 투어를 위해 빈국립오페라극장으로 향했다. 소수 정예만 이끌고 진행되는 한낮의 극장 투어에는 저녁 오페라 공연과는 또 다른 매력이 있다. 텅 빈 공연장을 구석구석 쑤시고 다닐 수 있을뿐더러 일반인들의 출입이 금지되어 있는 공간인 무대 위는 물론 그 뒤 분장실과 백스테이지까지 합법적으로 발을 디딜 수 있다. 운만 좋으면 저녁 공연을 위해 무대 세트를 준비하는 모습이라든가 리허설도 볼 수 있다. 독일어와 영어 양쪽 모두를 구사하는 전문 가이드의 입담도 보통이 아니다. 빈국립오페라극장의 공식적인 역사는 물론 신문에도 실리지 않은 가십과 비하인드 스토리를 허물없이 술술 풀어낸다.

빈국립오페라극장의 주소는 오페른링Opernring 1번지다. 말발굽 모양의 링슈트라세에서도 한가운데 해당하는 이 거리 이름은 당연히 빈국립오페라극장에서 따온 것이다. '빈의 심장'이라 불리는

빈국립오페라극장 중앙 로비

빈국립오페라극장에 들어서면 무엇보다도 화려한 천장화와 말러, 카를 뵘, 카라얀 등 이곳
을 거쳐 간 음악감독들의 흉상들이 방문객을 맞이한다. 모리츠 폰 슈빈트가 그린 천장화에
는 베토벤의 〈피델리오〉, 하이든의 〈천지창조〉, 모차르트의 〈마술피리〉 등 다양한 오페라 장
면이 담겨 있다.

이 극장에 더없이 어울리는 주소다. 1861년 착공하여 1869년에 개관한 궁정오페라극장은 링슈트라세 프로젝트 중에서도 가장 먼저 구상하고 완공한 공공 건축물이다.

황제가 유독 궁정오페라극장 건립에 서두른 이유는 그 자신의 취향 때문이 아니었다. 그와 반대로 이 시기 합스부르크 가문의 음악 후원은 눈에 띄게 사그라들었다. 과거 마리아 테레지아 여왕은 작곡가 글루크를 황녀의 음악 교사로 친히 고용했고, 요제프 2세는 모차르트와 대등한 수준으로 오페라 작곡에 대해 논쟁을 벌였으며, 레오폴트 3세는 직접 작곡까지 하는 음악가였지만, 19세기의 합스부르크 가문은 음악에 더 이상 흥미를 보이지 않았다. 말러와 동시대를 살았던 프란츠 요제프 1세에게서는 심지어 예술적인 무능함까지 엿보였는데, 좋게 말하자면 음악보다는 연극과 미술에 더 관심이 많은 인물이었다. 그럼에도 그가 궁정오페라극장을 신경 쓸 수밖에 없었던 까닭은 날로 급증하는 시민계급의 오페라에 대한 관심 때문이었다.

이전에 이 도시의 오페라 공연을 담당했던 케른트너토르극장과 부르크극장은 모두 연극을 동시에 상연하는 다목적 극장인 데다가 낡고 협소해서 폭발적으로 늘어나는 관객을 수용하지 못했다. 링슈트라세 프로젝트가 본격적인 구상에 들어가자 황제는 제일 먼저 케른트너토르극장 근처에 오페라 전용 극장을 새로 짓도록 칙명을 내렸다.

1869년, 이 극장은 궁정오페라극장*이라는 이름으로 개관했다. 지금은 시민들의 절대적인 사랑을 누리는 빈의 상징이지만, 처음부터 그랬던 것은 아니다. 공동 설계자 아우구스트 지카르트 폰 지카르츠부르크와 에두아르트 판 데어 뉠은 이 건물을 위해 고대 그리스 건축 양식과 이탈리아에서 성행하던 고딕 양식을 결합한 육중한 네오르네상스 스타일을 선택했다. 고딕 양식은 중세 자유 공동체에서 비롯된 도시의 기원을, 그리스 건축 양식은 당시 도시에 팽배해 있던 자유주의 문화를 상징하는 것으로, 나름 그럴듯한 미학적인 근거를 토대로 삼고 있었지만 시민들이 기대한 바는 이와 달랐던 모양이다.

빈 언론은 비슷한 시기 완공한, 화려함의 대명사 파리오페라극장을 끊임없이 들먹이며 아직 채 짓지 않은 자신들의 극장에 대해 신랄한 비판을 가했다. 시민들은 그래도 도시를 대표하는 오페라극장인데 맞은편 귀족의 개인 저택**보다도 누추하고 볼품없다고 비난했다. 엎친 데 덮친 격으로 동시에 공사 중이던 오페른링 도로가 예상보다 1미터 정도 높이 닦이는 바람에 궁정오페라극장은 상대적으로 땅 밑에 꺼져 있는 것처럼 보였다. 궁정오페라극장에는 '침몰한 상자'라는 암울한 별명이 붙었다. 1868년, 공사 현장을 방문한 황제마저도 대놓고 실망감을 표하자 건축가들의 신경줄은 결국 끊어지고 말았다.

---

* 빈국립오페라극장이라는 명칭은 제1차 세계대전에서 패전하면서 합스부르크 제국이 무너지고 공화정이 들어선 1920년부터 불리기 시작했다.

** 하인리히스호프라는 저택으로, 하인리히 드라세라는 귀족의 소유였다.

빈국립오페라극장의 중앙 계단

공간이 간직한 깊은 역사를 말해 주는 인상적인 로비를 지나면 또 하나의 명물인, 2층으로 이어진 대리석 계단이 나타난다. 제국의 자존심을 걸고 지은 극장답게 호화롭고 우아한 장식이 보는 이를 압도한다.

황제의 유감 표명이 기사로 실린 지 얼마 되지 않아 평소 신경 쇠약으로 고생하던 닐은 자신의 집에서 목을 맸다. 그로부터 두 달 뒤 지카르츠스부르크마저 뇌졸중으로 사망하면서 설계 당사자들은 모두 극장이 완공되는 것을 보지 못하고 말았다. 이들의 죽음에 상당한 충격과 책임감을 느낀 황제는 이후 링슈트라세에 차례로 들어서는 건축물에 대해 "훌륭하다"라는 언급 이외에는 일절 말을 아꼈다고 한다. 우여곡절 끝에 완공한 궁정오페라극장은 1869년 5월 25일 화려한 개관 공연을 올렸다. 첫 번째 오페라는 모차르트의 〈돈 조반니〉로, 이탈리아어 원곡을 독일어 버전으로 바꾸어 부르며 오스트리아 제국주의의 위상을 과시했다.

시간이 되자 자신을 한스라고 소개한 젊은 빈 토박이 가이드가 나를 포함한 열 명 남짓의 여행객들을 빈국립오페라극장 입구에서 맞이했다. 간단한 소개 후 극장 로비부터 투어를 시작했다. 2층으로 연결된 화려한 대리석 중앙 계단과 슈베르트의 절친한 친구이기도 했던 화가 모리츠 폰 슈빈트가 천장에 그린 프레스코 벽화가 우리를 반겼다. 슈빈트의 천장화에는 베토벤의 〈피델리오〉, 글루크의 〈아르미다〉, 하이든의 〈천지창조〉, 모차르트의 〈마술피리〉, 〈돈 조반니〉, 〈피가로의 결혼〉, 로시니의 〈세비야의 이발사〉, 카를 마리아 폰 베버의 〈마탄의 사수〉 등 다양한 오페라 장면이 담겨 있다. 모두 궁정오페라극장을 완공하기 전 부르크극장과 케른트너토르극장에서 상연된 작품들로, 제2차 세계대전의 아수라 속에서 용하게 살아남은 귀중한 유물이다.*

화려한 천장화가 내려다보는 1층 로비에는 그동안 이곳을 거쳐 간 역대 음악감독들의 흉상이 나열되어 있다. 카를 뵘, 리하르트 슈트라우스, 클레멘스 크라우스, 헤르베르트 폰 카라얀에 이르기까지 역사적인 거장들의 흉상을 차례로 보다 보니 이곳이 단순한 극장이 아니라 오랜 시간에 걸쳐 유물이 축적된 불멸의 박물관처럼 다가왔다. 공간의 역사가 주는 위압감을 털어 버리려는 듯 일행 중 한 명이 "엄청난데!"라며 휘익 휘파람을 불었다. 왜 카라얀 동상만 눈을 감고 있는지 한참 설명 중이던 한스가 휘파람 소리에 이야기를 멈추고 빈 공연장의 전통적인 금기 사항을 언급했다.

"빈에서는 오페라극장뿐 아니라 다른 공연장에서도 휘파람을 불면 안 됩니다. 옛날에 가스등을 사용할 때 종종 가스가 새는 사고가 났는데, 그때 대피 신호로 휘파람을 불었거든요. 지금은 전기를 사용하지만, 그래도 불길하다고 여깁니다."

1층 투어가 끝난 뒤 대리석 계단을 올라 2층으로 향했다. 미군기의 폭격을 용하게 피하고 원형 그대로 보존된 또 하나의 공간이 남아 있었으니, 바로 '카이저 잘Kaiser Saal'이라 불리는 황제의 티룸이다. 문을 열고 들어가니 19세기의 유명 화가인 카를 구스타프 아돌프 마데라Carl Gustav Adolf Madjera가 그린 〈독수리 날개 위의 음악〉 천장화가 외지인들을 맞이했다.

황제 전용석이던 로열 박스석 바로 뒤에 위치한 이 공간은 황제

---

* 현재의 극장은 19세기에 완성한 오리지널 건축물이 아니다. 1945년 3월 12일, 빈국립오페라극장은 나치의 정유 공장을 조준한 미군기의 오폭으로 한 차례 파괴된 바 있다. 이때 폭격으로 무대와 객석은 물론 15만 벌의 무대 의상과 120여 편의 무대 세트가 잿더미가 되고 말았다. 현재의 극장은 종전 뒤 오리지널 건축 설계를 최대한 복원한 것으로, 1955년 11월 5일에 카를 뵘의 지휘 아래 베토벤의 오페라 〈피델리오〉 공연과 함께 재개관한 것이다.

만이 사용할 수 있었던 응접실로, 프란츠 요제프 2세에게는 일종의 피난처와 같았다. 앞서 언급했듯 그리 진지한 음악 애호가가 아닌 그에게는 공연이 끝날 때까지 객석을 지키는 것이 지루하고 곤혹스러운 일이었다. 그럼에도 시민들의 기대에 부응해야 하는 의무 때문에 그는 억지로라도 궁정오페라극장을 찾을 수밖에 없었다. 극장은 시민들이 황제를 실물로 볼 수 있는 드문 장소였다. 사실 이 시절 대중이 극장을 찾는 이유는 오페라보다도 당대 최고의 유명 인사인 황제를 보기 위해서였다. 바로 이런 까닭에 로열박스는 청중이 가장 잘 보이는 높은 곳에 설치되었다.

입헌군주제가 도입되고 시민사회로 이양되는 과도기에 황제는 권력을 실질적으로 행사하기보다 오늘날의 셀러브리티처럼 사회를 상징하는 인물로 존재했다. 그는 공연이 시작되기 바로 직전 청중의 시선을 한 몸에 받으며 전용 박스석에 화려하게 입장했다가 막이 올라가고 사람들의 시선이 무대로 분산될 즈음에는 몰래 객석에서 빠져나와 이 티룸에서 다리를 뻗고 휴식을 취하거나, 다른 귀족이나 왕족을 초대해 다과회를 열었다.

오페라에 대한 황제의 이런 느슨한 태도를 반드시 예술적 무관심 때문이라고 탓할 수만은 없다. 이 당시 빈의 사교계에서 오페라는 일상의 배경과 같은 이벤트였다. 극소수의 진지한 음악 애호가를 제외한 나머지 대중이 궁정오페라극장에 찾아오는 이유는 사교 때문이었다. 밀폐되고 안락한 박스석 안에서 사람들은 공연 중 거리낌 없이 술과 음료를 마시며 대화를 나누었고 사교계 내정보와 각종 소문을 주고받았다. 특히 궁정오페라극장은 귀족과

부르주아에게 인기 있는 맞선 장소이기도 했다. 결혼을 전제로 처음 만난 남녀가 서로를 탐색하는 동안, 무대 위 오페라는 그저 배경음악에 불과했다.

이런 사교의 기능을 적극적으로 살리기 위해 황제는 1878년부터 매년 1월에 약 2000명이 참석하는 화려한 궁정 무도회를 바로 이 궁정오페라극장에서 개최했다. 지금도 그 전통이 그대로 이어지고 있으니, 그것이 바로 저 유명한 빈 신년 무도회다. 빈국립오페라극장에서 개최하는 가장 화려하고도 중요한 사교 행사로, 하객들은 연미복이나 이브닝드레스를 입어야만 입장할 수 있다. 매년 무도회를 개최하는 바로 전날 밤 극장에서는 100명이 넘는 인력이 2200여 석의 객석을 뜯어서 극장 마루 밑에 보관하는 작업을 밤새도록 진행한다. 다음 날 저녁부터 새벽 5시까지 이어지는 무도회는 오스트리아 국영방송을 통해 전 세계로 생중계된다.

빈 신년 무도회

19세기 궁정오페라극장은 작품을 진지하게 감상하기보다는 상류 계층의 사교 공간으로 더 인기가 높았다. 이런 사교의 기능을 더욱 살리고자 합스부르크 황제는 1878년부터 매년 1월 약 2000명이 참석하는 화려한 궁정 무도회를 개최했다. 오늘날까지 이어지는 빈 신년 무도회는 이곳에서 개최하는 가장 화려하고도 중요한 사교 이벤트다. 매년 무도회 전날 밤 극장에서는 100명이 넘는 인부들이 밤새도록 2200여 석의 객석을 뜯어 극장 마루 밑에 보관하는 작업을 진행한다. 저녁부터 새벽 5시까지 이어지는 무도회는 오스트리아 국영방송을 통해 전 세계로 중계된다.

바그너 현상

말러가 궁정오페라극장 음악감독으로 본격 거론되던 무렵, 빈에는 적당주의라는 안일한 문화가 만연했다. 슐람페라이 Schlamperei라 불리던 관행은 다양성을 관리해야 하는 제국주의 통치에서 비롯된 것이었다. 오스트리아 제국은 여러 민족과 국가의 결합체였던 만큼 구성원들의 국가 의식이 심각하게 결핍되어 있었다. 각기 다른 민족과 종교 사이의 분열과 갈등을 방지하기 위해 제국은 '서로 다름'에 대해 의도적으로 관대해질 수밖에 없었다. 이처럼 형식적인 통제와 느슨한 행정 집행을 슐람페라이라 불렀는데, 문제는 이런 대충주의 관행이 음악계에도 당연한 듯 스며들어 예술적 완성도를 저해한 것이었다.

1890년대 궁정오페라극장은 시즌마다 약 50편의 오페라를 제작하여 250회 정도 상연했다. 프로그램이나 공연 횟수는 대중의 요구와 반응에 따라 매번 달라졌는데, 그러다 보니 새로운 프로덕션을 시도하기보다는 대중에게 인기가 많은 작품을 몇십 번이나 우려먹는 '사골' 레퍼토리가 극장을 점령했다. 비제의 〈카르멘〉이라든가, 레온카발로의 〈팔리아치〉, 베르디의 〈라 트라비아타〉는 빈에서 언제든 볼 수 있는 단골 메뉴였다.

새로운 예술을 소개하는 창작의 산실이 되어야 마땅할 궁정오페라극장의 19세기 초연 기록은 실로 부실하기 그지없었으니, 헝가리 작곡가 골드마르크 카로이가 쓴 네 편의 신작 오페라가 전부였다. 그중 〈시바의 여왕〉은 정기적으로 무대에 오를 만큼 시민들

바그너의 초상화

말러가 활동하던 시절 빈을 위시한 유럽 음악계는 급진적인 작곡가 바그너에 경도되어 있었다. 그는 단순한 작곡가를 넘어서 아이돌이자 하나의 사회적 현상 그 자체였다. 말러 또한 유대인임에도 불구하고 빈 유학 시절부터 바그너의 음악 철학에 매료되었다. 말러는 음악, 무용, 문학, 건축, 조각, 회화에 이르기까지 모든 장르의 예술이 저마다의 결핍을 극복하고 완전한 예술로 구축하기 위해서는 통합되어야 한다는 바그너의 '총체 예술'론에 적극적으로 공감했다. 이 총체 예술의 성공적인 사례로 바그너는 베토벤의 〈합창〉 교향곡을 들었다. 〈합창〉 교향곡처럼 성악과의 결합을 시도한 말러의 교향곡 2번과 3번, 4번, 8번은 바그너의 이론에 영향을 받은 결과물이라 할 수 있다. 이 초상화는 1895년에 프란츠 폰 렌바흐가 그린 것이다.

의 사랑을 받았지만 세계적인 유명세는 타지 못했다.*

이처럼 안일한 레퍼토리 운영과는 별개로 어렵기로 소문난 바그너 음악극이 이 극장에서 꾸준히 소개된 것은 아이러니한 일이다. 〈방황하는 네덜란드인〉, 〈로엔그린〉, 〈뉘른베르크의 마이스터징거〉, 〈트리스탄과 이졸데〉, 〈니벨룽의 반지〉가 시민들의 열화와 같은 환영 속에 여러 차례 반복적으로 상연되었다. 바그너 최고의 흥행작은 단연 〈탄호이저〉로, 1875년 작곡가 본인의 지휘로 빈에서 초연한 이래 1894년에 이미 200회 넘게 상연했다. 이는 극장의 도전 정신 덕분이 아니라 바그너라는 특별한 영웅 때문이었다.

당시 전 유럽은 바그너를 뜨거운 감자처럼 취급했으며, 그는 단순한 작곡가를 넘어서 아이돌이자 하나의 사회적 현상 그 자체였다. 그의 음악이 지닌 웅장한 스케일과 관능성에, 그가 내세우는 급진적이다 못해 편파적인 구호에 보수적인 노인들은 뒷목을 잡았지만 젊은 세대는 열광했다. 모세가 발을 내디딜 때의 홍해처럼, 바그너가 발을 내디디는 곳마다 사람들은 그의 추종자와 적대자로 극명하게 갈라져 서로 대립했다.

'바그너 현상'은 빈에서 유독 강렬했다. 여행을 즐기던 바그너는 베네치아와 더불어 빈을 가장 사랑했다. 〈뉘른베르크의 마이스터징거〉는 그가 이 도시에 1년 넘게 머물며 완성한 오페라다.

* 궁정오페라극장 초연 작품 가운데 최초로 국제적인 레퍼토리로 인정받은 것은 리하르트 슈트라우스의 1916년 작품인 〈낙소스섬의 아리아드네〉였다.

그가 빈에 도착할 때마다 도시는 열광했다. 그가 선호하던 임페리얼호텔에 투숙하고 있는 동안 호텔 로비는 매일같이 젊은 추종자들로 인산인해를 이루었다.

이런 사회 분위기 속에서 궁정오페라극장은 바그너 작품을 결코 소홀히 다룰 수 없었다. 다행히 극장 인력은 바그너 작품이 전제하는 어마어마한 오케스트레이션을 소화하기에 충분했다. 오케스트라 단원만 100명이 넘었고, 여기에 마찬가지로 100명이 넘는 합창 단원, 그리고 스물한 명의 성악가들이 고용되어 있었다. 이는 음악을 그리 즐기지 않으면서도 타인의 시선은 의식하던 요제프 황제의 과시욕 덕분이었다.

안타까운 점은 공연 횟수와 공연의 질이 늘 비례하지는 않는다는 사실이다. 당시 극장감독 빌헬름 얀은 시력을 거의 상실해 악보를 볼 수 없었고, 이 때문에 공연을 실제로 지휘하는 일은 카펠마이스터인 한스 리히터의 몫이었다. 바그너의 수제자인 리히터는 1876년 바이로이트페스티벌에서 〈니벨룽의 반지〉 4부작 초연을 이끈 전적이 있는 인물로, 빈과 런던 양쪽 도시에서 한창 인기몰이 중이었다.

바그너가 매의 눈으로 감시하던 바이로이트에서와 달리 빈에서의 리히터는 슐람페라이에 안주하는 경향을 보였다. 공연이나 연습 일정을 우선순위에 두는 법이 결코 없었고, 지휘자 자신은 물론 성악가 개개인의 사정을 하나하나 눈감아 주다 리허설 시간이 부족해지기 일쑤였으며, 연주하기 어려운 부분은 쉽게 편곡해 버리거나 아예 삭제하는 만행을 저지르기도 했다. 이런 이유로 그

반대파와 비평가들에게 둘러싸인 바그너

유럽을 뜨겁게 달군 '바그너 현상'은 특히 빈에서 강렬했다. 그의 음악이 지닌 웅장한 스케일과 관능성, 혁명적인 형식과 음계 사용에 진보주의자들은 열광했고, 보수주의자들은 베토벤의 정통 계승자로 인정받던 브람스를 중심으로 결집하여 바그너에 대항했다.

가 빈에서 상연한 바그너 음악극은 대부분 축약 버전이었고, 그 자신의 마음에 들지 않거나 어려운 부분은 대충 연주했다. 지휘자가 이렇다 보니 무대에 서는 성악가와 오케스트라 단원 또한 성의 없기는 매한가지였다.

열의를 상실한 리히터의 부실한 연주와 악단 운영이 도마 위에 오르고 그의 '판에 박힌 연주'에 대한 민심이 갈수록 악화하자 궁정오페라극장은 새로운 피를 수혈하기로 결정했다. 처음에는 리히터를 보조하는 말단 지휘자를 선발하는 안일한 응급 처치를 고려했지만, 이 자리에 말러가 관심을 보인다는 소문이 퍼지기 시작했다. 선동가 기질이 농후한 30대 중반의 젊은 유대인 지휘자의 입성은 궁정오페라극장의 분위기 전환에 분명 도움이 될 만한 스캔들이었다. 극장은 즉시 태도를 바꾸어 보조 지휘자가 아닌 임기가 곧 끝날 얀을 대신할 차기 음악감독을 뽑겠다고 공표했다.

말러, 빈에 입성하다

말러가 처음 빈에 입성한 것은 1875년의 일이다. 미성년자의 나이로 빈음악원 작곡과에 입학한 말러는 첫해 작곡한 피아노 사중주로 우수상까지 받았지만 학업에 그리 큰 흥미를 느끼지 못했다. 그는 학교 밖으로 나와 인적 드문 숲속에서 괴테며 니체, 장 파울, 쇼펜하우어를 탐독하며 시간을 보냈다. 혹은 또래의 젊은 동료들과 바그너의 음악 철학을 공유하기도 했다. 바그너에 대한 그의 열정은 특히 유별났다. 하루는 말러가 길바닥에서 눈물을 흘리며 흐느끼고 있었다. 이를 우연히 보게 된 친구는 병환 중이라던 말러의 아버지에게 무슨 일이 생긴 줄 알고 그에게 다가가 말을 걸었다. 친구의 다독임에 고개를 든 말러는 이렇게 울부짖었다.

"아버지? 아니. 그보다 더 불행한 일이 벌어졌어. 바그너 선생이 세상을 떠났다고."

말러는 결국 학업을 마치지 못하고 음악원을 중퇴했다. 이후 지휘자로 전향해 라이바흐*, 카셀, 프라하, 라이프치히, 부다페스트를 거쳐 함부르크극장에서 오페라를 지휘하며 명성을 차곡차곡 쌓아 나갔다. 부다페스트와 함부르크에서는 음악감독직을 역임하며 유럽 최고의 떠오르는 샛별로 인정받았다. 말러의 연주는 특유의 치밀하고 정확한 연주로 정평이 높았으며, 특히 바그너 연주는 매번 엄청난 화제를 불러일으켰다. 1889년, 부다페스트오페라극장에서 지휘한 〈라인의 황금〉과 〈발퀴레〉는 헝가리어로 상연되었음에도 불구하고 공연 도중 객석에서 "말러 만세!"라는 외침이 터져 나올 정도로 대중과 평단으로부터 극찬을 받았다. 바그너 추종자들이 집약적으로 모여 있는 빈 음악계에서 말러는 지극히 탐낼 수밖에 없는 인물이었다.

당시 말러는 유럽에서 가장 잘 나가는 지휘자였지만 그럼에도 빈 입성은 쉽지 않았다. 가장 큰 걸림돌은 유대인이라는 정체성이

* 현재 슬로바니아의 수도인 류블랴나를 가리킨다.

한창 촉망받던 시절의 말러

여느 청년들처럼 수염을 기르던 말러는 1888년 부다페스트 오페라극장 음악감독으로 취임
한 직후 수염을 깎고 죽을 때까지 맨얼굴을 고수했다. 저마다 나이 들어 보이려고 안달하던
당시 사회의 유행과는 역행하는 반골의 면모를 보여 준다.

었다. 예수가 십자가에 못 박힌 이래 유럽에서 가장 천대받는 종
족이던 유대인에 대한 처우는 18세기부터 어느 정도 개선의 기미
가 있기는 했다. 프랑스혁명과 나폴레옹전쟁이 평등사상과 계몽
주의를 전파하며 유럽에 인권에 대해 대한 새로운 자각을 요구했
고, 이는 차별에 시달리던 유대인에게 사상적으로 유리하게 작용
했다.

유대인이 역사상 처음으로 원하는 곳에 거주할 권리를 얻은 것
은 1867년 오스트리아 헌법이 그들의 완전한 시민권을 보장하면
서부터였다. 이 헌법이 선포되자마자 동유럽 각지에 흩어져 있던
유대인들은 사전에 약속이라도 한 듯 빈에 우르르 몰려들기 시작
했다. 1800년에 고작 500명 내외에 불과하던 빈의 유대인 인구는
1870년에 이르면 4만 명으로 급증하며 제국 내 가장 유대인이 많
은 도시가 되었고, 제국의 수도로 이주한 유대인 중 일부는 그들
만의 시나고그까지 세울 만큼 부와 권력을 획득했다.

평등사상과 계몽주의의 수혜자인 만큼 빈에 거주하는 유대인
은 대부분 진보적인 성향을 띠었다. 유대인에게 출판업이 허용됨
과 동시에 이들은 언론과 출판을 통해 반제국주의, 공화주의, 종
교의 자유를 설파하고 다녔다. 반면 그들과 대척점에 선 반유대주
의자들은 제국주의와 군주제를 찬성하는 가톨릭 보수주의자들
로, 제국의 전통과 역사를 등에 업고 오랜 세월 기득권을 누려 온
세력이기도 했다. 도시 내 유대인에 대한 실제 처우는 이들의 입
김에 따라 헌법과 분명한 온도 차를 보였다.

말러도 처음에는 "현 상황에서 궁정오페라극장에 유대인 고용

은 불가능하다"라는 통보를 받았다. 이에 말러는 함부르크성당에 찾아가 가톨릭 세례를 받으며 응수했다. 말러의 음악성과 잠재력을 신뢰하던 음악계의 성원도 있었거니와, 보수 세력에 대한 견제를 의도한 황제는 1897년에 자신의 권한으로 말러를 음악감독으로 임명했다. 아이러니하게도 같은 해 빈 시민들은 카를 루에거라는 호전적인 반유대주의 정치인을 시장으로 선출했다. 그만큼 도시 내 반유대주의 분위기는 끈질기게 지속되고 있었고, 말러로서는 반감과 혐오의 구덩이 한가운데에 자진해서 뛰어드는 격이었다.

말러는 음악감독이 된 지 얼마 되지 않아 빈 최고의 유명 인사로 급부상했다. 그가 연루된 모든 사건은 긍정적이든 부정적이든 꾸준히 언론의 입방아에 올랐다. 그가 어디에 사는지, 오늘은 어떤 옷을 입고 출근했는지, 그가 좋아하는 음식은 무엇인지는 물론, 그의 애정 행각에 대해서도 예의 주시했다. 그날 의회가 어떤 법안을 통과시켰는지는 몰라도 말러가 어떤 소프라노를 울렸는지 모르는 빈 시민은 아무도 없었다. 거리에서 그를 몰라보는 사람은 간첩이었다. 다소 어색한 말러의 걸음걸이를 흉내내며 꽁무니를 쫓아다니는 신봉자도 더러 보였다.

말러는 대중의 시선을 개의치 않았다. 이즈음 개통된 트램을 타고 출퇴근하며 자연스럽게 대중 앞에 자신을 노출했고, 언론은 그의 극장 밖 일상을 부지런히 사진으로 찍어 신문에 게재했다. 오늘날까지 전해지는 빈 임기 초창기 사진 중 거리에서 찍은 스냅사진이 많은 까닭은 바로 이 시절 그에게 들러붙었던 파파라치들(당시에는 물론 이런 명칭으로 불리지 않았겠지만) 덕분이다.

　거리에서 말러를 알아보기란 그리 어렵지 않았을 것이다. 작은 키에 단단한 몸집을 가진 그의 걸음걸이는 빠르고 역동적이었다고 전해진다. 하지만 군중 사이에서 말러를 구별할 수 있는 가장 두드러진 특징은 아마도 수염을 기르지 않은 맨얼굴이었을 것이다. 슈테판 츠바이크는 『어제의 세계』에서 19세기 말 빈을 "젊게 보이는 불행을 안고 있는 사람이 불신을 견뎌야 하는 사회"라고 적은 바 있다. 노인들은 어디서나 당연한 듯 우선권을 가진 반면, 젊음이 사회생활에 장애가 되는 풍토 속에서 남자들은 너도나도 한 살이라도 더 늙어 보이려 안달이 난 시절이었다. 살을 일부러 찌우기도 하고, 어두운 색깔의 고리타분한 정장을 입고 다니기도 했지만, 가장 일반적인 방법은 수염을 기르는 것이었다. 젊은 남자들은 무성한 턱수염으로 자신의 짧은 경륜을 숨기고자 했고, 신문에는 이들을 타겟으로 고안한, 수염을 빨리 기르는 묘약 광고가 실렸다.

　이런 유행에 역행한, 말끔하니 면도한 말러의 민낯은 멀리서도 단박에 눈에 띌 법했다. 부다페스트에 막 입성했을 때 찍은 사진만 보더라도 그 또한 턱수염 혹은 콧수염을 기른, 노숙하고 근엄한 모습이었다. 계기는 알 수 없지만 1888년에 부다페스트 음악감독으로 취임한 직후부터 그는 수염을 깎아 버리고 죽을 때까지 맨얼굴을 고수했다. 당시 빈과 같은 보수적인 사회에서는 꽤나 눈에 띄는 과감한 시도였을 것이다. 츠바이크의 증언에 따르면, 그렇지 않아도 서른여섯 살의 나이로 궁정오페라극장 음악감독에 취임

빈 거리의 말러 기념 표지석

헤르베르트폰카라얀플라츠에 있는, 말러의 서명이 새겨진 기념 표지석이다. 2001년 빈 당국은 '영광의 길'이라는 제목 아래 클래식 음악 분야의 작곡가, 지휘자, 연주가, 성악가의 서명이 새겨진 별표 문양의 기념석을 도로 위에 박아 넣는 표지석 프로젝트를 시작했다. 말러의 표지석 이외에도 약 100개 정도의 유명 음악가 표지석을 빈국립오페라극장 주변 거리에서 찾아볼 수 있다. 다만 높은 유지 보수 비용 때문에 부담을 느낀 시 당국은 형체를 알아볼 수 없을 만큼 마모된 표석에 한해 해체 수순을 밟고 있다.

애증의 도시 빈

한 말러를 두고 "저렇게 젊은 사람"에게 일류 예술 극장을 맡겨도 되겠냐는 숙덕거림이 온 도시를 가득 메웠다고 한다.

혁명의 바람

인간의 능력은 삼손처럼 털에서 비롯되는 것이 아님을, 말러는 임기를 시작한 첫해부터 입증해 보였다. 미치광이 감독 아래 궁정 오페라극장에 혁명의 바람이 불고 있다는 소문이 도시에 쫙 퍼지기 시작했다. 매일 밤 젊은 성악가들의 환상적인 무대를 볼 수 있다는 반가운 소식이 들려왔다. 물론 악보 또한 단 한마디도 생략하는 법이 없었다. 모차르트나 바그너 같은 인기 레퍼토리 이외에도 차이콥스키와 푸치니, 생상스, 리하르트 슈트라우스 같은 동시대 작곡가들의 신작을 부지런히 소개했다.

사람들은 말러가 그들이 경험해 본 지휘자 중 가장 위대한 인물이라는 사실을 인정할 수밖에 없었고, 음악가들은 그와 함께 무대에 서는 것을 영광으로 삼았다. 당시 젊은 음악평론가인 막스 그라프는 혜성처럼 나타난 말러에 대해 다음과 같이 묘사했다.

악마 같은 남자 구스타프 말러는 자신의 성격을 그대로 드러냈고, 그로부터 신경질적인 에너지가 궁정오페라극장 무대, 오케스트라, 관객들 사이로 퍼져 나갔다. 말러가 오케스트라 피트에 등장하기 한참 전부터 관객들은 이미 흥분 상태에 빠졌다. 극장이

어두워지면 깎아 놓은 듯 뚜렷한 이목구비에 창백하고 금욕적인 인상을 지닌 자그마한 풍채의 남자가 지휘대 위에 돌진하듯 등장했다. 그의 지휘는 빈에서의 첫 임기 1년 내내 충격적으로 다가왔다. 그의 지휘봉은 독이 잔뜩 오른 뱀처럼 쏜살같이 앞으로 내달렸다. 오른손으로는 서랍장 제일 깊숙한 곳 밑바닥을 뒤져 올리듯 오케스트라로부터 음악을 끌어냈다. 그는 오케스트라 제일 끄트머리에 앉은 단원까지도 날카로운 매의 눈으로 감시했고, 그와 눈을 마주친 단원은 잔뜩 겁에 질려 얼어붙었다. 지휘봉으로 신호를 주면서도 지휘봉과는 전혀 다른 방향을 주시했다. 무대 위 성악가들에게는 애원하는 제스처를 취하기도 했다. 지휘 도중 가시에라도 찔린 듯 의자에서 풀쩍 뛰어올랐고, 활활 타오르는 불꽃처럼 온몸을 움직였다.

— Norman Lebrecht, *Mahler Remembered* 중

말러는 자신이 뿜어내는 극단적인 긴장감을 스스로 잘 알고 있었다. 그가 지휘를 마치고 무대에서 퇴장할 때면 극장은 마치 폭풍우가 한바탕 휩쓸고 지나간 듯 탈진한 분위기로 변했다. 무대 뒤는 한층 더 살벌했다. 완고한 완벽주의자였던 말러는 예술에 관한 한 슐람페라이 문화를 절대로 용납하지 않았다. 그는 리허설에 아낌없이 시간을 바칠 준비가 되어 있는 단원들을 원했고, 노래뿐만 아니라 연기도 할 줄 아는 성악가를 원했으며, 성에 차지 않는 음악가는 가차 없이 해고했다. 일단 말러와 함께 일하기로 마음먹은 사람들은 그의 혹독한 요구를 각오해야 했다.

말러의 지휘를 풍자한 캐리커처

말러의 지휘 스타일은 자극적이고 현란하기로 유명했다. 그의 공연을 지켜본 동시대 음악평론가 막스 그라프는 그의 지휘봉이 독이 잔뜩 오른 뱀처럼 쏜살같이 내달렸으며, 지휘 도중 마치 가시에라도 찔린 듯 의자에 풀쩍 뛰어오르기도 하고, 활활 타오르는 불꽃처럼 온몸을 움직였다고 평했다.

인간이든 조직이든 체질 개선에는 통증과 부작용이 수반되는 법이다. 말러가 지휘봉을 잡은 지 3년 만에 오케스트라 전체 단원 중 3분의 1이 물갈이가 되었다. 말러가 임기를 시작할 때만 해도 최연소 신입 첼로 단원이던 프란츠 슈미트는 3년 만에 최고참이 되어 버렸다. 이런 가혹한 처사는 성악가들에게도 공평하게 적용되었다. 말러는 자신이 섭외한 음악가라 하더라도 실력이 모자란다 싶으면 망설이지 않고 내쳤다. 당시 최고의 바그너 성악가로 명성이 자자하던 소프라노 에르네스티네 슈만하인크는 말러가 리허설 중 음표 하나만 틀려도 '다시!'를 외치는 '음악 독재자'라고 비난했다. 말러가 바이로이트에서 직접 캐스팅한 또 다른 성악가는 빈 데뷔 보름 만에 마에스트로를 실망시키고 짐을 쌀 수밖에 없었다. 신문에는 오디션 직후 그 자리에서 말러에게 해고되어 울음을 터뜨린 리허설 피아니스트의 가련한 사연이 기사화되었다.

말러의 독재는 객석까지 손길을 뻗쳤다. 그는 공연이 시작되면 객석 조명을 끄도록 조처한 빈 최초의 지휘자였다. 그뿐만 아니라 공연이 시작되면 모든 출입문을 잠가 중간 입장을 원천 봉쇄를 했다. 지각한 청중은 1막이 끝나고 인터미션이 시작될 때까지 로비에서 기다릴 수밖에 없었다. 이마저도 성에 차지 않았던 말러는 극 중 흐름이 끊긴다는 이유로 막간 휴식마저 없애려고 했다.

빈에 부는 말러 열풍에 가장 심기가 불편했던 인물은 황제였다. 궁정오페라극장은 엄연히 황제가 시민들에게 선물한 공연장이었고, 말러 또한 황제 자신이 임명한, 헌법상 황제의 시종에 불과했다. 자신이 독점적으로 누리던 시민들의 관심을 시종에게 빼앗긴 고용주의 기분이 유쾌할 리 만무했다. 여기에 말러가 공연 중 관객의 등퇴장을 금지하고 막간 휴식마저도 폐지하려 한다는 소식이 전해지자 황제의 인내심은 한계에 달했다. 공연 중 자신의 박스석에서 잠시 나왔다가 재입장을 제지당한 귀족이 불평불만을 쏟아 냈을 때, 황제는 기다렸다는 듯이 다음과 같이 반응했다. "궁정오페라극장이란 본래 즐기기 위해 가는 곳이 아니던가?"

황제가 드러낸 이 불편한 심기는 말러가 마음에 들지 않았던 반유대주의자들을 결집시키기에 충분했다. 그들이 서슬 퍼런 칼날을 갈며 때를 기다리고 있음을 말러가 모를 리 없었다. 그가 유순하고 관대한 수장으로서 적에게 고개를 숙일 줄 아는 인물이었다면 훨씬 편안한 직장 생활을 누릴 수 있었을 지도 모른다. 하지만 궁정오페라극장 음악감독이 되기 위해 개종까지 불사할 만큼 정치적인 말러는 더 이상 존재하지 않았다. 일단 궁정오페라극장에 입성한 순간부터 그는 자신의 신념을 한 치도 양보하지 않았다. 사람들은 그의 천성을 탓했지만 말러는 자신의 완고함이 '의도한 것'이라고 종종 하소연했다. 여기서 양보하면 예술계에 뿌리내린 적당주의를 근절할 수 없다는 사명감이 그에게 고난의 행군을 강요하고 있었다는 소리다.

음악감독과 황제 사이의 팽팽한 신경전 사이에서 궁정오페라극장 관리들의 입장도 양 갈래로 나누어졌다. 그중 무관심한 황궁을 대신해 극장을 운영하던 귀족들은 극장 문화를 쇄신할 절호의 기회라 여기며 말러에 대한 지원 사격을 아끼지 않았다. 마침내 타협안이 나왔으니, 중간 휴식 제도는 그대로 유지하되 공연장 내 대화와 식음료 섭취는 금지하는 방안이 결정되었다. 대신 청중이 다과를 즐길 별도의 휴식 공간을 공연장 밖 2층에 마련하기로 했다.

오늘날 이 휴식 공간은 '구스타프 말러 룸'이라 불린다. 극장의 주인 자리를 황제로부터 오페라에 돌려 주며 현대적인 공연 문화를 확립한 말러의 공로를 인정해 헌정한 장소다. 이곳은 한스의 극장 투어 중 마지막 방문지이기도 했다. 직사각형의 길쭉한 공간 제일 끝 벽면에는 말러의 옆얼굴을 그린 초상화가 걸려 있었다. 팝아트로 유명한 미국 아티스트 로널드 브룩스 키타이의 작품인 〈정치가 된 말러〉다. 미국 억만장자이자 말러의 〈교향곡 2번 c단조 '부활'〉에 강박되어 있던 아마추어 지휘자인 길버트 카플란이 기증한 것이다. 방 맞은편 또 다른 끝에는 말러가 사용한 휴대용 피아노와, 말러의 둘째 딸 안나가 제작한 말러의 흉상이 전시되어 있었다. 방 길쭉한 벽면에는 루돌프 아이젠멘게르가 제작한 모차르트의 〈마술피리〉 태피스트리가 걸려 있는데, 슈빈트가 그린 〈마술피리〉 천정화의 연장선상처럼 다가왔다.

극장 안에서 유일하게 먹고 마시는 행위가 허락되는 장소가 하필 그런 문화를 가장 혐오하던 지휘자의 이름으로 불리다니. 역사는 늘 그렇듯 아이러니하다. 하지만 정작 말러는 이 사실에 대해 그리 불쾌해하지 않고 호쾌한 웃음을 터뜨렸을 것 같다. 그는 음악에 대한 무례함은 참지 못했지만, 세상사를 비트는 아이러니는 즐길 줄 아는 인물이었다고 생각한다.

빈국립오페라극장의 전신 카페자허

빈의 문화 지형에서 빼놓을 수 없는 것이 카페다. 이 아편 같은 공간은 18세기 이래 지금까지 빈의 혈관을 타고 흐르고 있다. 카페는 사적이면서도 동시에 가장 공적인 공간으로, 가속이 붙은 산업화의 와중에 도시에 생긴 일상과 사교의 공백을 보충해 주었다. 이곳은 모두에게 열려 있지만 나름 개성 있는 공동체를 형성하는 데도 일조했다. 특히나 자유로운 영혼의 소유자인 예술가들에게는 가정과 직장을 벗어나 비슷한 부류의 사람들을 만나 서로 공감하며 안전하게 안식할 수 있는 구원의 장소였다. 모네는 바로 그 카페에서 자신들이 "더욱 강하게 단련되고, 의지는 더욱 굳건해졌으며, 생각은 더 명료하고 선명해졌다"라고 적은 바 있다.

빈국립오페라극장 뒷문으로 가면 5성 특급 호텔자허가 위풍당당하게 서 있는 것을 볼 수 있다. 이 호텔 1층에 위치한 카페자허는 오랜 세월 예술가들의 아지트로 명성을 누려온 곳이다. 단골손님이던 오스트리아 작가 토마스 베른하르트는 카페 창문 너머로 보이는 "궁정오페라극장의 엉덩이"를 보며 커피를 마셨다.

자허호텔과 빈국립오페라극장의 인연은 단지 가까운 거리에만 있지 않다. 호텔 건물이 위치한 바로 그곳에 과거 빈에서 가장 유명한 오페라극장이 있었다는 사실을 기억하는 사람은 오늘날 드물다. 1709년부터 1869년까지 이 자리를 지키던 케른트너토르극장은 빈의 오페라는 물론 음악과 관련한 모든 사건의 요충지였다. 1824년, 베토벤의 교향곡 9번 〈합창〉이 초연된 곳도 바로 이곳이었다.

케른트너토르극장이 카페자허로 탈바꿈한 것은 링슈트라세 프로젝트 때문이었다. 이전까지 부르크극장과 함께 오페라와 연극을 상연하던 이 극장은 폭발적으로 증가한 오페라 관객을 수용하기에 협소하고 낡았다는 지적이 제기되었고, 이에 황제는 케른트너토르극장 근처에 새로운 오페라 전용극장을 짓도록 칙명을 내렸다.

1869년, 궁정오페라극장 개관과 동시에 케른트너토르극장은 문을 닫고 아파트 건물로 개조되어 역사 속으로 사라졌다. 이 아파트 건물 1층에 자허 가문이 카페자허를 오픈했고, 영업에 대성공을 거두면서 건물 전체를 매입해 호텔자허로 개장했다. 지금도 여전히 깔끔한 검정 제복에 흰 앞치마를 두른 점원들이 은쟁반에 커피와 디저트를 실어 나르는 곳으로, 고풍스러운 샹들리에와 빨간 카펫이 깔린 앤티크한 인테리어가 마치 역사박물관의 체험 학습을 떠오르게 한다.

이 카페는 빈의 명물이자 이곳의 시그니처 디저트인 '자허 토르테'를 찾는 손님들로 늘 문전성시를 이룬다. 19세기 메테르니히 요리사의 아들이 발명해 낸, 이 살구잼을 바른 진한 초콜릿 스펀지케이크는 한 입 베어 물면 뒷골이 띵해질 정도로 진하게 엄습하는 초콜릿 향기가 치명적이다. 카카오 함유량이 너무 많아 함께 제공되는 휘핑크림과 먹지 않으면 목넘김이 다소 힘들게 느껴질 정도다. 오스트리아 전통 커피인 멜랑슈(부드러운 우유 거품을 올린 밀크 커피)와 그야말로 찰떡궁합이다.

지금의 카페자허는 현지인보다 관광객이 압도적으로 많이 방문하지만 그렇다고 현지인의 애정이 식은 것은 아니다. 오스트리아 사람들은 매년 12월 5일을 '자허 토르테의 날'로 지정해 기념하고 있다.

궁정오페라극장과 가깝다는 지리상의 이점 덕분일까? 궁정오페라극장 음악감독들 또한 대대로 카페자허의 단골손님이 되었다. 말러도 예외는 아니었다. 리허설에 지친 그가 가끔씩 이곳에 들러 '궁정오페라극장의 엉덩이'를 바라보며 자허 토르테에 멜랑슈를 곁들여 먹는 모습은 지금도 충분히 상상할 수 있다. 이때의 인연을 기념하기 위해 호텔자허는 지하에 '구스타프말러살롱'이라는 연회장을 운영하고 있다.

카페자허를 대표하는 자허토르테.

04

빈의
이방인

친구들이여, 기쁨에 찬 노래를 부릅시다

빈국립오페라극장에서 나와 링슈트라세를 따라서 시계 반대 방향으로 몇 분만 걷다 보면 빈에서 제일 큰 호텔이 눈에 들어온 다. 바로 바그너가 가장 좋아한 숙소인 임페리얼호텔이다. 말러 또한 궁정오페라극장 음악감독직을 그만두고 뉴욕으로 이주한 뒤 빈을 방문할 때마다 이 호텔에 묵었다. 임페리얼호텔 앞 슈베 르첸베르크카페는 말러가 아침 식사를 즐기던 단골 식당으로, 21 세기인 지금까지도 여전히 성업 중이다.

이 으리으리한 초호화 19세기 네오르네상스 건축물 뒤편으로 가면 빈무지크페라인 빌딩이 그 위용을 드러낸다. 링슈트라세 프 로젝트 중 하나로 설계된 이 건물은 19세기 이래 빈국립오페라극 장과 더불어 빈 음악계의 양대 기둥으로 존재해 왔다.

독일어인 무지크페라인Musikverein은 문자 그대로 '음악Musik+협 회Verein'를 뜻한다. 이것은 건물 이름이고, 그 건물주는 악우협회

Gesellschaft der musikfreunde다. 협회 이름으로 사용한 '친구Freunde'라는 단어는 만민 평등과 우애 가득한 세상을 추구한 시민계급의 이상향을 표현한다. 생전에 이 단체와 사상을 공유한 작곡가가 바로 베토벤이었으니, 자신의 마지막 교향곡에서 그는 직접 이런 가사로 노래한 바 있다.

오 친구들이여, 이런 곡조가 아니오!
그보다 좀 더 즐겁고,
기쁨에 찬 노래를 부릅시다.

O Freunde, nicht diese Töne!
Sondern lasst uns angenehmere anstimmen,
und freudenvollere.
— 루트비히 판 베토벤, 교향곡 9번 Op. 125 〈합창〉 중

베토벤은 빈악우협회 창립에 동기부여를 한 작곡가다. 19세기 초 나폴레옹의 침략으로 인해 정치적으로나 경제적으로나 초토화된 빈에서 베토벤은 번뇌에 빠졌다. 애초에 황제 전속 음악가가 될 야망을 가지고 찾아온 빈이었지만 황궁 취직은 갈수록 요원해졌다. 경제적 버팀목이 되어 주던 귀족들마저 프랑스혁명과 전쟁의 소용돌이 와중에 제 코가 석 자나 내려왔다. 그 모습을 지켜보며 베토벤은 본거지를 옮길까 진지하게 고민하기 시작했다.

흔들리던 베토벤의 옷깃을 붙잡으며 귀족들을 대신해 후원을

빈무지크페라인잘

빈국립오페라극장과 더불어 빈의 음악을 상징하는 대표적인 건물로, 빈필하모닉오케스트라
가 상주하고 있다. 황실 주도로 세워진 빈국립오페라극장이 귀족들의 취향을 대변한다면,
그보다 한 해 뒤 빈악우협회의 주도로 개관한 빈무지크페라인잘은 급부상하고 있던 시민들
의 철학을 대변한다. 이 건물과 상주 악단인 빈필하모닉오케스트라의 탄생은 유럽 클래식
음악계의 지형도를 바꾸었다.

약속한 사람들은 다름 아닌 시민계급이었다. 혁명의 도가니 속에서 신흥 세력으로 급부상한 이들의 존재감은 클래식 음악계에서 특히 유난했다. 과거 봉건 귀족들이 음악을 안일한 유희로 즐긴 반면, 시민계급은 그것을 유희가 아닌 사고 활동으로 보았다. 그들은 노력하는 사람만이 소리의 의미를 깨달을 수 있다고 여겼으며, 이를 위해 남다른 조직력을 과시했다. 그 선봉에 선 인물은 요제프 존라이트너로, 본업은 변호사이지만 테아터안데어빈의 예술감독을 자청해서 맡고 베토벤의 유일무이한 오페라 〈피델리오〉의 대본도 도맡아 집필할 만큼 예술에 대한 뜨거운 열정을 가진 자였다.

1812년에 창립한 빈악우협회 또한 그의 열정이 낳은 산물이다. 명칭에서 아마추어 동호회 같은 느낌이 들지만(실제로도 아마추어 애호가들의 집합체임을 표방한다), 이 협회가 빈은 물론 전 세계 음악사에 끼친 영향은 실로 어마어마하다. 순수 민간 자본으로 시작한 이들의 활동은 무수히 많은 공연에 대한 금전적 후원으로 그치지 않았다. 1819년에는 인재 양성을 위해 빈국립음대를 설립했고, 1858년에는 빈악우협회 합창단을 창단하며 연주계에 본격적으로 개입하기에 이르렀다. 그 연장선상의 산물이자 협회 최고의 결실이라 할 수 있는 단체가 바로 빈필하모닉오케스트라다.

음악을 사랑하는 사람들

빈필하모닉오케스트라 창단은 클래식 음악계의 헤게모니를 바꾼 시도였다. 빈은 하이든, 모차르트를 거쳐 베토벤이 교향악의 전통을 완성한 근거지였다. 그럼에도 빈 음악계는 19세기 말까지만 해도 오케스트라가 아닌 궁정오페라극장을 중심으로 공전했다. 베토벤의 의미 있는 아홉 개의 교향곡이 제대로 된 정규 오케스트라가 아닌 여기저기서 개인 연주자들을 소집해 임시로 결성한 외인부대 악단에 의해 초연되었다는 사실이 이를 증명한다. 궁정과 귀족들이 거느린 사설 악단은 운영비를 감당하지 못한 고용주들에 의해 해체 수순을 밟고 있었다. 유일한 공공 상근 악단이라 할 수 있는 궁정오페라극장 오케스트라는 어두컴컴한 오케스트라 피트 안에서 무대 위 성악가들을 보조하는 집단 이상의 조명은 받지 못했다. 그들 중 일부가 무대 위에서 기악 콘서트를 펼치기도 했지만 극장의 바쁜 일정 탓에 그 인원은 필연적으로 전문 오케스트라와 그들을 위한 전문 공연장이 절실했다.

하지만 빈악우협회가 창설되어 매년 정기적으로 기악 연주회를 개최하면서 기악 공연 횟수는 갈수록 증가했다. 그럼에도 아마추어 오케스트라만으로는 그들이 추구하는 예술적 완성도를 기대할 수 없었다. 음악적 이상 사회를 완성하기 위해서는 전문 오케스트와 그들을 위한 전문 공연장이 절실했다.

이런 갈증이 갈수록 더해 가던 19세기 중엽, 궁정오페라극장 악장인 오토 니콜라이가 고용주 없는 악단을 처음으로 고안했다. 빈

빈필하모닉오케스트라 초창기 단원들

1842년에 지휘자 오토 니콜라이의 주도 아래 궁정오페라극장 오케스트라를 주축으로 결성한 빈필하모닉오케스트라는 당시 유럽에서 거의 보기 드물었던 콘서트 전문 오케스트라로 화제를 불러 모았다. 하지만 1848년에 니콜라이가 상임 지휘자직에서 물러난 이후 악단은 바로 침체기에 빠졌다. 이에 단원들은 상임 지휘자에게 의존하지 않고 스스로 지휘자 섭외부터 악단 행정까지 책임지는 민주적인 운영 방침을 꾀하며 재출발했다. 직위와 관계없이 단원들의 찬반 투표로 지휘자를 결정하는 전통은 오늘날까지 계속 이어지고 있다. 1869년 악단의 주요 후원 단체이던 악우협회가 설립한 빈무지크페라인잘을 상주 공연장으로 삼은 뒤빈필하모닉오케스트라는 본격적인 전성기를 맞이했다.

악우협회의 후원 아래 그는 자신과 뜻을 같이한 궁정오페라극장 오케스트라 단원들을 주축으로 세계 최초의 근대 민간 오케스트라를 창단했으니, 이것이 바로 오늘날의 빈필하모닉오케스트라의 전신인 '필하모닉오케스트라philharmonic orchestra'*다. 이들은 1869년에 완공된 무지크페라인잘을 둥지 삼아 빈에 성공적으로 정착했다.

시민사회의 철학으로부터 지대한 영향을 받은 이 집단은 처음부터 단원들 개개인이 악단의 주인이라는 민주주의 의식을 장착한 채 태어났다. 하지만 이들의 정체성은 대단히 이중적이다. 창단 단원들 대다수가 황제에게 고용된 궁정오페라극장 오케스트라 단원이기 때문이다. 동일한 음악가들이 궁정오페라극장 피트 안에서 오페라를 연주할 때는 '궁정 오페라 오케스트라'로서, 무지크페라인잘 무대 위에서 교향곡을 연주할 때는 '필하모닉오케스트라'라는 명찰을 바꾸어 달 뿐이었다. 이 단체가 처음에 가지고 있던 종속과 주체라는 양극단의 이중성은 봉건사회에서 시민사회로 넘어가는 과도기에 음악이 처한 현실을 대변하는 것이기도 했다.

무지크페라인잘과 궁정오페라극장이 공유하는 것은 비단 악단 단원뿐만이 아니었다. 니콜라이가 필하모닉오케스트라 결성을 주도하고 지휘한 이래 이곳의 지휘자는 궁정오페라극장 음악감

---

* '필하모닉philharmonic'은 '필하모니아philharmonia'의 형용사로, '음악을 사랑하는 사람들의 모임(phil + harmonia)'이라는 뜻의 합성어에서 유래했다.

독이 병행하는 것이 관례처럼 정착되었다. 청중의 입장에서는 궁정오페라극장과 무지크페라인잘이라는 장소만 다를 뿐 동일한 지휘자와 악단의 연주를 듣는 셈이었다. 하지만 무대 위 지휘자와 오케스트라의 관계는 장소에 따라 완전히 달라졌다. 굳이 따지자면 지휘자에게는 필하모닉오케스트라가 궁정오페라극장 오케스트라보다 지휘하기 훨씬 까다롭고 위태로웠다. 궁정오페라극장에서 단원들은 음악감독과 마찬가지로 황제의 녹봉을 받으며 일하는 고용인이었다. 위계 구조가 분명한 이 공간에서 황제가 친히 임명한 음악감독의 명령에 군소리나 반대를 하는 것은 용납되지 않았다. 아무리 리허설이 혹독하고 실력 부족이라는 모욕을 들으며 해고당할지라도 이의를 제기할 수 없었다.

하지만 무지크페라인에서는 상황이 달랐다. 앞서 언급했듯이 협회 이름에 '친구'라는 단어가 괜히 붙은 것이 아니었다. 만민 평등과 우애를 강조하는 이 공동체는 모든 오케스트라 운영이 단원들로 구성된 위원회의 투표로 결정되었다. 지휘자의 거취 또한 당연히 위원회의 결정 소관이었다. '음악을 사랑하는 사람들 philharmonia' 사이에서 지휘자는 명령에 복종해야 할 상관이 아니라 함께 음악을 만드는 동등한 친구이기 때문이다. 오늘날 노동조합과 비슷한 필하모닉오케스트라의 운영 방식은 대단히 근대적이고 시대를 앞선 것이었다. 동시에 지휘자와 단원 사이의 불안과 갈등을 증폭시키는 원인이기도 했다.

오로지 베토벤이 바란 것만을 추구했다

말러의 경우는 어떠했을까? 그를 필하모닉오케스트라 지휘자로 추천한 사람은 궁정오페라극장의 전임 음악감독인 리히터였다. 그는 말러에게 궁정오페라극장 음악감독직을 물려준 뒤 런던으로 본거지를 옮겼다. 이 과정에서 무려 23년(1875~1898) 동안 역임한 필하모닉오케스트라 지휘자 자리도 건강상의 이유를 핑계 삼아 말러에게 양보했다. 1898년 9월 24일, 말러는 단원들의 투표로 차기 필하모닉오케스트라 지휘자로 선출되었다. 하지만 단원 모두가 그를 반기는 것은 아니었다. 악단 내부에는 당시 빈에서 흔히 볼 수 있었던 반유대주의 정서가 존재했고, 전임 지휘자의 추종자들은 새 지휘자에 대해 트집 잡을 기회를 호시탐탐 노렸다.

임기 초반에는 말러에게 대체로 우호적인 분위기가 형성되었다. 가장 큰 이유는 말러가 지휘자가 된 이후 첫 업무로 단원들의 봉급을 인상했기 때문이다. 단원들에게 혹독하게 굴던 말러였지만 고생하는 만큼 음악가들의 처우가 개선되어야 한다는 것은 그의 신조였다. 하지만 이들의 달콤한 허니문은 그리 오래가지 못했다. 말러와 단원들의 관계는 음악과 관련해서 본격적으로 어긋나기 시작했다.

그 전조는 베토벤 작품에서 시작되었다. 말러는 3년 동안 필하모닉오케스트라 지휘자로 재임하면서 총 스물네 번의 공연을 했는데, 이 기간 중 연주한 일흔아홉 곡의 작품 가운데 베토벤의 것이 스물여섯 곡으로 가장 많았다. 그중에서도 1899/1900 시즌 개

빈 음악의집에 있는 말러룸

빈에 위치한 음악의집Haus der Musik은 오스트리아 최초의 음향 및 음악 박물관으로 2000년 밀레니엄을 맞아 개관했다. 인터렉티브 및 멀티미디어 프리젠테이션을 통해 인류 최초의 악기부터 미래의 사운드까지 다양한 음악의 세계를 경험할 수 있다. 음악의집이 들어선 건물은 150년 전 빈필하모닉오케스트라를 창단한 지휘자 오토 니콜라이가 살던 가정집이었다. 이 음악의집에는 말러에게 헌정된 전시관이 따로 마련되어 있는데, 그의 종손인 페터 말러가 디자인했다. 말러의 다양한 사진들과 기록과 편지들, 사용하던 악기와 필기구, 조각 등이 입체적으로 전시되어 있다.

막 바로 직전 개최한 일요 자선 음악회에서 연주한 베토벤의 교향곡 9번 〈합창〉은 엄청난 스캔들을 기록했다.

이 공연에서 말러는 악보 지시를 넘어서 편성을 대폭 확대하는 범상치 않은 시도를 감행했다. 관악기 편성만 두 배로 늘어나자 무대 위 오케스트라 전체 단원 숫자가 100명을 훌쩍 넘어 버렸다. 이는 평소 편성보다 다섯 배나 늘어난 합창단 규모에 비하면 아무것도 아니었다. 궁정오페라극장 합창단은 물론, 악우협회 산하 징아카데미 합창단, 그리고 아마추어 동호회이지만 실력이 꽤나 출중했던 슈베르트 남성 합창단이 말러의 부름을 받고 이 공연에 소집되었다. 악단의 몸집은 비대해졌지만 몸짓은 절대로 둔하지 않았다. 말러의 무자비한 지휘봉에 사로잡힌 오케스트라와 합창단은 포르티시모와 피아니시모 사이를, 그리고 알레그로와 안단테 사이를 민첩하게 오가며 극단적인 다이내믹을 과시했다.

흥행은 성공적이었다. 청중은 열광했으며, 이 공연을 놓쳐서 광분하는 나머지 청중을 달래기 위해 필하모닉오케스트라는 닷새 뒤 앙코르 공연을 별도로 마련해야 할 정도였다. 하지만 언론과 평단의 반응은 청중의 호응과 극단적인 온도 차를 보였다. 말러는 첫 공연과 앙코르 공연 사이 5일 동안 살벌한 비방과 모욕에 시달렸다. 언론과 평단이 문제로 삼은 것은 악기 편성을 포함해 말러가 악보 전체에 가한 수정이었다. 평론가들은 "악의적인 허위 연주"라며 이를 용납하지 않았다. 베토벤 교향곡은 빈 음악계에서 교향곡의 정전canon처럼 대접받는 작품이었다. 베토벤 생존 당시 초연되어 작곡가가 사망한 다음에도 적어도 빈에서는 단 한 번도 단절되지 않고 꾸준히 연주되었다. 이 같은 노력으로 보전해 온 원전을 감히 훼손하고 가필을 시도한 말러의 범죄는 그들에게 신성모독에 가까웠다.

말러는 이에 굴하지 않았다. 그는 앙코르 연주회에서 교향곡 9번 〈합창〉에 대한 자신의 관점과 방법론을 적은 인쇄물을 청중에게 무료로 나누어 주었다. 이 인쇄물에서 말러는 자신이 왜 베토벤의 교향곡을 평소와 다르게 연주했는지 세 가지 근거를 댔다.

첫째는 〈합창〉 교향곡에서 베토벤이 시도한 새로운 표현은 당시 작곡가 자신을 괴롭히던 귓병으로 인해 온전한 소리로 실현할 수 없었다는 점, 둘째는 베토벤이 이 교향곡을 작곡할 당시 트럼펫과 호른은 발명된 지 얼마 안 된 초기 형태라 상당한 약점을 지니고 있었기 때문에 초연 때 타협할 수밖에 없었지만 이제는 악기가 개량되어 기교적인 도전이 가능하다는 점, 셋째는 말러 자신의 해석은 베토벤, 그중에서도 〈합창〉 교향곡에 대한 바그너의 관점 위에서 탄탄하게 완성한 것이라는 점이었다. 이렇게 편성을 확대하면서 거대해진 사운드의 소용돌이 속에 거장의 의도를 익사시키지 않고자 말러는 그 와중에도 "꾸준히, 그리고 오로지 베토벤이 바란 점만을 추구했으며, 그것이 아무리 사소한 것일지라도 단하나도 놓치지 않으려고" 노력했다고 소리를 높였다. 평단의 반응은 야멸찼을지언정 일반 대중은 환호했기에 베토벤 공연은 어쨌거나 앙코르 공연까지 이어진, 나름 성공을 거둔 무대였다.

빈무지크페라인잘 황금홀

빈무지크페라인잘에는 대편성 오케스트라 공연을 할 수 있는 대공연장과 실내악을 위한 브람스홀이 주축을 이룬다. 대공연장은 좌우 벽면에서 발코니석을 떠받치고 있는 서른두 개의 황금 여신상 때문에 '황금홀'이라고 불린다. 하지만 금박을 입혔을 뿐 이 여신상들은 어쿠스틱을 위해 모두 나무로 제작한 것이다. 워낙 뛰어난 어쿠스틱 때문에 음반 녹음으로 인기가 높은 장소다. 빈필하모닉오케스트라의 수많은 명반이 태어난 산실이기도 하다.

등 돌린 청중

1900년 11월, 말러가 자신의 곡 교향곡 1번 〈거인〉을 초연할 때는 또 사정이 달랐다. 평론가는 물론 청중마저도 말러가 사용한 음악 언어를 이해해 주지 않았고 그 결과는 참혹했다. 연주를 마치고 인사를 하기 위해 무대 위에 다시 등장한 말러에게 청중은 거센 항의와 야유만을 퍼부었다.

청중의 극단적인 분위기는 비단 취향의 문제만은 아니었다. 1850년 이후의 교향곡 역사는 침묵에 가까웠다. 이상하게도 교향곡은 어디에나 있는 장르였지만 동시에 연기처럼 사라졌다. 베토벤 이후 세대의 작곡가들에게 베토벤을 능가하는 새로움을 성취하는 것은 일종의 부담으로 작용했다. 베토벤이라는 거대한 장벽이 드리운 그림자가 그의 음악에 익숙해진 청중까지 잠식했기 때문이다. 이 시절 오케스트라 콘서트 문화를 보면 적어도 교향곡에 관한 한 동시대 신작은 거의 자취를 감추었고 하이든, 모차르트, 베토벤이 남긴 과거의 작품만이 꾸준히 재연된 것을 알 수 있다. 시간의 무게를 이겨 내고 말 그대로 '고전Classic'의 반열에 오른 음악만을 대접하고, 콘서트를 신작 위주가 아닌 과거 작품의 큐레이팅으로 기획하기 시작한 때가 바로 이 시기였다.

설령 새로운 음악을 발표하더라도 청중은 과거의 익숙함을 찾았고, 전통과 동떨어지지 않은 음악을 선호했다. 그래서 작곡가들은 베토벤을 모방하든가, 피하든가, 아니면 의도적으로 잘못 이해했다. 슈베르트는 쪼개지고 변형되면서 변증법적으로 발전하는 형식 대신 서정적인 노래를 자신의 교향곡 테마로 삼았고, 멘델스존의 교향곡 또한 베토벤의 유산을 되새기며 과거로 회귀했다. 리스트는 '교향시'라는 새로운 장르를 개척하는 우회로를 선택했다. 바그너는 베토벤의 〈합창〉 교향곡 이후 순수 기악 음악의 잠재력은 고갈되었다고 당당히 선언하고 자신이 개척한 음악극이 미래를 주도하는 예술 작품이 될 것이라고 공언했다.

베토벤의 그림자를 의식하면서 동시에 자신의 목소리를 찾고자 했던 19세기 작곡가들은 자신들의 작품도 고전의 반열에 올리고 싶어 했다. 고전으로 인정받는다는 것은 이 시기 치밀한 전략이 필요한 작업이 되었다. 그것은 베토벤을 계승하는 동시에 그의 그림자와 맞서 싸워야 하는 일이었고, 또 급격히 보수화되어 가던 음악 문화를 상대해야 하는 일이었다. 브루크너가 마흔두 살이 되어서야 교향곡 1번을 발표할 수 있었던 것도, 브람스가 자신의 첫 번째 교향곡을 작곡하는 데 무려 21년의 시간이 걸린 이유도 그들이 이 장르를 대면하면서 실감한 베토벤의 무게를 감당해야 했기 때문이다.

교향곡 1번 〈거인〉을 발표한 말러도 자신의 선배들을 엄습했을 그 무게를 온몸으로 체감할 수밖에 없었다. 그의 교향곡은 청중과의 교감에 당연한 듯 실패했다. 이 교향곡은 청중을 상대하기에 앞서 그것을 연주하는 오케스트라로부터도 이해받지 못했다. 그 몰이해는 연주가 끝난 뒤 청중의 모욕을 온몸으로 감수하는 지휘자 말러를 무대 위에 홀로 남겨 두고 조용히 퇴장하는 단원들의 모습에서 충분히 확인할 수 있었다. 그 퍼포먼스는 이 교향곡이

빈 거리를 걷고 있는 말러

말러는 도시 최고의 유명 인사였지만 대중의 시선을 개의치 않는 털털한 인물이었다. 그는 이즈음 개통된 트램을 타고 출퇴근하며 자연스럽게 자신을 노출했고, 언론은 그런 그의 모습을 부지런히 사진으로 찍어 신문에 게재했다. 반면 스튜디오에서 카메라 앞에 서는 것은 극도로 혐오했다고 한다. 거리에서 찍은 그의 스냅사진이 유독 많은 이유는 바로 이 시절 그를 쫓아다닌 파파라치들 덕분이다. 사진은 1904년경 그의 모습이다.

자신들이 원해서 연주한 것이 아니라는 듯, 지휘자와 궁색하게 선을 긋는 모양새와 다르지 않았다.

지휘자와 오케스트라 간의 신뢰는 하나둘 처참하게 무너져 내렸다. 이후 말러의 제안 하나하나에 오케스트라 내 반대파는 노골적으로 반기를 들기 시작했다. 베토벤이나 모차르트, 바그너 등 이미 인정받는 거장의 작품을 연주할 때는 그래도 갈등이 덜했다. 하지만 말러가 직접 작곡한 교향곡을 연주하려고 시도할 때마다 오케스트라와의 관계는 한층 더 어긋났다.

말러로서는 대단히 유감스러웠을 것이다. 그의 교향곡은 바로 이 악단의 사운드를 토대로 완성한 작품이었다. 그런데 정작 영감을 준 자신의 악기가 그 작품을 연주하는 것을 거부하는 상황에 직면했다. 악기가 말을 듣지 않을 때 음악가들은 최악의 스트레스를 받는 법이다. 그렇지 않아도 말러는 지쳐 있었다. 그는 필하모닉오케스트라와 궁정오페라극장을 다 합쳐 1년에 100회가 넘는 공연을 혼자서 소화했을 뿐만 아니라, 음악감독으로서 맡은 행정 업무까지 처리해야 했다. 말러 생애 전체 중에서도 가장 빡빡하고 험악한 시기였다.

1901년 2월 24일 정오에 필하모닉오케스트라를 이끌고 연주한 브루크너의 교향곡 5번은 말러가 이 악단의 지휘자로서 서는 마지막 무대가 되고 말았다. 그날 저녁 궁정오페라극장에서 모차르트의 오페라 〈마술피리〉 공연까지 마치고 귀가한 말러는 밤중에 장 출혈을 일으키며 쓰러졌다. 놀란 동생 유스티네의 부름을 받고 한걸음에 달려온 의사가 "한 시간만 처치가 늦었어도 과다 출혈로 사망했을 것"이라고 말할 정도로 급박한 상황이었다.

병가를 내고 수술대에 누운 말러를 대신해 필하모닉오케스트라를 지휘한 사람들은 프란츠 샬크와 요제프 헬메스베르거로, 둘 다 슐람페라이 전통에 충실한 음악가들이었다. 이들을 열렬히 환영하는 오케스트라 단원들의 반응을 지면에 실으며 빈 언론은 말러의 하야는 시간문제라고 떠들어 댔다. 필하모닉오케스트라 단원들이 말러에 대한 불신임 투표를 거론하고 있을 때, 말러는 한발 앞서 자진해서 사표를 던졌다. 건강상의 문제가 표면적인 이유였지만, 굳이 삼류 지휘자들과 비교당하며 불명예스럽게 해고당하고 싶지 않았던 말러가 생각할 수 있는 최선의 선택이었다.

말러와 필하모닉오케스트라의 동행은 그렇게 불유쾌하게 막을 내렸다. 그렇다고 완전히 결별한 것도 아니었다. 궁정오페라극장에서 그들은 여전히 오케스트라와 음악감독으로 만날 수밖에 없는 운명이었다. 1907년, 말러가 궁정오페라극장 음악감독직에서 공식적으로 물러날 때까지 양쪽은 불편한 동거를 이어 나갔다. 사내 커플이 이혼하고서도 회사에서 계속 한 팀을 이루며 일할 수밖에 없는 상황이라고나 할까? 이런 관계가 무려 6년간 지속되었다는 점, 그리고 그 기간 중 극장 내 오케스트라 피트 안에서는 별다른 전복이나 반항의 기미가 보이지 않았다는 점은 다소 의외다. 단원들은 적어도 궁정오페라극장 안에서만큼은 궁정 음악가로서 음악감독 말러의 지시에 토 하나 달지 않고 충성스럽게 복종했다. 덕분에 궁정오페라극장의 예술적 완성도는 말러 스스로도 만족스러울 만큼 유지되었다.

세상에서 가장 아름답고 모범적인 콘서트홀

빈무지크페라인잘은 1870년 개관한 그 순간부터 오늘날까지 음악 애호가들 사이에서 가장 아름다운 콘서트홀로 인정받고 있다. 개관 당시 빈 최고의 음악평론가였던 에두아르트 한슬릭은 이 건물을 "건축의 놀라운 조화"라고 극찬했다. 1년 일찍 개관한 궁정오페라극장이 미학적으로 대중의 지탄을 받았던 것과는 극히 대조되는 운명이다.

이 홀은 1857년에 프란츠 요제프 황제가 링슈트라세 프로젝트의 일환으로 건축할 것을 명함으로써 태동하기 시작했다. 당시 빈악우협회 본부가 빈 중앙 시가지에 위치한 관계로 황제는 1863년에 카를교회 맞은편 구역을 이 협회에 선사했다. 링슈트라세 안에 지을 예정이던 다양한 건축물 중에서도 무지크페라인잘은 건물을 짓기도 전에 세간의 집중 조명을 받았다.

빈악우협회는 테오필 폰 한젠, 아우구스트 지카르트 폰 지카르츠부르크, 에두아르트 판 데어 뉠에게 건축 설계를 의뢰했는데, 앞에서 주지하다시피 폰 지카르츠부르크와 판 데어 뉠은 궁정오페라극장 설계자로 낙점되면서 악우협회의 제안을 거절했다. 만약 그들이 무지크페라인잘을 선택했다면 덜 비극적인 최후를 맞이할 수 있었을까? 이에 공모에 홀로 남은 테오필 폰 한젠이 단독으로 건축을 담당하게 되었다.

오페라극장 설계자들에 대해 경쟁심을 불태우던 폰 한젠은 덴마크 출신으로 아테네에서 8년 동안 건축 공부를 한 이력의 소유자였다. 이 과정에서 그는 고대 그리스 고전주의의 영감을 고스란히 흡수한 채 그리스식 르네상스의 옹호자가 되어 빈으로 본거지를 옮겼다. 링슈트라세 프로젝트에 본격적으로 참여하면서 그는 다른 건축가들과 경쟁하며 자신이 품고 있던 그리스 건축의 이상향을 오스트리아 국회의사당, 빈미술아카데미, 빈증권거래소에 구현했다.

무지크페라인잘 또한 그러한 결과물 중 하나다. 건물 입구 정면 파사드 위 팀파눔(건물 정면의 대문이나 출입문, 창문 위에 얹어 놓은 부조 장식으로, 반원형이나 삼각형 모양이 일반적이다)에는 오르페우스가 새겨져 있다. 그 안쪽 대공연장에 들어서면 마치 그리스 신전에 들어선 듯한 착각이 든다. 천장에는 말러와 동시대를 살다 간 오스트리아 화가 아우구스트 아이젠멩거가 그린 〈아폴론과 뮤즈들〉이 공연장을 내려다보고 있다. 약 1700석의 대공연장 좌우 벽면에는 이오니아 양식의 기둥들과 그 사이로 서른두 개의 황금 여신상이 발코니석을 떠받치고 있다. 이 여신상들 때문에 이 홀에는 황금홀이라는 별명이 붙었다.

사람들은 흔히 '황금'을 이 홀의 음향에 빗대어 표현하기도 한다. 어떤 평론가는 이 홀의 연주 소리를 "황금이 부서지는 소리"라고 극찬을 아끼지 않았다. 우리를 감동시키는 어쿠스틱의 비밀은 홀 전체에 숨어 있다. 직사각형 공연장 안에서 벽돌로 지은 벽과 천장을 제외하고 나머지 무대와 출입문, 객석 의자, 바닥, 심지어 황금을 입힌 여신상들까지도 모두 나무로 제작한 것이다. 여기에 좌우 벽면 상단에 달린 마흔 개의 창문과 스무 개의 발코니석 출입문은 단순한 통로나 조명의 기능을 넘어서 객석 구석구석에 소리를 확산시키는 역할을 한다.

특히 천장은 지붕에 바로 붙어 있지 않고 공간을 두고 매달려 있다. 객석 마룻바닥 아래도 비어 있기는 매한가지인데, 이는 어쿠스틱뿐만 아니라 홀에서 무도회를 개최할 때 객

빈무지크페라인잘 입구.

석 의자를 떼어 내 보관하는 창고로 사용하기 위한 것이었다. 무도회를 개최하지 않는 오늘날에는 내내 비어 있으니 천장과 마룻바닥 위아래로 소리가 자연스럽게 공명할 공간이 충분히 확보되어 있는 셈이다. 이러한 조건 아래 청중이 객석을 꽉 채웠을 때, 이 홀의 잔향 시간은 대단히 이상적이라 일컬어지는 2초를 유지한다.

의자 하나부터 주변 부수 장치까지 모든 것이 오로지 소리 하나만을 위해 정밀하게 설계한 이 홀은 건물 그 자체를 하나의 악기로 볼 수 있다. 세계 최고의 심포니 사운드를 자랑하는 이 홀에 대해 말러의 조수였던 지휘자 브루노 발터는 "무지크페라인잘에 서기 전까지는 음악이 이렇게 아름다운 것인지 몰랐다"라고 말한 바 있다. 테크놀로지가 현대적으로 발달하기 전에 이런 수준의 공연장을 완성할 수 있다는 것 자체가 음향학적 기적이다. 오스트리아 평론가 한스 바이겔은 "황금홀을 알았다면 마이크라는 것을 따로 발명할 필요가 없었을 것"이라고까지 칭송했다. 이후 황금홀은 전 세계 심포니홀의 모범적인 표본이 되었다. 라이프치히의 게반트하우스홀은 물론 보스턴심포니홀, 탱글우드의 오자와세이지홀은 모두 이 황금홀을 참고하여 설계한 공연장이다.

황금홀 벽면에는 악우협회 회원들이 흠모한 과거와 동시대 작곡가들의 흉상이 진열되어 있다. 바흐, 글루크, 모차르트, 베버, 브람스, 바그너, 슈베르트의 동상은 동시대 오스트리아 조각가 빈센츠 필츠의 작품이다. 그 밖에도 현재 무지크페라인 관계자들도 규명하지 못하는 정체불명의 작곡가 흉상도 두 개 있는데, 무지크페라인을 설립할 당시 활동했으나 지금은 무명으로 사라져 간 19세기 작곡가들인 것으로 추정된다. 바깥 계단에는 리스트와 클라라 슈만의 흉상이 놓여 있다. 건물 측면 현관에 있는 베토벤 상은 벨터라는 조각가의 20세기 작품이다. 미국 지휘자 레너드 번스타인이 빈필하모닉오케스트라를 지휘하러 올 때마다 잊지 않고 인사한 바로 그 조각상이다.

황금홀보다 작은 실내악 전용 홀 또한 그 울림이 황금홀의 축소판이라 할 수 있다. 800석 남짓한 이 공연장은 '브람스홀'이라 불린다. 1872년부터 3년간 무지크페라인 초대 음악 감독을 역임한 브람스는 이 콘서트홀에 가장 지대한 영향을 미쳤으며, 그 자신도 최대 수혜자였다. 3년간 공연장 전체 프로그램을 기획했고, 매 시즌 여섯 차례 자신의 콘서트를 개최하며 교향곡 2번과 〈독일 레퀴엠〉을 비롯하여 수많은 작품을 이곳에서 초연했다. 실내악 전용 홀 개관 공연에서는 자신이 평생 흠모한 클라라 슈만의 피아노 리사이틀을 개최하기도 했다. 브람스뿐만 아니라 차이콥스키, 브루크너, 말러에 이르기까지 수많은 음악가들이 필하모닉오케스트라를 악기 삼아 자신의 교향곡을 이곳에서 연주했다.

시대의 우울과 왈츠

빈을 대표하는 음악가 중 단연 빼놓을 수 없는 인물은 역시 요한 슈트라우스 2세다. 빈의 시그니처 음악이라 할 수 있는 그의 〈아름답고 푸른 도나우〉를 비롯해 각종 폴카, 왈츠가 해마다 개최하는 빈 신년 음악회의 고정 레퍼토리다.

　전 세계에서 가장 유명한 클래식 연례 행사라 할 수 있는 빈 신년 음악회의 원형은 1939년 12월 31일에 있었던 송년 음악회로, 나치당의 문화성 장관이던 요제프 괴벨스의 지원 아래 클레멘스 크라우스의 지휘로 처음 개최되었다. 이해는 바로 나치가 제2차 세계대전을 일으킨 해다. 전쟁 중 군인과 국민의 사기 진작을 위해 나치는 의도적으로 경쾌한 왈츠와 폴카, 행진곡을 연주하도록 악단에 지시했다. 자정이 넘어 1940년이 되었을 때, 화려하고 즐거운 신년 음악회가 끝난 직후 빈필하모닉오케스트라 단원들 중 유대인은 물론 유대인 아내를 둔 단원들은 모두 그 자리에서 해고당하고 유대인 수용소로 끌려갔다.

빈 신년 음악회 모습. 2013년.

그 다음 송년 음악회도 전쟁 와중에 열렸다. 1940년 12월 31일 밤, 괴벨스가 참석한 가운데 무지크페라인잘에서는 첫해와 마찬가지로 요한 슈트라우스 2세의 왈츠와 폴카 작품이 즐겁고 경쾌하게 울려 퍼졌다. 같은 시각 나치의 폭격기들은 런던에 폭탄 세례를 퍼붓고 있었다. 빈에 왈츠가 울려 퍼지던 이날 밤, 나치의 기습 폭격으로 1만 명 넘는 런던 시민들이 사망했으며, 약 2만 명이 중상을 입었다.

백치미에 가까운 활기와 쾌락을 담고 있는 왈츠가 주로 우울하고 비극적인 상황에서 연주되었다는 사실은 이 음악이 타고난 모순된 운명이다. 왈츠는 역사적으로 늘 견디기 어려운 현실을 도피하기 위해 만들어졌다. 요한 슈트라우스 2세의 〈아름답고 푸른 도나우〉는 1866년 오스트리아 제국이 프로이센과의 전쟁에서 패배한 뒤 자괴감에 빠진 국민들의 사기 진작을 위해 작곡한 것이었다. 그는 19세기 후반 유럽을 엄습한 경제 대불황 중에도 경쾌한 오페레타 〈박쥐〉를 선보이며 침체된 제국 시민들을 위로했다.

말러 또한 자신의 교향곡에 숱한 왈츠를 도입했다. 독일 민속 춤곡인 랜틀러와 더불어 왈츠는 말러의 음악 어법에서 가증스러운 현실을 상징한다. 겉보기에 화려하고 정열적이며 달콤한 황홀경에 빠뜨리는 그 쾌락의 이면에 도사리고 있는 음울하고 괴로운 현실이 아이러니로 표현된 것이다.

빈필하모닉 오케스트라 신년 음악회가 나치의 선전용 전유물이었다는 사실을 망각한 채, 지금도 전 세계 거장들은 여전히 이 무대의 포디엄을 선망한다. 그 공연 티켓을 구하기 위해 수많은 음악 애호가들이 매년 살벌한 각축전을 벌이고, 5000만 명 이상의 전 세계 시청자들이 이 콘서트를 생중계로 감상한다. "웃지만 웃는 게 아닌" 19세기 왈츠의 아이러니가 21세기까지 이어지는 오묘한 풍경이다.

제체시온의
황금 기사

전통과 결별하다

 빈국립오페라극장 맞은편 오페른가세를 따라 걷다 보면 칼스
플라츠역 직전에 카페무제움이 보인다. 링슈트라세에서 살짝 벗
어나 있는 이 카페 또한 1899년에 오픈한, 오랜 역사를 자랑하는
문화적 유적지다. 빈에서 흔히 볼 수 있는 유서 깊은 카페들 중에
서도 카페무제움이 남다른 명소로 손꼽히는 이유는 세기말 빈을
주름잡던 예술가들의 아지트였기 때문이다. 미술을 좋아하는 사
람들에게는 화가 구스타프 클림트와 에곤 실레의 운명적 만남의
장소로 유명하다. 건축 애호가들 사이에서는 당대 빈 최고의 건축
가인 아돌프 로스가 인테리어를 설계한 카페로 널리 알려져 있다.
카페가 문을 열 당시에는 장식을 죄악시하던 로스의 금욕적 취향
이 그대로 반영되어 단순하다 못해 삭막한 수준에 이른 인테리어
가 세간을 경악하게 했다. '허무주의 카페'라는 별명이 붙은 카페
무제움은 그럼에도 빈의 유명 예술가와 작가들을 실물로 볼 수 있

다는 이점을 누렸다. 덕분에 30분도 버티기 힘들 만큼 딱딱하고 불편한 카페의 나무 의자들에는 늘 인내심 넘치는 손님들의 엉덩이가 떨어질 새가 없었다.

지금의 카페무제움에서는 로스의 흔적을 전혀 찾아볼 수 없다. 오픈한 지 30년 즈음 될 무렵 가구들이 몹시 낡아서 요제프 초티라는 건축가 겸 가구 디자이너가 인테리어를 리뉴얼했기 때문이다. 붉은색 인조가죽 소파들로 포인트를 준 초티의 인테리어는 단순함보다는 편안함을 중시했다. 이후 이 카페는 주인이 바뀌면서 다시 로스의 가구들로 회귀했다가 2010년에 빈의 유명한 카페 기업인 란트만의 소유가 되면서 현재의 초티 인테리어로 다시 돌아왔다.

클림트가 카페무제움 단골손님이었던 것은 결코 우연이 아니었으니, 자신의 아지트 제체시온Secession이 바로 한 블록 건너편에 위치하고 있었기 때문이다. 1897년에 개관한 이 미술관의 이름은 '분리하다'라는 뜻의 라틴어 'secedo'에서 따온 것으로, 이곳은 클림트를 위시하여 세기말 빈 미술계에 큰 파장을 일으킨 분리파의 활동 거점이었다. 이들 예술가는 아카데미나 귀족의 예술 전통, 즉 기득권 특유의 보수적 취향으로부터 말 그대로 '분리'를 주창했다.

분리파의 급진성은 클림트가 그린 빈대학교 천장화 3부작에서 본격적으로 드러났다. 그가 아직 화폭 위에서만큼은 귀족적인 품위를 유지하고 있을 때, 오스트리아 문화교육부는 빈대학교 천장에 법학, 철학, 의학을 상징하는 그림을 그려 달라고 그에게 요청

카페무제움

1899년, 빈의 1구 인네레슈타트에 문을 연 유서 깊은 이 카페는 클림트, 실레 등 세기말 빈 예
술가들이 단골로 드나들던 곳으로 유명하다. 원래의 인테리어는 장식적인 것을 모두 배제한
극도의 금욕주의적 스타일이었지만, 이후 리모델을 하면서 붉은색 인조가죽 소파를 포인트
로 하는 현재의 모습을 하게 되었다. 여기서 가까운 곳에는 분리파 운동의 활동 거점인 제체
시온이 위치해 있다.

제체시온의 황금 기사

클림트의 〈철학〉

클림트가 빈대학교 천장에 그린 3부작 중 가장 먼저 완성한 작품으로, 벌거벗은 인간들이 뒤엉켜 흘러가는 모습을 담고 있다. 학문의 전통적인 권위를 드높여 주기를 희망한 의뢰자의 뜻과는 정반대로 불온하고 관능적인 그의 그림은 '전통으로부터의 분리'를 주창한 분리파의 급진성을 잘 보여 준다.

했다. 당연히 각 학문의 권위와 위대함을 추상적으로 묘사해 주기를 기대했겠지만, 클림트의 결과물은 이에 반대로 부응했다.

제일 먼저 완성한 〈철학〉에서는 태아에서부터 시체까지 모두 발가벗은 채 뒤엉켜 흘러가는 인간 군상의 모습을 그려 얌전한 교양에 익숙해 있던 빈 시민들을 큰 충격에 빠뜨렸다. 클림트의 나체는 세상의 의미를 알지 못하는 무방비 상태의 인간이 가진 유약함을 상징하는 것이었지만, 그런 표현에 익숙하지 않았던 시민들에게는 그저 저속하고 상스럽게만 다가왔다. 성격 나쁜 클림트는 쏟아지는 비난을 오히려 자양분 삼아 나머지 두 개의 천장을 더욱 불길하고 음탕한 내용으로 채웠다. 〈법학〉은 전혀 공정함을 기대할 수 없는 표정으로 불쌍한 노인을 심판하는 세 명의 관능적인 모에라이 여신*들로, 〈의학〉은 병과 고통에 시달리는 인류를 차갑게 외면하는 고대 그리스의 건강의 여신 히기에이아의 초상으로 완성했다.

이 천장화가 일반인에게 공개되자 교수들은 집단적으로 반발하며 철거를 요구했다. 학계의 반발이 거세지자 문화교육부는 이미 빈대학교 교수로 내정되어 있던 클림트 임명을 철회하기에 이르렀다. 이에 클림트는 천장화를 위해 받은 계약금을 돌려주며 전시를 거부하는 쪽으로 응수했다. 사건의 파장은 수습되기는커녕 갈수록 확대되었고 결국 문화교육부 장관이 이 모든 스캔들의 책

* 그리스신화에 나오는 운명의 세 여신으로, 각각 잉태(클로토), 수명(라케시스), 죽음(아트로포스)을 관장한다.

임을 지고 사임하는 사태에 이르렀다. 클림트는 공공 작업에서 완전히 손을 떼겠다고 선언하고 바로 제체시온을 보금자리 삼아 자신의 예술 세계를 본격적으로 펼쳐 보기로 결심했다.

황금 갑옷을 입은 말러

링슈트라세 프로젝트 이후 빈의 내로라하는 건물들이 모양이든 스타일이든 각양각색을 띠기는 했지만, 그 와중에도 제체시온은 유달리 독특하다. 대칭형 육면체 건물 위에 돔을 올려놓은 모양새가 멀리서 보면 인도의 타지마할 같은 회교도 사원을 연상시킨다. 이는 아마도 분리파가 의도한 바로, 그들은 이 제체시온이 예술의 '사원'으로 인정받기를 꿈꾸었다. 입구 현관에 세워진 신성한 두 기둥과 금으로 만든 2500개의 월계수 잎으로 뒤덮인 황금 돔은 다분히 고대 그리스 신전을 연상시킨다.

여느 문화 예술 관련 건축물과 달리 제체시온이 링슈트라세에서 다소 벗어난 지역에 세워진 이유도 바로 이 외관 때문이었다. 사전에 건축 설계도를 검열한 시 당국이 건물의 외관이 심하게 전위적이라는 이유로 링슈트라세에 세우는 것을 허락하지 않았던 것이다. 설계 이후 10개월 만에 후닥닥 완공한 사원은 개관하자마자 예상대로 큰 반향을 불러일으켰지만, 당시 제체시온이 추구한 건축 미학을 이해하지 못한 대중으로부터 '양배추Krauthappel'라고 조롱당했다.

세기말 분리파 운동의 거점인 제체시온

1897년에 문을 연 이곳은 종교 사원을 연상시키는 외양에서부터 독특한 아우라를 내뿜는다. 건물 정면에 "시대에는 시대의 예술을, 예술에는 예술의 자유를"이라고 쓰여 있는 것과 같이 클림트를 필두로 한 당대 분리파 예술가들은 이곳이 예술의 사원이 되기를 희구했다.

제체시온의 황금 기사

태동부터 워낙 남달랐던 이 전시관은 빈 패스*로 출입할 수 없는 유일한 미술관이다. 이 콧대 높은 미술관의 입장료는 거의 10유로에 육박하는데, 그리 크지 않고 전시도 제한적인 이 건물에 굳이 들러야 했던 이유는 오직 하나, 클림트의 미술 작품으로 남은 말러의 흔적을 확인하기 위해서였다.

입장료를 지불하고 1층 로비를 지나 지하로 내려가자 이 전시관을 대표하는 상설작인 클림트의 〈베토벤 프리즈〉가 숭고한 모습을 드러냈다. 삼면의 벽체 상단에 34미터로 그린 이 벽화는 베토벤의 〈합창〉 교향곡을 바그너의 해석에 기초에 시각적으로 재현한 것이다. 왼쪽 첫 번째 벽면을 채운 〈행복에 대한 열망〉은 세상을 구할 영웅에게 행복을 호소하는 나약한 인류를, 중앙의 두 번째 벽면은 행복을 염원하는 인류가 질병, 광기, 죽음 등의 〈적대적인 힘〉에 고통받는 모습을, 그리고 오른쪽 마지막 벽면은 순수한 환희와 행복, 사랑만이 존재하는 이상의 왕국에서 〈온 세계에 보내는 입맞춤〉을 각각 담고 있다. 이 세계로 우리를 이끄는 유일한 안내자는 오로지 예술밖에 없다는 메시지를 이 웅장한 벽화는 호소하고 있다.

이 가운데 첫 번째 섹션 〈행복에 대한 열망〉에서 우리는 말러의 모습을 찾을 수 있다. 천사들의 호위를 받으며 빛나는 황금 갑옷 위로 나와 있는 창백한 옆모습은 부정할 수 없는 말러의 얼굴이다. 그의 결연한 걸음은 내면의 강인함을 드러내고, 그 위로 빈대

* 빈의 미술관, 궁정, 관광지를 입장할 수 있는 이용권.

학교 천장화와 마찬가지로 무방비 상태에 처한 인간의 나약함을 상징하는 전라의 인류가 무릎을 꿇고 손을 모아 그에게 행복을 가져다 달라고 기도하고 있다.

예술이 우리를 구원한다

동시대 음악가 말러가 세상을 구원하는 황금 기사로 그려진 것은 우연이 아니다. 이 벽화는 1902년에 개최된 분리파 전시회를 위해 제작되었다. 베토벤을 테마로 총 스물한 명의 작가들이 참여하고 5만 명이 넘는 관객들이 방문한 이 열네 번째 전시회는, 1905년까지 시리즈로 이어진 수십 회의 분리파 전시회 가운데에서도 최고의 성공 사례로 손꼽힌다.

시각 예술가들을 주축으로 결성된 분리파 회원들이 청각 예술인 베토벤을 주제로 삼은 것은 당대 최고의 스타 예술가인 바그너의 영향이 컸다. 바그너에게 베토벤은 단순한 작곡 선배가 아닌 세상의 본질을 통찰할 수 있도록 이끄는 정신적 안내자였다. 1870년에는 베토벤 탄생 100주년을 기념해 〈합창〉 교향곡에 대한 논문을 발표했다. 이 논문에서 바그너는 음악, 무용, 문학, 건축, 조각, 회화에 이르기까지 모든 장르의 예술이 하나같이 이기적인 발전을 거듭해 왔으며, 그 결과 불완전한 형태로 머물러 있다고 주장했다. 각각의 장르가 자신의 결핍을 극복하고 완전체로서의 예술을 구축하기 위해서는 서로 통합되어야 한다는 것이 요

클림트의 〈베토벤 프리즈〉

1902년에 베토벤을 주제로 개최한 열네 번째 분리파 전시회를 위해 제작한 것으로, 베토벤의
교향곡 9번 〈합창〉를 악장별로 재해석하여 삼면에 걸쳐 34미터 길이로 그렸다. 왼쪽 벽면에
황금 갑옷을 입은 말러가 보인다.

지다. 그렇게 완성되는 이상적인 작품을 바그너는 이른바 '총체 예술'이라 명명했으며, 그 모범적인 사례로 바로 베토벤의 〈합창〉 교향곡을 제시했다. 기악이 혼란스러운 창조의 순간에 우러나는 원초적 감정을 대변한다면, 성악은 인간의 사적인 감정을 대변하 며, 이 교향곡은 두 가지 감정의 통합이라는 숙제를 해결한 성공 적인 작품이라는 것이다.

클림트의 벽화는 19세기 빈 예술계에 바그너가 지핀 베토벤 숭 배의 화염을 시각 예술의 관점에서 재수용한 결과물이다. 바그너 의 베토벤 논문을 완독한 클림트는 문장 하나하나 세세한 부분까 지 시각적으로 재현하고자 애썼다고 한다. 무엇보다 그는 예술가 만이 길 잃은 인류를 더 나은 세계로 인도할 수 있다는 바그너의 견해에 적극적으로 공감했으며, 그 가운데서도 베토벤을 최고의 위치에 있는 '음악의 신'으로 추앙했다. 이 전시회의 하이라이트 는 그래서 클림트의 벽화가 아닌 막스 클링거가 제작한 베토벤 조 각상이 장식했다. 3미터 높이의 이 조각상은 독수리를 거느리고 왕좌에 나체로 앉은 제우스의 형상을 하고 있다.

총체 예술을 옹호하기 위하여 기획하고, 게다가 그 주제마저 베 토벤인 이 전시회에 음악적인 요소가 빠지는 것은 용납할 수 없는 일이었다. 시각만 번지르르한 반쪽짜리 행사로 그치는 것을 막기 위해 분리파 회원들이 말러 영입을 떠올린 것은 당연한 수순이었 다. 그는 궁정오페라극장 음악감독으로서 당시 빈을 대표하는 음 악가이자 황제와 버금가는 유명 인사였다.

하지만 그뿐만이 아니었다. 분리파가 말러를 눈여겨보기 시작

〈베토벤 프리즈〉중 황금 갑옷을 입은 말러

분리파 예술가들은 빈 음악계와 계속 마찰을 빚은 끝에 필하모닉오케스트라에서 불명예스
럽게 퇴출된 말러에 대해 깊은 연대감을 표했다. 특히 말러와 막역한 사이였던, 분리파 운동
의 수장 클림트는 말러를 시대를 구원한 영웅으로 여긴 듯 황금 갑옷을 입은 기사로 표현했
다. 그에 대한 화답처럼 말러는 열네 번째 분리파 전시회에서 교향곡 9번〈합창〉의 '환희의
송가' 부분을 금관 앙상블로 편곡하여 연주했다.

한 것은 오히려 그가 필하모닉오케스트라 지휘자 자리에서 물러날 때였다. 말러로서는 지극히 불명예스러운 순간이었다. 오케스트라 단원들과 빈의 클래식 애호가들과 첨예한 갈등을 빚다가 거의 퇴출당하다시피 한 이 젊은 유대인 지휘자에게 분리파 예술가들과 급진적인 지식인들은 적극적인 연대감을 표했다. 그중에서도 빈대학교 천장화 스캔들을 일으킨 클림트는 자신의 예술을 거부하는 보수 반대파들과 끝없이 투쟁 중에 있다는 점에서 말러에게 동병상련을 느꼈다. 어쨌거나 클림트와 말러는 둘 다 바그너를 숭배했고, 예술만이 인류를 구원할 수 있다고 믿었다.

말러의 부인이 된 알마의 양부이기도 한 화가 카를 몰의 주선으로 클림트를 비롯해 클링거와 말러는 다 함께 카페무제움에 모여 멜랑슈를 마시며 개막식 행사를 구상했다. 분리파 예술가들은 베토벤의 〈합창〉 교향곡 중 마지막 악장 '환희의 송가'를 연주해 달라고 말러에게 요청했다. 하지만 오케스트라는 물론 합창단까지 동원해야 하는 대규모 스케일의 음악을 이 협소한 전시관에서 있는 그대로 연주하는 것은 물리적으로 불가능했다. 게다가 말러에 대해 아직 앙금이 가시지 않은 필하모닉오케스트라 단원들의 협

제14회 분리파 전시회 포스터

화가이자 디자이너였던 분리파 멤버 알프레트 롤러가 디자인했다. 빛의 원형을 상징적으로 들고 몸을 숙인 여성을 그린 것으로, 전체 포스터 크기는 거의 실물과 똑같은 크기로 제작되었다. 포스터에 사용된 두꺼운 타이포그래피는 이 시기 롤러가 자주 사용하던 스타일이다. 이 전시회에서 롤러와 말러는 처음 만나 바로 의기투합했다. 이후 롤러는 말러가 지휘하는 오페라의 무대 디자인을 독점적으로 담당했으며, 말러가 뉴욕으로 떠난 뒤에도 한동안 오페라극장 무대 디자이너 감독으로 활동했다.

147

조를 구하는 일은 쉽지 않았다. 궁여지책으로 말러는 자신에게 그나마 우호적이던 필하모닉오케스트라의 금관악기 단원들을 설득해 작은 금관 앙상블로 편곡한 연주를 개막식에서 연주할 수밖에 없었다.

이 공연은 분명 완벽한 연주는 아니었을 것이다. 잔향이 긴 전시관 안에서 금관악기만 우렁차게 불어 대는 연주는 듣는 이들에게 감동을 주기보다는 고막만 고생시켰을 확률이 더 높다. 그럼에도 미술과 음악이 어우러진 그 순간은 어쨌든 자리에 모인 모든 예술가들에게 뿌듯함을 선사했을 것이다. 클링거는 트롬본으로 연주하는 베토벤의 '환희의 송가' 테마를 들으며 결국 눈물을 주체하지 못했다고 전해진다.

이 개막식 자리에서 카를 몰은 열네 번째 분리파 전시회의 포스터를 제작한 자신의 후배인 알프레트 롤러를 말러에게 소개했다. 전통주의에 환멸을 느낀 분리파 창립 멤버로서 분리파의 수장을 맡고 있던 롤러의 작품 세계는 당시까지만 해도 데생이나 그래픽 디자인 같은 평면에 머물러 있었다. 종이라는 갑갑한 2차원 세계를 벗어나 3차원의 총체 예술을 구현하고자 하는 욕망이 넘쳤던 이 바그너 추종자는 말러에게 자신이 디자인한 바그너의 음악극 〈트리스탄과 이졸데〉 무대 스케치를 보여 주었다. 이 스케치에 반한 말러는 이듬해 올릴 〈트리스탄과 이졸데〉 무대 디자인을 롤러에게 약속했다. 이 음악극은 대성공을 거두었다. 링슈트라세에 속하지 못한 채 늘 아웃사이더로만 인식되던 빈 분리파가 제도권 안에서 예술성을 처음으로 인정받은 순간이었다.

이후 말러와 롤러는 베토벤의 〈피델리오〉, 글루크의 〈타우리스의 이피게니아〉, 모차르트의 〈피가로의 결혼〉에 이르기까지 20여 편의 오페라를 성공적으로 무대에 올리며 오페라극장의 환상적인 콤비로 떠올랐다. 이 성과를 바탕으로 롤러는 분리파와 결별하고 궁정오페라극장 수석 무대 디자이너로 임명되었다. 그는 말러가 궁정오페라극장을 떠난 다음에도 1909년까지 극장에 남아 오페라 프로덕션을 담당하며 무대 예술에 대한 자신의 열정을 이어나갔다.

알마,
뮤즈인가 악처인가

빈에서 가장 아름다운 성당

빈의 링슈트라세에서 조금만 벗어나면 카를광장이 보인다. 빈 1구인 인네레슈타트와 4구 비덴의 경계에 위치한 이 광장은 빈에서 가장 북적거리는 교통의 요충지로 온갖 지하철이며 트램 노선이 땅 위아래로 관통하고 있다.

일요일 아침, 광장의 터줏대감인 카를대성당을 찾았다. 굳이 일요일을 선택한 이유는 입장료가 무료라는 궁색한 이유도 있지만, 아침 9시 반 미사 시간에 맞추어 방문하면 아름다운 오르간 소리와 사제들의 아카펠라를 감상할 수 있기 때문이다. 관광객들 사이에서는 고딕 양식의 슈테판대성당이 더 유명하지만, 지역 시민들은 카를대성당이야말로 빈에서 가장 아름다운 성당이라고 입을 모은다.

성당 바깥으로 울려 퍼지는 종소리에 벌써 충분히 압도당한 상태로 본당에 들어와 신도석 제일 끝자리에 앉았다. 30미터가 훌쩍

빈 카를대성당

오스트리아에서 가장 유명한 바로크식 건축물로, 빈의 중심부인 카를광장에 위치해 있다. 18세기 초 흑사병이 잦아들자 이를 기념하기 위해 카를 6세의 칙령으로 완성되었다. 성당은 역병의 수호 성자인 성 가롤로 보로메오에게 헌정되었다. 성당 입구 양옆의 33미터짜리 두 기둥은 로마의 트리야누스 기념비를 모방한 것으로, 보로메오 성인의 생애 업적이 부조로 조각되어 있다. 말러와 알마는 1902년 3월 9일 이곳에서 결혼식을 올렸다.

넘는 높이의 천장 아래 펼쳐진 화려한 바로크 인테리어와 웅장한 오르간 사운드, 소년 사제들이 부르는 아름다운 아카펠라 성가, 그리고 신부가 잔잔하게 읊조리는 라틴어 기도는 신의 존재에 회의적인 무신론자까지도 천국을 믿게 할 만큼 아름다웠다.

고작 1세기 남짓한 광장의 역사보다 더 오랫동안 이 터전을 지킨 카를대성당은 흑사병과 인연이 있는 건축물이다. 17세기 말, 전 유럽에 활발하게 뚫리던 무역로를 통해서 유입되던 사치품과 식재료, 그리고 사람들의 숨결에 흑사병이 은밀하게 동행했다. 당시 모든 도시가 그러했듯 빈 또한 역병에 취약했다. 동서양 무역의 중심지인 만큼 유동 인구가 많았던 이 도시는 사람의 머릿수에 비례하여 쓰레기가 도처에 쌓여 있어 시내는 늘 지저분했다. 상하수도 시설이 개발되지 않아 시민들은 쇤브룬궁의 우물물을 길어 마셨으며, 창고는 쥐 떼에게 안락한 보금자리를 제공했다. 이 쥐 떼가 옮기고 다닌 페스트균으로 당시 10만 명이 넘는 빈 시민들이 사망했다. 이때 숨진 이들의 시체는 제대로 된 매장식도 없이 수레에 실려 시내 외곽에 파 놓은 커다란 구멍에 버려졌다. 이렇게 하늘 아래 방치된 시신들 사이로 흑사병은 악마처럼 흥청망청 창궐했다. 손 쓸 틈 없이 퍼지는 전염병을 오스트리아 사람들은 '빈의 죽음'이라 불렀고, 시인들은 시체들의 축제를 노래했다.

레오폴트 1세 시절부터 시작된 흑사병은 합스부르크 제국 전역을 뒤덮었고, 요제프 1세를 거쳐 카를 6세가 재위식을 올릴 때까지도 끝나지 않았다. 1711년, 황권을 물려받은 카를 6세는 슈테판대성당에서 미사를 올리며 전염병이 물러나면 신에게 성당을 지어 바치겠노라 맹세했다. 황제의 기도가 통했던 것인지, 아니면 그 사이 위생 관념과 의학이 발전한 것인지 흑사병은 정말로 천천히 사그라지다가 곧 종식되었다. 이에 황제가 약속한 대로 신에게 바친 것이 지금 내가 방문한 카를대성당이다.

카를대성당의 정식 명칭은 가롤로보로메오대성당으로, 대성당 곳곳에는 보로메오 성인의 모습이 새겨져 있다. 가롤로 보로메오는 16세기 밀라노의 추기경으로 흑사병이 창궐할 때 도시에 남아 병자들을 보살핀 공로로 성인 반열에 오른 인물이다. 본당 입구 좌우에는 그리스 신전을 연상시키는 높이 33미터짜리 거대한 원기둥이 서 있는데, 자세히 살펴보면 이탈리아 조각가 로렌조 마티엘리가 새겨넣은 보로메오 성인의 일생을 엿볼 수 있다. 돔 천장에는 역병이 사라지게 해 달라고 성모 마리아에게 기도하는 보로메오의 모습이 담긴 프레스코화가 있는데, 잘츠부르크 화가 미카엘 로트마이어와 볼로냐 화가 가테타노 판티의 작품이다.

내가 카를대성당을 방문한 것은 팬데믹이 시작되기 얼마 전의 일이다. 전염병이 온 세계를 뒤덮을 우울한 미래를 그때 미리 알았더라면 보로메오 성인이 담긴 그림이 훨씬 절실하게 다가왔을 것이다. 신자도 아니면서 무릎을 꿇고 인류의 구원을 위해 열렬히 기도했을지도 모를 일이다. 하지만 당시 나는 미래에 벌어질 일에 대해 당연히 무지했고, 이 성당을 들른 이유는 보로메오가 아닌 말러의 흔적을 찾기 위해서였다.

카를대성당은 말러의 인생에 두 가지 의미를 부여할 수 있는 장소다. 하나는 알마와 결혼식을 올리며 사랑의 결실을 이룬 곳라는 것, 다른 하나는 그 결혼식이 유대교에서 가톨릭으로 개종한 말러가 평생 동안 유일하게 실천한 가톨릭 종교의식이었다는 것이다.

지인들의 장례식을 제외하면 말러는 개종 후 결혼식 이전은 물론 이후에도 단 한 번도 가톨릭 미사에 참여하지 않았다. 사실 그의 반골 기질을 미루어 보면 결혼식조차 굳이 가톨릭 의례에 따를 마음이 없었을지도 모른다. 이런 그의 소극적인 종교 활동을 두고 유대계 학자들과 음악가들은 그의 개종이 그저 보여 주기 위한 정치적 처방에 불과했다고 주장하기도 한다. 이 주장은 일리가 있지만, 그 사실이 반대로 말러가 신실한 유대인이었다는 사실을 증명해 주는지는 의문이다.

자신에게 종교적 선택권이 없던 아주 어린 시절, 아버지 손에 이끌려 고향인 이흘라바의 시나고그에서 보이소프라노로 노래하기도 했지만 고향을 떠난 이후 그가 유대교 예배당인 시나고그를 드나든 기록은 가톨릭 개종 전후 어느 순간에도 찾아볼 수 없다. 유대인이라는 종교적 정체성이 말러의 인생 내내 걸림돌이 되었던 것은 사실이지만, 그에게 종교는 사회생활을 불편하게 만드는 정치적 걸림돌이었지 실존적인 문제는 아니었다. 종교를 자신의 본질과 분리해서 생각할 줄 알았기에 그는 스스로 유대인이라는 사실에 자부심도 열등감도 느끼지 않았다. 그럼에도 말러가 일생에 한 번뿐인 결혼식을 가톨릭 성당에서 올린 까닭은 약혼자 알마의 강력한 요구 때문이었다.

알마 말러

알마는 황실 예술가였던 유명한 유대인 화가 에밀 야콥 신들러의 딸로 태어났다. 신들러가 북해 여행 중 사망하자 알마의 어머니인 안나 조피는 신들러의 조수였던 카를 몰과 재혼했다. 분리파의 핵심 멤버였던 양아버지 몰의 영향으로 알마는 어린 시절부터 빈의 유명 예술가들과 교류했으며, 타고난 미모와 몸매, 그리고 적극적인 성격으로 사교계의 꽃으로 급부상했다. 스스로 유대인의 피를 물려받았으면서도 유대인을 혐오하는 자기모순에 빠졌으며, 유대인인 말러에 대해서도 처음에는 강한 혐오를 드러냈다.

빈 사교계의 중심에서

후세 사람들이 알마에 대해 느끼는 감정은 복잡다단하고 이율배반적일 수밖에 없다. 말러가 사망할 때까지 10년 동안 이어진 결혼 생활 동안 알마는 말러의 인생에 절대적인 영향을 끼친 여성이었다. 말러 곁에서 영감과 조언을 아끼지 않은 이상적인 예술 조력자 알마의 모습을 떠올리는 사람들은 그녀를 '말러의 뮤즈'였노라 칭송한다. 하지만 그녀를 바라보는 곱지 않은 시선도 있다. 그들에게 알마는 뮤즈는커녕 혼인 관계 중 불륜을 저지르며 말러에게 정서적 치명상을 입힌 악처다. 게다가 말러가 서거한 뒤에는 회고록을 집필하며 그의 삶을 자신에게 유리한 방향으로 왜곡하고 작곡가의 진정한 이면을 헤아리는 것을 방해했다는 비난을 샀다. 다른 한편으로 페미니스트의 관점에서 알마는 시대를 잘못 타고난 불쌍한 여성이다. 뛰어난 음악성을 가지고도 보수적인 남편의 반대로 재능을 꽃피우지 못한 채 가정주부로 살아야 했기 때문이다.

한 여성을 바라보는 다채로운 시선이 공존하는 이유는 죽은 자는 말이 없기 때문이다. 또 다른 당사자인 말러는 죽기 전 알마와의 관계에 대해 그 어떤 공식적인 증언도 남기지 않았다. 우리는 말러가 사망한 뒤 한동안 알마가 쓴 회고록에 일방적으로 의존할 수밖에 없었다. 그녀에게 전적으로 유리하게 집필한 그 회고록 내용이 일관되지 않은 이유는 알마 자신이 자가당착에 빠질 만큼 모순되고 충동적인 인간이었기 때문이다.

알마는 말러와 마찬가지로 유대인이었다. 그러나 모순되게도 유대인을 경멸하는 유대인이었다. 그녀의 친아버지 에밀 야콥 신들러는 저명한 화가였다. 유대인이었지만 루돌프 황태자의 총애를 한 몸에 받아 제국화가상을 받을 만큼 생전에 높은 명성을 누렸으며, 죽어서는 빈 중앙묘지 내 저명 인사 묘역에 안장되었다. 빈 시립공원에는 지금도 그의 기념 조각상이 남아 있다.

아버지에게서 예술적 기질을 물려받은 알마는 회화에도 소질이 있었지만 성악가인 어머니의 영향으로 음악에 대한 열정 또한 남달랐다. 피아노 연주와 작곡을 즐기던 그녀는 당대 젊은 지식인들 사이에 유행처럼 번진 바그너 숭배에 가담했고, 유대인이면서도 그 음악에 내재한 반유대주의에 자연스럽게 휩쓸렸다. 그녀의 일기장에는 "유대인은 바그너를 이해할 수 없다"라는 주장을 비롯해 유대인을 혐오하는 진술이 빼곡하게 적혀 있었다. 바그너가 아니더라도 유대인 혐오는 당시 빈 사회 전반에 퍼져 있던 보편적인 정서이기는 했다. 똑같이 바그너를 숭배했지만 유대인으로서의 자아를 감수한 말러와 달리 알마는 자신의 정체성을 부정하는 방식으로 대응했다. 결혼식을 굳이 가톨릭식으로 고집한 것 또한 이러한 자기부정의 일환이었다.

알마는 유대인임에도 불구하고 빈 사교계에 수월하게 입성했다. 어린 시절부터 저명한 분리파 예술가들과 어울렸으며, 말러의 직장인 궁정오페라극장과 무지크페라인잘의 이름난 단골 관객이기도 했다. 이는 친아버지가 자식에게 물려준 후광도 있었지만 양아버지 덕분이기도 했다. 알마의 어머니는 남편 신들러가 사망하

궁정오페라극장 재임 시절 말러가 살았던 아파트

빈 아우엔브루거가세 2번지로, 벨베데레 하궁下宮과 마주보고 있다. 오스트리아 건축가 오토 바그너가 1890년경 설계한 건물로, 말러 기념 현판이 벽면에 붙어 있어 쉽게 찾을 수 있다. 현판에는 이렇게 적혀 있다. "구스타프 말러는 이 집에서 1898년부터 1909년까지 살면서 작곡했다."

자 남편의 제자인 카를 몰과 재혼했다. 몰 또한 당시 분리파의 일원으로 활동하며 빈 사교계에서 잘 나가던 아르누보 화가였다. 여기에 알마의 타고난 미모가 또 한몫했다. 하얗고 둥근 얼굴에 풍만한 몸매의 소유자였던 그녀는 성격마저 활달했다. 게다가 성에 대해서도 거리낌 없이 공개적으로 거론할 만큼 대담한 성격이었으니, 남성들은 그녀에게 마음을 쉽게 빼앗겼다.

모든 것을 갖춘 그녀가 빈 사교계 최고의 팜므 파탈로 성장한 것은 당연한 수순이었다. 결혼 전 알마는 주로 노숙한 남성에게 매력을 느꼈다. 이런 그녀의 성적 취향은 일찍이 여읜 아버지의 애정을 연인에게서 갈구하는 콤플렉스 때문이라고, 아마도 동시대 무의식 이론가 프로이트는 해석했을 것이다.

열일곱 살의 나이에 처음으로 진지하게 사귄 남자는 바로 분리파 거장인 클림트로, 그는 알마보다 열다섯 살 연상이었다. 자신의 동료이기는 하지만 자기 자식마저 구분하지 못할 만큼 여기저기 씨앗을 뿌리고 다니는 이 성 관념이 희박한 퇴폐 예술가가 어린 의붓딸의 첫 키스를 훔친 남자인 것을 알고 경악한 카를 몰은 둘 사이를 억지로 갈라놓았다. 이 사건을 계기로 양아버지에게 반발심이 생긴 알마는 더욱 극단적인 조건의 남자들을 찾아 나서기 시작했다. 그 다음에 사귄 부르크테아터 극장장인 막스 부르크하르트는 나이가 무려 스물다섯 살이나 더 많았다. 다음 차례로 알마의 남자가 된 여덟 살 연상의 작곡가 알렉산더 폰 쳄린스키는 사뭇 평범한 연인처럼 보일 지경이었다.

유럽 최고 지휘자의 아내로서

이들과의 화려한 스캔들이 차례로 지나간 뒤, 말러의 차례가 돌아왔다. 말러와 알마가 지인이 초대한 저녁 식사 자리에서 처음 만나 1902년 3월 9일 카를대성당에서 전격 결혼식을 올리기까지는 겨우 4개월밖에 걸리지 않았다. 한눈에 사랑에 빠져 속전속결로 밀어붙인 듯하지만, 사실 이 커플이 결혼에 도달한 과정은 절대로 순탄하지 않았다. 오히려 그들은 각자 녹초가 될 때까지 피를 말리는 신경전을 벌였다. 이 연애 기간 중 쓴 알마의 일기는 가관이다. 말러의 외모는 물론이고 그의 발음과 심지어 체취까지도 거슬린다며 인격 모독적인 발언을 서슴지 않았다. 그나마 인정할 음악성조차 끔찍하게 빈약하다는 것이 결혼 전 말러에 대한 알마의 평가였다.

알마의 가족과 지인들 또한 그들의 결혼을 반대했다. 말러가 유대인인 것도, 열아홉 살이나 연상인 것도, 그들의 관점에서 심히 못생긴 것도 모두 반대 사유가 되었다. 전 연인인 부르크하르트는 "그런 나이 많고 열등한 유대인과 혼인하는 것은 당신의 인종에게 먹칠을 하는 것"이라고 극구 말렸다. 그 자신은 알마보다 스물다섯 살이나 연상이었음에도 말이다. 아마도 알마의 뛰어난 미모에 홀려 그녀 또한 유대인이라는 사실을 잠시 망각했던 모양이다.

말러는 말러대로 극심한 자괴감에 빠져 있었다. 나이를 먹을 만큼 먹고서도 젊은 여성에게 섣불리 매료되어 버린 자신의 모자란 연륜을 탓했다. 동시에 모순되게도 자신보다 한참 나이 어린 여성

말러 부부와 두 딸

말러와 결혼하고 처음 8년 동안 알마는 조강지처 역할을 훌륭히 소화하며 가부장적인 남편의 곁을 지켰다. 두 딸인 마리아 안나와 안나 유스티네가 태어난 뒤 말러는 인생에서 가장 행복하고 안정적인 삶을 꾸릴 수 있었다. 말러의 행복한 일상은 첫째 딸 마리아 안나가 성홍열로 사망하면서 삐거덕거리기 시작했고, 이로 인해 우울증에 빠진 알마가 불륜을 저지르기 시작하면서 본격적으로 무너졌다.

을 홀려 버린 자신의 능력을 자랑스럽게 과시했다. 이런 측면에서 말러는 확실히 가부장적인 인간이었다. 아니면 알마의 추종자들이 자신에게 들이대는 반감의 칼날에 대응하기 위해 일부러 의도한 태도였는지도 모르겠다.

하여튼 자신의 외모도 예술도 인정해 주지 않는 어린 알마를 제압할 수 있는 유일한 무기는 그로서는 나이뿐이었다. 알마의 철없는 생각을 지적하고 심지어 글씨체마저 트집 잡으며 일일이 그녀를 가르치려 들었다. 결혼 전부터 알마의 삶부터 생각까지 모든 것을 자신에게 맞추라고 강요한 점, 무엇보다 알마에게 작곡을 포기하도록 종용한 점에서는 가부장주의를 넘어서 예술가 특유의 자기중심적인 이기심이 엿보인다.

이렇듯 비관적인 관계가 결혼에 이를 확률은 현실적으로 지극히 낮았음에도 불구하고 결혼은 기적처럼 성사되었다. 진지하게 사귀었다 말하기도 힘든 4개월의 연애 기간은 그냥 해프닝으로 끝날 수도 있었건만, 결국 결혼에 이르게 된 것은 알마가 더욱 적극적이었기 때문이다. 결혼한 다음에도 알마는 의외로 꽤나 조신했다. 말러와 함께한 결혼 생활 10년 중 적어도 처음 8년은 말러의 요구대로 가사와 내조에만 매달리며 얌전한 현모양처로 지냈다.

연인의 냄새까지도 싫어한 알마가 가장 소중하게 여기던 작곡을 포기하면서까지 결혼을 결심하게 된 계기는 과연 무엇이었을까? 알마가 남긴 일기와 가식으로 가득 찬 회고록을 신뢰할 수 없게 된 지금 둘의 속사정은 오리무중으로 남아 있다. 다만 말러가 빈 문화계 최고 유명 인사가 아니었더라도 그와의 결혼을 그토록 적극적으로 밀어붙였을지는 궁금하다. 진실한 사랑 때문이든, 아니면 연인의 배경 때문이든 어느 쪽이든 그녀의 선택은 틀리지 않았다. 결혼 전에는 친부와 양부의 후광으로 빈 사교계를 정복한 것처럼, 말러와의 혼인 기간 10년 내내 그녀는 유럽 최고 지휘자의 아내로 어디 가든 융숭한 대접을 받았다. 심지어 남편이 죽은 다음에도 '말러의 부인'이라는 근사한 타이틀로 사교계의 여왕 자리를 오랫동안 굳건히 지킬 수 있었다.

알마의 편력

급진적이고 재기발랄한 알마에게 '조강지처'라는 타이틀은 어울리지 않는 옷이었다. 8년이라는 길다면 긴 인내의 시간을 보내고 말러와의 결혼 생활이 9년차가 되었을 때 알마의 남성 편력은 다시 시작되었다. 발단은 첫째 딸 마리아의 이른 죽음이었다. 남편을 중심으로 돌아가는 일상 속에서 사랑하는 어린 첫째 딸마저 성홍열로 잃고 난 뒤 알마는 극심한 우울증에 시달렸다. 휴양차 오스트리아 서부 티롤로 떠난 여행 중 그녀는 네 살 연하의 그로피우스를 우연히 만났다. 당시 아직 풋내기 건축 지망생에 불과한 그로피우스는 알마와 뜨거운 시간을 보냈고, 알마가 휴양을 마치고 다시 남편에게 돌아가는 것을 참을 수 없었다. 그는 알마에 대한 연심이 가득 담긴 편지를 말러 부부가 머물고 있던 토블라흐 별장으로 보냈다. 하지만 그 편지의 수신인은 '알마 말러'가 아닌

발터 아돌프 게오르크 그로피우스

1883~1969. 바우하우스 창립자로 독일 모더니즘을 대표하는 건축가다. 아직 무명 시절일 때 네 살 연상의 알마 말러와 우연히 만나 불륜에 빠졌다. 1911년 말러가 죽은 뒤 알마는 아버지의 지인이었던 코코슈카와 사귀다가 코코슈카가 제1차 세계대전에 참전한 틈을 타 그로피우스를 다시 만나 1915년에 결혼식을 올렸다. 이듬해 이들 사이에 태어난 딸 마논은 열여덟 살에 소아마비로 사망했다. 1919년 그로피우스는 바이마르에 바우하우스를 창립하며 주류 예술가로 발돋움했지만, 열한 살 연하의 무명 작가 베르펠과 바람난 알마는 이듬해 결국 그에게 이혼을 선언했다.

'구스타프 말러'였다. 당연히 편지를 뜯어본 말러는 극심한 충격을 받았고, 프로이트를 찾아가 상담까지 받을 만큼 정신적 고통에 시달렸다.

이들은 불편한 삼각관계를 유지했다. 알마와 헤어질 생각이 눈곱만치도 없었던 말러는 오히려 그녀가 원하는 것을 모두 들어주는 쪽을 택했다. 그렇게 원하던 작곡 활동도 용인해 주는 것을 넘어서 지원해 주기까지 했다. 1910년에 발표한 알마의 가곡 다섯 편은 말러의 지도와 후원 아래 맺은 결실이었다. 알마는 음악 활동을 할 수 있다는 것에 고무되어 당시 건강이 안 좋아진 남편을 더욱 충실히 보듬었다. 하지만 남편이 연주 여행을 떠나고 나면 그로피우스에게 달려갔고, 말러는 알면서도 묵인했다. 이들의 삼각관계는 1910년에 말러가 심장병으로 사망하면서 종식되었다. 말러의 장례식을 치른 뒤 알마는 그의 부인으로서 궁정오페라극장으로부터 나오는 연금을 받으며 경제적으로 자유로워졌다.

그러나 그로부터 2년 뒤, 알마가 선택한 사람은 군에 입대한 그로피우스가 아니라 일곱 살 연하의 표현주의 화가인 오스카 코코슈카였다. 어릴 적부터 아버지의 영향으로 미술에 조예가 깊었던 알마는 코코슈카의 독특한 예술 세계를 알아보고 금세 마음을 빼앗겼다. 1912년부터 2년간 두 사람은 격정적인 시간을 보냈다. 이때 알마에 대한 코코슈카의 열정은 400통의 러브 레터로 충분히 증명된다. 함께 살다시피 한 연인에게 이틀에 한 번씩 편지를 썼다는 소리인데, 지고지순하기보다는 오히려 편집증처럼 여겨질 정도다.

알마도 마찬가지였던 모양이다. 그녀는 툭하면 히스테리를 일삼고 자신에게 비정상적인 집착을 보이는 코코슈카와의 관계에 피로를 느끼고 그를 기피하게 되었다. 그녀는 코코슈카와 함께 지내면서 군대에 있는 그로피우스에게 편지를 보내며 다시 삼각관계를 시도했다. 알마에 대한 연정에서 아직 벗어나지 못하고 있던 그로피우스는 그녀의 유혹에 그대로 넘어갔다. 군 생활을 통해 예전과 달리 한층 더 남성답고 강건하게 다져진 옛 연인에게 알마 또한 다시 사랑을 느꼈다.

1914년, 자신에게 결혼하자고 프로포즈한 코코슈카에게 알마는 결별을 선언했다. 이즈음 코코슈카가 완성한 〈바람의 신부〉는 그가 자신의 사랑의 결말을 예견하고 있었음을 보여 주는 걸작이다. 편안히 잠든 여자와 달리 남자는 연인을 꼭 안고 눈을 부릅뜬 채 지켜보고 있다. 마치 자신들을 에워싼 위태로운 푸른 바람에 언제라도 연인을 빼앗길까 불안해하는 모습이다. 결국 그는 그로피우스라는 이름의 푸른 바람에게 연인을 빼앗겼다. 알마와 헤어진 코코슈카는 〈바람의 신부〉를 팔아 말을 구입하고는 오스트리아 황제의 기병대로 입대해 제1차 세계대전에 참가했다.

코코슈카가 전장으로 떠나면서 진정한 자유의 몸이 된 알마는 그로피우스에게 돌아가 1915년에 두 번째 결혼식을 올렸다. 알마는 특별 휴가를 나온 그로피우스를 데리고 아무 연고도 없는 베를린으로 가서 길에서 우연히 만난 생면부지의 행인 두 명을 증인으로 세워 놓고 비밀 결혼식을 올렸다. 세간의 스캔들과 자신과의 결혼을 반대하는 그로피우스의 가족들을 피해서, 무엇보다 전쟁

오스카 코코슈카의 〈바람의 신부〉

오스트리아 표현주의 화가이자 극작가로 명성이 높았던 오스카 코코슈카의 작품으로, 사실 〈바람의 신부〉는 부제이고 원래 제목은 〈폭풍우〉다. 이 그림 이외에도 코코슈카는 자신과 알마의 그림을 다수 그렸다. 그러나 코코슈카의 비정상적인 집착에 알마는 심한 거부감을 느꼈다. 알마가 코코슈카의 아이를 유산하고 코코슈카가 말러의 데드마스크를 부수면서 둘의 관계는 종지부를 찍었다. 알마가 그로피우스와 재혼한 다음에도 그녀에 대한 집착을 거두지 못한 코코슈카는 실물 크기의 알마를 닮은 인형을 제작해 그것과 함께 생활했다. 코코슈카가 남긴 〈알마 인형과 함께 있는 자화상〉은 그의 도를 넘어선 집착을 가늠하게 해 준다.

터에 나가 있는 코코슈카의 귀에 들어가지 않도록 하지 않기 위해 선택한 조처였다.

이듬해 그들 사이에서 딸 마논 그로피우스가 태어났지만, 결혼 생활은 행복하지 못했다. 결혼식을 올리자마자 그로피우스는 군대로 돌아가 버렸고, 알마는 자신을 탐탁하지 않게 여기는 '시월드'에 홀로 남았다. 전쟁터에 돌아간 남편에게 보낸 알마의 편지에는 시어머니에 대한 악담이 가득했다.

불만족스러운 결혼 생활을 뒤로 하고 알마는 다시 마음의 고향인 빈 사교계로 돌아왔다. 법적으로는 그로피우스의 아내였고 심지어 그의 아이까지 낳았건만 알마는 그로피우스와의 혼인 관계를 숨기고 '말러의 부인'으로서 살롱을 개최했다. 그로피우스가 벨기에로 발령이 나 군견을 훈련시키고 있는 동안 알마는 자신의 살롱 게스트인 열한 살 연하의 무명 소설가 프란츠 베르펠과 다시 한 번 위험한 불륜에 빠지더니 1918년에는 심지어 그의 아들까지 출산했다.

알마가 낳은 아들이 자신의 아이가 아니라는 사실을 뒤늦게 알게 된 그로피우스는 엄청난 충격을 받았다. 그러나 말러와 마찬가지로 그에게도 알마와 헤어질 용기가 없었다. 말러와 혼인 관계를 유지하며 그로피우스와 바람을 피우던 알마는 이번에도 그로피우스의 아내인 채 베르펠과 연인 관계를 이어 갔다. 그 사이 알마에게서 버림받은 코코슈카까지 부상을 입은 채 전쟁터에서 돌아오면서 알마를 둘러싼 불륜 드라마는 막장으로 치달았다.

제대 당시 코코슈카는 러시아 군대의 공격으로 뇌에 총상을 입고 병원에 입원한 상태였다. 알마에게 여전히 편집증에 가까운 집착을 보이던 코코슈카는 알마와 똑같이 생긴 실물 크기의 나체 인형을 주문 제작해 병원에서 가지고 다녔다. 이 소문을 듣고 경악한 알마는 이어서 미숙아로 태어난 베르펠의 아이까지 사망하자 깊은 우울증에 빠져 주변을 정리하기 시작했다. 그러고는 바이마르에서 바우하우스 개교를 준비하느라 정신없던 그로피우스에게 이혼을 선언하고 외도 상대였던 베르펠의 곁으로 떠났다.

베르펠과 9년간 동거 후 알마는 1929년에 세 번째 결혼식을 올렸다. 이때 알마의 나이가 쉰 살, 베르펠은 서른아홉 살이었다. 알마가 베르펠과의 결혼식을 오랫동안 미적거린 이유는 베르펠 또한 말러와 마찬가지로 유대인이었기 때문이다. 그녀는 동거 중에도 베르펠에게 가톨릭으로 개종할 것을 끊임없이 종용했다. 이 결혼은 그리 좋지 못한 선택이었다.

유럽에 나치 정권이 득세하면서 신변의 위태로움을 느낀 알마는 자신의 안전을 위해 가톨릭 성당에 자주 모습을 비추기 시작했다. 그러다가 1932년, 한 종교 행사에서 그녀는 서른일곱 살의 가톨릭 신부인 요한네스 홀른슈타이너와 사랑에 빠졌다. 알마의 남성 편력 중에서도 가장 큰 사회적 물의를 일으킨 역대급 사건이었다. 당시 알마는 따로 아파트까지 구해서 신부와 밀회를 나누었는데, 앞서 말러와 그로피우스가 그러했듯 세 번째 남편 베르펠도 아내의 외도를 알고서도 묵인했다.

이후 물밀듯이 밀려오는 나치를 피해 여러 나라를 전전하던 이들 부부는 미국으로 망명해 로스엔젤레스에 정착했다. 이곳에서

알마와 베르펠

그로피우스와의 결혼 생활이 행복하지 않았던 알마는 곧 열한 살 연하의 유대인 무명 작가 프란츠 베르펠과 불륜에 빠졌다. 바우하우스 개교 준비로 정신이 없었던 그로피우스에게 이혼을 선언하고 베르펠의 곁으로 떠난 알마는 동거 9년 만에 그와 세 번째 결혼식을 올렸다. 알마로서는 마지막으로 한 혼인신고였으며, 1945년 베르펠이 심장병으로 사망하자 다시 말러의 부인으로서 뉴욕 사교계를 누비기 시작했다.

1941년에 완성된 베르펠의 소설 『베르나데트의 노래』가 큰 반향을 불러일으키며 할리우드 영화로 제작되었고, 오스카상 네 개 부문을 휩쓸었다. 일약 세계적인 작가로 우뚝 서며 부와 명성을 한몸에 안은 것도 잠시, 베르펠은 유럽에서 발병한 심장병이 악화하여 1945년에 세상을 떠났다. 알마로서는 심장병에 남편을 두 번째로 잃은 셈이었다.

다시 말러의 부인으로

베르펠의 사망 뒤 알마는 다시 '말러의 부인'으로 돌아왔다. 1946년, 미국 시민권을 받고 뉴욕으로 거처를 옮긴 뒤 말러협회의 핵심 멤버로 활동하며 유럽과 미국 문화 예술계에서 비중 있는 인사로 대접받았다. 알마는 전쟁 통에 이리저리 피난을 다니는 와중에도 말러의 자필 악보며 편지를 늘 가방에 챙겨서 다녔다. 그녀는 말러가 죽자마자 그의 편지들을 모아서 부지런히 책으로 출간했으며, 유럽에서 미국으로 피난 오기 바로 직전인 1940년에는 자신의 첫 번째 비망록인 『구스타프 말러: 회상과 서한』을 암스테르담에서 출판했다. 이어 1958년에는 『또한 사랑은 가교』라는 제목의 두 번째 비망록을 집필했다. 이러한 집필과 출판 활동은 말러가 사망한 이후 작곡가의 생각과 생애를 조명해줄 수 있는 유일한 생존자이자 전문가로서 알마의 입지를 다지는데 보탬이 되었다.

제2차 세계대전이 종식되고 말러의 교향곡이 미국과 유럽에서 재조명을 받기 시작하자 음악가들과 학자들은 모두 알마를 찾아왔다. 한 세대 아래 지휘자로 말러와 일면식이 전혀 없던 레너드 번스타인도 그중 한 명이었다. 알마는 말러의 교향곡이 연주되는 콘서트마다 참석했고, 리허설을 참관했으며, 남편의 후예들에게 조언을 아끼지 않았다. 하지만 앞서 언급했듯이 그녀가 편찬한 회고록과 편집한 서간들, 그리고 말러가 남긴 조언은 알마에게 유리한 쪽으로 수정되거나 심하게는 조작되기도 했다. 말러와 동시대를 살았던 여러 음악가와 동료의 증언과 회고록은 알마의 그것과 결이 상당히 달랐다. 이런 오류와 부정합이 누적되면서 오늘날 알마가 남긴 자료는 학계와 음악계에서 신뢰를 상당 부분 잃은 상태다.

만약 말러와 결혼하지 않았다면 알마는 그녀의 소원대로 작곡가가 되어 '알마 신들러'라는 자신의 이름을 음악계에 남길 수 있었을까? 역사에 '만약'만큼 공허한 단어도 없지만, 지금 전해지는 알마의 악보는 그녀의 음악성을 가늠하기에 질적으로나 양적으로나 턱없이 부족하다. 1910년, 말러의 적극적인 격려 아래 출판된 그녀의 첫 가곡 악보집은 남편이 아내에게 보낸 화해의 징표였다. 아내와 그로피우스의 외도로 고통받던 작곡가는 그녀를 예술적으로 억압해서 벌어진 비극이라 자책했던 것 같다. 말러가 죽은 다음에도 알마는 혼자의 힘으로 1915년과 1924년에 각각 다섯 편의 가곡 악보를 출판했다. 그녀 자신은 출판하지 않은 가곡만 100편이 넘는다고 주장하기도 했다. 하지만 공식적으로 출판한 가곡

집을 제외한 나머지 작품은 제2차 세계대전 중 빈에 남겨 두고 오는 바람에 결국 전쟁의 화염 속에 소실되었다. 자신의 악보보다 남편의 유작을 더 절실하게 챙긴 그녀의 심정은 둘 중 하나일 것이다. 남편의 음악이 자신의 것보다 더욱 위대한 것을 알고 있었든가, 아니면 남편의 악보가 자신의 것보다 부와 명예를 챙기기에 더 보탬이 될 것이라는 사실을 알고 있었든가.

1964년 12월 11일, 알마는 여든다섯 살의 나이로 천수를 다 누리고 뉴욕에서 사망했다. 그녀의 시신은 다시 바다를 건너와 첫 남편인 말러가 묻혀 있는 오스트리아 그린칭 묘지에 안장되었다. 일찍 세상을 뜬 첫째 딸 마리아의 곁에서 쉬고 싶어 했던 말러와 달리, 알마는 그로피우스와의 사이에서 낳은, 열여덟 살에 요절한 딸 마논과 합장해 달라는 유언을 남겼다. 알마의 비명에 적혀 있는 "알마 말러 베르펠"과 밑에 누워 있는 묘비에 적힌 "마논 그로피우스"까지 합쳐 그녀의 묘지는 그녀가 법적으로 결혼한 남자들의 이름을 모두 품고 있다.

07

호수가 내게
말을 걸어왔다

능동적 반골

말러의 동시대인들은 그를 '지휘자'로서 인정했다. 어쩌다 자기 교향곡을 연주하는 무리수를 둘 때면 맹렬한 비난과 혹평이 쏟아지기도 했지만 다시 오페라극장 피트로 돌아와 바그너와 모차르트, 주세페 베르디를 연주하면 그를 향한 비판은 찬사로 바뀌었다. "일류 지휘자로 충분히 군림할 수 있는 자가 왜 굳이 삼류 작곡가가 되고 싶어 하지?" 당시 청중은 말러의 작품도, 말러도 이해할 수 없었다.

말러는 대중의 의중 따위는 아랑곳하지 않았다. 어느 쪽인가 하면 그는 지휘를 포함해 극장 일을 혐오하는 축에 속했다. 빈음악원 재학 당시 그는 자신의 첫 작품인 〈탄식의 노래〉를 작곡해 베토벤상에 응모했다. 상에 뒤따르는 명예보다는 당분간 작곡하면서 먹고 살아도 충분할 상금에 더 구미가 당겼다. 안타깝게도 결과는 낙선이었고, 말러 자신의 표현에 따르면 "지옥 같은 극장 일이나 해야 할 운명에 처했다."

　지옥 같은 운명은 그러나 말러에게 제법 괜찮은 명성을 안겨 주었다. 라이바흐와 올뮈츠 같은 작은 동유럽 변방에서 보조 지휘자로 출발한 그의 지휘 인생은 카셀, 프라하, 라이프치히 오페라극장에서 오늘날 부지휘자 정도에 해당하는 제2카펠마이스터로 승격되었으며, 부다페스트와 함부르크에서는 극장 최고의 자리인 음악감독에 올랐다. 이 정도 입신양명이면 만족할 법도 하건만 말러는 끝없이 작곡에 목말라했다. 하지만 지휘자로 승승장구하면 할수록 작곡가로서의 성공에서 멀어지는 아이러니에 시달렸다.

　말러에게 현실은 견디기 가혹한 세상이었다. 그것은 어린 시절 몽상에 자주 빠진 이유였고, 종종 딴 세상에 빠져 있는 아들을 못 견딘 아버지는 그런 아들을 늘 다그쳤다. 음악은 말러에게 자신만의 세계에 빠져도 아무도 뭐라 하지 않을, 용인된 안식처였다. 그 안에서만큼은 거북한 사회적 껍질을 다 벗고 온전히 '나 자신'으로 존재할 수 있었다. 정신줄 놓고 있다고 흔들어 깨워 호통치는 아버지도, 주의가 산만하다고 타박하는 선생님도 없었다.

　단순히 도피가 목적이었다면 바그너와 모차르트에 안주해도 충분했을 것이고, 그랬다면 청중으로부터 사랑만 가득 받았을지도 모른다. 하지만 그런 양순한 선택을 하기에 말러는 능동적인 반골이었다. 그에게는 존재하는 모든 것을 당연하게 여기는 권태로운 세상을 예술로써 흔들고 싶은 욕구가 가득했다. 어찌 보면 세상은 이런 방식으로 굼뜨게나마 앞으로 나아갔던 것 같다. 기득권이 무질서를 배척하며 불변의 사회를 고집하는 동안, 다른 한편

부다페스트오페라극장

1888년 스물여덟 살의 말러는 부다페스트오페라극장의 음악감독으로 임명되었다. 그는 모든 오페라를 헝가리어로 번역해서 올리는가 하면, 제국의 스타 가수들보다는 본토박이들을 적극적으로 고용함으로써 긍정적인 평가를 받았다. 그러나 이 시절에 초연한 그의 교향곡 1번 〈거인〉은 청중의 이해를 얻지 못한 채 실패로 끝났다.

호수가 내게 말을 걸어왔다

에서는 여전히 지켜지지 않는 정의에 불만을 품은 이단아들이 세상의 전복을 은밀하게 갈구하는 대치 상태로 말이다. 특히나 낭만주의 시대 예술가들은 남들이 가지 않은 길에 첫발자국을 찍으며 세상의 진화를 유도하는 리더였다.

음악계를 보자면 모든 장르가 꾸준히 진화하여 새로운 모습으로 환골탈태하는 와중에 교향곡만은 유일하게 베토벤 이후 더 이상 새로운 길을 찾지 못한 채 같은 자리에서 맴돌고 있었다. 기존의 교향곡 질서에 새바람을 불어넣는 것. 작곡에 대한 말러의 집착은 바로 이런 소명 의식에서 비롯되었다.

아테르제 호숫가에서

부다페스트에서 처음으로 음악감독으로서 본격적인 활동을 시작하기 전후로 말러의 인생에는 여러 변고가 찾아왔다. 1889년 한 해 동안 아버지와 여동생, 그리고 결정적으로 사랑해 마지않은 어머니가 차례로 숨을 거두었다. 이듬해 부다페스트에서 초연한 교향곡 1번 〈거인〉은 "지휘나 계속할 일이지 어쩌다 여가 삼아 공룡 같은 교향곡을 작곡해서 사람들을 괴롭힌다"라는 비난을 받았다. 이때 받은 충격으로 말러는 초연 악보를 스스로 파기해 버렸다. 몇 개월 뒤 새로 부임한 극장장은 말러와 음악적 코드가 전혀 맞지 않는 사람이었다. 말러의 임기는 10년간 보장되었지만 극장장과 한판 크게 싸운 뒤 그 후폭풍으로 계약은 파기되고 말았다. 말러는 섭섭지 않은 위자료를 받고 미련 없이 헝가리를 떠나 1891년 함부르크에서 새로운 음악감독 임기를 시작했다.

이 시기부터 말러는 휴가 습관을 바꾸었다. 이전의 그는 긴 여름휴가를 여러 용건으로 쪼개 쓰는 편이었고, 그중 일부는 가족을 챙기면서 보냈다. 우리가 명절마다 고향에 내려가듯 말러 또한 여름마다 이흘라바를 찾아 부모와 함께 지냈고, 친구들과 휴가를 떠날 때도 주로 고향 근처에 머물렀다. 아마도 장남으로서의 의무감 때문이었을 것이다.

하지만 부모가 모두 돌아가시고 동생들이 하나둘 도시로 떠난 뒤에는 더 이상 고향을 찾을 이유가 없었다. 무엇보다 그는 작곡 시간을 확보하는 것이 시급했다. 부다페스트나 프라하, 라이프치히에서와 달리 함부르크에서의 직장 생활은 너무 빡빡해서 지휘와 작곡을 병행하는 것이 불가능했다.

가족을 돌볼 필요 없이 휴가를 온전히 자신만을 위해 쓸 수 있게 된 함부르크 시절 첫해 여름, 말러는 처음으로 동행 없이 홀로 스칸디나비아로 여행을 떠났다. 아마도 흠모하던 작가 장 파울이 권한 '고립된 방랑'*, 즉 "자연 앞에 고독한 개인으로 홀로 설" 기회를 시도했던 것 같다. 결과는 참담했다. 자연을 즐길 사이도 없이 엄습한 빙하처럼 차가운 고독감에 그는 정신이 마비되었다. 먹을 때 빼고는 입을 한 번도 열지 않은 채 지나가는 하루도 있었다.

---

* 독일 낭만주의 작가 장 파울의 소설인 『거인』의 주인공 알바노는 태초의 자연 풍경 속에서 자신이 그토록 염원하던 무한하고 영원한 세계를 추구한다. 이 소설은 말러의 교향곡 1번 〈거인〉의 모태로도 알려져 있다.

아테르제 호수

함부르크극장에서 재직하고 있을 때인 1893년, 말러는 여동생들과 함께 오스트리아 잘츠
카머구트 지역에 있는 호수 중 하나인 아테르제 호숫가에 파묻혀 작곡에 몰두하며 보냈다.

인적이 드물고 풍광이 수려한 이곳은 한동안 답보 상태에 있던 말러의 창작 욕구를 되살려주었다. 그리하여 연가곡 〈이상한 어린이의 뿔피리〉 중 네 곡과 교향곡 2번 〈부활〉 중 안단테와 스케르초 악장을 몇 주 만에 완성했다.

노르웨이 작가 헨리크 입센과 한 호텔에 머물고 심지어 로비에서 마주치기까지 했지만, 워낙 낯을 가리는 성격 탓에 인사는커녕 다가가지도 못했다. 이 여행을 통해 말러는 자신이 어떤 종류의 인간인지 깨달았다. 그는 혼자 일하는 것을 좋아하지만 고독을 즐기지는 못하는 모순된 존재였다.

'작곡에 집중할 수 있을 만큼 조용하고 한적하지만 친구들이 자주 찾아올 수 있으며 하이킹과 수영이 모두 가능한 곳을 찾아 줘.' 자신의 살림을 도맡아 주던 여동생 유스티네 말러에게 다음 휴가지를 찾아보라며 보낸 편지에 그는 이런 까다로운 조건을 내걸었다. 동생들을 모두 데리고 떠날 참이니 객실이 충분해야 했고, 숙박료는 너무 비싸면 안 되었다. 유스티네는 유능한 동생이었고, 말러가 좋아하는 곳을 기어이 찾아내고 말았으니, 바로 아테르제 Attersee였다.

아테르제는 오스트리아 잘츠카머구트Salzkammergut 지역에 있는 일흔여섯 개의 호수 중 하나다. 잘츠카머구트가 휴양지로 각광받기 시작한 것은 겨우 19세기부터의 일이다. 이전까지 이 지역은 인적도 드물고 개발도 거의 이루어지지 않은 투박한 소금 광산 마을에 불과했다. 의외로 유려한 풍경에 처음 주목한 이들은 알프스 산맥에서 고립된 방랑을 시도하던 낭만주의 작가와 예술가였다. 베토벤과 하숙 동기이던 프란츠 그릴파르처와 같은 극작가들과 비더마이어 화가들이 이 지역을 다룬 작품들을 속속 발표하면서 그곳의 아름다운 자연 경관이 사람들 사이에 회자되기 시작했다. 여기에 이곳 소금물 온천이 류머티즘에 좋다는 소문이 덧붙여지면서 귀족들은 저마다 호수를 하나씩 끼고 여름 별장을 짓기 시작했다. 프란츠 요제프 1세와 엘리자베트 황후('시시'라는 애칭으로 더 유명하다)가 바트이슐에서 약혼식을 올린 것을 계기로 잘츠카머구트의 명성은 마침내 절정을 찍었다.

말러 일행이 처음 찾아올 때만 하더라도 아테르제는 일흔여섯 개의 호수 가운데 상대적으로 인적이 드문 지역이었다. 인기가 높았던 근처 몬트제나 볼프강제와 비교해 경치가 뒤지지 않았지만 어쩐 일인지 상대적으로 사람들에게 덜 알려졌고 그만큼 숙박비도 저렴했다. 그들이 묵은 곳은 호수 동쪽의 슈타인바흐Steinbach 마을에 있는, 춤횔렌게비르게Zum Höllengebirge라는 간판을 단 여관이었다. 1893년, 언덕 아래로 아테르제가 보이는 이 여관에 말러 일행은 방 다섯 개를 빌려 석 달 동안 지냈다.

말러가 도착하기 전 그의 방에는 뵈젠도르퍼사에서 무상으로 대여해 준 베이비 그랜드피아노가 실려 왔다. 슈타인바흐는 탁월한 선택이었다. 한동안 답보 상태에 머물러 있던 말러의 창작 욕구가 다시 불붙어 올랐으니, 연가곡 〈이상한 어린이의 뿔피리〉 중 네 곡과 교향곡 2번 〈부활〉 중 안단테와 스케르초 악장이 불과 몇 주 만에 완성되었다.

첫 번째 휴가를 성공적으로 보내고 함부르크로 돌아오는 길에 말러는 아예 작곡을 위한 전용 작업실을 따로 가져야겠다고 마음먹었다. 묵었던 여관이 대로변에 있어서 분답하기도 했지만, 그보다는 호수에 한 발자국이라도 더 가까이 머물고 싶었기 때문이다. 그해 가을 말러는 동네에 사는 뢰쉬라는 이름의 건축 기사에게 호

말러의 교향곡 2번 〈부활〉 자필 악보

슈타인바흐 오두막에서 완성한 교향곡 2번 〈부활〉의 자필 악보는 말러가 사망한 뒤에는 알마 말러에게 상속되었고, 이후 지휘자 빌럼 멩엘베르흐가 소유하다가 1984년부터 길버트카플란재단에 귀속되었다.

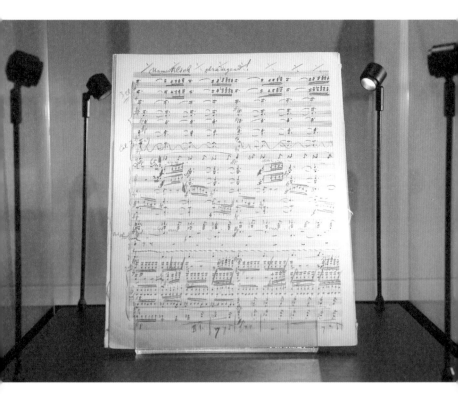

수 바로 옆자리를 직접 지정해서 벽돌로 단칸 오두막 한 채를 지어 달라고 주문했다. 이듬해인 1894년, 오두막이 완성되자마자 말러는 그해부터 1896년까지 세 번의 여름을 그 오두막에 보냈다. 뢰쉬는 말러의 요구에 맞추기 위해 최선을 다했지만 그렇다고 말러를 이해하는 사람은 아니었다. 말러와 처음 만난 날 뢰쉬는 집에 돌아와 고개를 절레절레 흔들며 어린 아들에게 이렇게 말했다.

"호수가 자기한테 말을 건다는 미친놈이 세상에 다 있구나."

하지만 40년 넘게 아테르제 옆에서 평생을 살아온 장성한 아들은 그 당시 말러가 한 말을 이해할 수 있었다. 그는 훗날 말러에 대해 이렇게 회상했다.

> 말러는 늘 그렇게 말했다. 호수는 그만의 언어를 가지고 있다고. 그런 호수가 그에게 말을 걸어오는데, 여관에서는 그 소리를 들을 수 없었다. 그래서 호숫가 바로 옆에 집을 짓고 싶어 했다. 그는 호수의 소리를 들을 때 훨씬 수월하게 작곡을 할 수 있었다. 그 작품들이 머릿속에 온전한 모습으로 찾아왔으니까.
>
> — Norman Lebrecht, *Mahler Remembered* 중

새로운 물결

내가 슈타인바흐를 찾아간 것은 9월이었다. 말러라면 휴가를 마치고 이미 함부르크로 복귀했을 시기다. 초가을임에도 슈타인

바흐의 날씨는 아직 무더웠다. 내가 탄 마을버스의 운전기사는 이례적인 폭염이라며 땀을 쉴 새 없이 닦았다.

처음에는 말러가 동생들과 함께 머물렀던 바로 그 호텔에 묵을 예정이었다. 사실 슈타인바흐에 있는 유일한 숙소라 선택의 여지가 없기도 했다. 하지만 하필 내 일정 중에 그 호텔에 단체 손님들이 예약하는 바람에 내가 머물 공간이 남지 않았다. 나는 궁여지책으로 그보다 남쪽에 있는 바이센바흐호텔에 여장을 풀었다. 19세기에 시시 황후가 애용한 호텔이라고 하는데, 로비에는 그녀가 방문할 당시 찍은 흑백사진들이 전시되어 있었다. 그 외에도 이 호텔을 거쳐 간 유명 인사들이 제법 많았는데, 특히 지금은 작고한 오스트리아 피아니스트 프리드리히 굴다가 매년 여름 이 호텔을 찾아온 단골손님이었던 모양이다.

아테르제 주변을 둘러싼 숙소들은 거의 대부분 1세기 정도는 가뿐히 넘는 역사를 자랑한다. 그래서 편리한 신식 시설보다는 불편하더라도 옛 정취를 그대로 보존하는 쪽으로 승부하는 편이다. 내가 묵은 호텔도 마찬가지여서 무엇보다 인상 깊었던 것은 객실 가구들의 크기였다. 누우면 발목 아래가 매트리스 바깥으로 튀어나올 만큼 작은 침대와 내 키보다 작은 옷장에 둘러싸여 있자니 조금 과장해서 난쟁이 왕국의 걸리버가 된 기분이었다. 19세기 유럽인들의 평균 신장을 체감할 수 있었는데, 키가 163센티미터였다는 구스타프 말러는 아마도 당시에는 그리 작은 체격이 아니었을지도 모르겠다.

짐을 풀고 배가 고파 호텔 식당에 내려갔지만 주방에는 아무도

말러와 동생 유스티네

유스티네는 말러가 평생 가깝게 교류한 동생으로, 말러가 알마와 결혼하기 전까지 그의 집안일을 돌보며 가정부 겸 집사 역할을 마다하지 않았다. 말러가 작곡 오두막을 물색할 때도 유스티네가 팔을 걷어붙이고 나섰다. 훗날 그녀는 말러가 지휘자로 있던 필하모닉오케스트라 악장인 아르놀트 로제와 결혼했다.

호수가 내게 말을 걸어왔다

없었다. 사람 좋게 생긴 중년의 호텔 주인장에게 물었더니 그날 하루 이 동네 모든 식당이 문을 닫는단다. 주인장은 슈타인바흐도 비슷한 상황일 것이라고 했다. 아테르제 남쪽을 둘러싸고 있는 작은 마을의 식당들은 날마다 호수에서 잡은 물고기로 요리를 하는데, 하필 내가 도착한 날이 고기잡이배들이 쉬는 날이었던 모양이다.

그날 어떤 생선이 잡히느냐에 따라 먹거리가 달라지기 때문에 메뉴판도 따로 없다. 메뉴판을 보고 먹고 싶은 요리를 선택하고자 한다면 좀 더 도시화된 호수 북쪽의 쇠르플링까지 올라가야 한다. 주인장이 택시를 불러 주겠다고 했지만 나는 대신 자전거를 빌려 달라고 요청했다. 말러가 이곳에서 즐겼다는 아테르제 자전거 종주를 이참에 절반이라도 흉내 내어 볼 생각이었다.

"배가 많이 고플 텐데 괜찮겠어요? 자전거로 가기에는 좀 먼데."

"괜찮지 않을까요? 내가 아는 어떤 작곡가는 여기 아테르제부터 바트이슐까지 자전거를 타고 갔다 왔다는데요. 저는 밥 먹으러 가기 전에 슈타인바흐부터 들르고 싶어요."

물론 그 작곡가는 말러다. 1896년, 그는 여기서 30킬로나 떨어진 바트이슐Bad Ischl 까지 자전거를 타고 그곳에서 여름휴가를 보내던 만년의 브람스를 만나러 갔다. 아마도 말러는 여름마다 휴양지에서 작곡에 집중하는 생활 패턴을 브람스에게서 처음 배웠을 것이다.

말러가 아테르제에 둥지를 틀기 훨씬 전부터 브람스는 1880년부터 죽기 1년 전인 1896년까지 매년 여름 바트이슐로 찾아와 그 호숫물을 양수 삼아 걸작들을 잉태했다. 말러가 바트이슐로 찾아왔을 때, 간암(혹은 췌장암이라고도 한다)에 걸려 있던 브람스의 얼굴은 황달기를 띤 채 잔뜩 부어 있었다고 한다. 젊은 말러와 함께 호숫가를 산책하던 노년의 거장은 당대 음악계를 작심한 듯 직설적으로 비판했다. "음악계에 망조가 들었어!"라는 브람스의 질타에 말러는 손가락을 들어 호수를 가리켰다.

"선생님, 저거 보셨어요?"

"무엇 말인가?"

"저기 마지막 물결이 막 지나갔는데요."

브람스는 어이가 없다는 듯 너털웃음을 터뜨렸다. 눈으로 볼 수 없는 '마지막 물결'이 바로 자기 자신임을, 말러의 뼈 때리는 농담 속에서 알아차렸을 것이다. 이 만남을 끝으로 브람스와 말러는 두 번 다시 만나지 못했다. 말러가 이듬해 빈오페라극장 음악감독으로 임명되기 바로 하루 전날, 브람스는 빈에 밀려드는 새로운 물결에 미처 몸을 담그지 못하고 숨을 거두었다.

카펠마이스터의 오두막

자전거 하이킹은 나쁘지 않은 선택이었다. 햇빛은 따가웠지만 알프스 빙하가 녹아 내린 호수로부터 불어오는 바람이 충분히 차가워서 오히려 살갗이 살짝 시릴 정도였다. 무엇보다 알프스산맥을 병풍 삼은 호수 풍경은 달리는 차창 밖으로 흘려보내기 아쉬울 만큼 아름다웠다. 태양의 기울기에 따라, 흐르는 구름에 따라 시

시각각 몽환적으로 바뀌는 호수의 색깔에 자전거 페달을 몇 번이나 멈출 수밖에 없었다. "호수가 내게 말을 걸어온다." 누군가에게는 이상하게 들렸을 말러의 그 말이 어렴풋이 이해가 갔다.

약 40분쯤 가다 서다 반복하며 페달을 밟다 보니 '푀팅거호텔 & 여관Föttinger Hotel & Gasthof'이라는 간판을 단 주황색 지붕이 나타났다. 말러 시대에는 춤횔렌게비르게라 불리던 여관 건물로, 그 후 주인장이 여러 차례 바뀐 끝에 지금의 이름으로 정착했다. 간판과 주인은 계속 바뀌었지만 알프스 산장 같은 아기자기하고 단아한 골격은 19세기 그 시절과 크게 다르지 않았다. 내가 숙박한 바이센바흐호텔도 그랬지만 이렇게 원형이 대체로 유지되고 있는 까닭은 옛 건물을 개보수하지 못하도록 법적으로 금지하는 오스트리아의 문화재 정책 때문이다.

호텔 현관을 열고 들어가니 텅 빈 로비 중앙에 말러 관련 서적들을 전시한 커다란 테이블이 놓여 있는 것이 제일 먼저 눈에 들어왔다. 호수와 알프스산맥에서 레저 스포츠를 즐기기 위해 오는 관광객들에게 인기가 높은 지역이지만 나처럼 순례차 찾아오는 말러 애호가들도 적지 않은 모양이다. 그들의 발걸음에 부응해 슈타인바흐는 2017년부터 매년 여름마다 작은 규모로나마 말러 페스티벌을 개최하고 있다. 그 페스티벌의 본부 역할을 하는 곳이 바로 이 호텔인데, 말러의 첫 번째 작곡 오두막을 관리하는 곳이기도 하다.

안쪽에서 호텔 안내원이 나왔다. 말러의 작곡 오두막에 들르고 싶다고 했더니 기둥에 걸려 있던 오래된 열쇠를 건네주었다. 방문객이 많을 때는 열어 두지만 휴가 시즌이 지나고 나면 지금처럼

퓌팅거 호텔 & 여관

말러 일행이 이곳을 찾았을 무렵에는 '춤횔렌게비르게'라는 간판을 달고 있었다. 이후 여러 번 주인과 간판이 바뀌었지만, 건물의 외형과 골격은 옛 모습 그대로 간직하고 있다. 현재 이곳은 말러의 작곡 오두막을 관리하는 한편, 여름마다 열리는 말러 페스티벌 본부 역할을 겸하고 있다.

문을 잠가 놓는다며, 나보고도 볼일을 마치면 꼭 문을 잠가 달라고 부탁했다.

호텔 본관에서 나와 현관 뒤편으로 돌아가니 호수와 호텔 사이에 멋진 초록색 들판이 펼쳐졌다. 흰색 벽에 주황색 지붕을 얹은 아주 작은 오두막이 호숫가 근처에 우두커니 서 있었다. 햇살도 화창한 것이 풀밭에 드러누워 일광욕하기 딱 좋은 날씨였지만, 휴가철이 지나서인지 주변은 조용한 편이었다. 멀지 않은 곳에 캠핑장이 있었지만 다들 다른 곳으로 놀러 갔는지 인기척조차 없었다. 호수 속 물고기들이 헤엄치며 내는 찰랑거리는 물결 소리가 비정상적으로 크게 들릴 만큼 오두막은 '적막'이라는 세계에 둘러싸여 있었다.

말러가 머물 당시에도 이 작은 오두막 주변에서 가장 중요한 규칙은 '정숙'이었다. 작곡을 방해하는 것이라면 아주 사소한 작은 소음조차 허락되지 않았다. 오두막 주변 들판에는 시끄러운 새들을 쫓아내기 위해 허수아비들을 세웠다. 하지만 들판을 뛰어다니는 아이들은 허수아비로 쫓아내기에 무리였다. 말러의 여동생들은 아이들에게 동전 몇 닢을 쥐여 주며 '카펠마이스터 말러의 오두막' 근처에서는 놀지 않기로 약속을 받아 냈다. 호수 건너편 여관에 고용된 손풍금 연주자도 말러의 방해꾼이었다. 그는 그쪽 여관에서 노래 하나를 연주할 때마다 1굴덴을 받고 있었는데, 여동생들은 거꾸로 그가 노래를 하지 않는 대가로 더 큰 돈을 지불했다. 노래를 부를 때보다 부르지 않을 때 수입이 더 쏠쏠해진 이 풍각쟁이의 심정은 과연 어떠했을까?

말러는 1894년부터 3년 동안 해마다 6월부터 8월까지 매일 아침 이곳을 찾았다. 여동생 유스티네의 증언에 따르면 그의 생활 패턴은 대체로 규칙적이었다. 아침 6시 반이면 어김없이 일어나서 호수 맞은편까지 수영을 한 뒤 옷을 갈아입고 오두막으로 직행했다. 그가 오두막에 들어가는 모습을 보고 동생들도 따라 들어가 아침을 챙겨 준 뒤 바로 나왔다. 작곡 중에는 여관에서 키우던 새끼 고양이 두 마리만이 유일하게 그의 곁에 머무는 것이 허락되었다. 이 고양이들을 무척 좋아했는지 말러는 오후 산책을 할 때도 이들을 코트 주머니 양쪽에 넣어서 데리고 다녔다고 한다. 하지만 말러의 애착은 그리 오래가지 않았다. 어느 날 고양이들이 호수에서 붙잡은 물고기를 게걸스럽게 먹는 모습에 환멸을 느낀 다음부터는 두 번 다시 고양이들을 거들떠보지 않았다.

오전 내내 말러는 이 오두막에 틀어박혀 작곡에 집중했다. 동생들은 여관 창문 너머로 오두막 문을 지켜보는 것이 일과였다. 그 문이 열리면 곧 오빠와 함께 점심 식사를 할 수 있다는 것을 의미했다. 하지만 여름이 깊어 해가 길어질수록 문이 열리는 시간은 계속 늦어졌다. 때로는 오후 3시가 넘어가도록 열릴 줄 몰랐다. 동생들은 배가 고팠지만 꼼짝없이 기다릴 수밖에 없었다. 동생들의 식사를 먼저 허락하기에는 말러는 가부장적인 가장이었고, 오두막 문이 닫혀 있는 한 그를 방해하면 안 된다는 불문율을 형제들은 공유하고 있었다. 급한 전보나 중요한 손님이 찾아와도 예외가 없었다.

말러는 점심 식사 후 혹은 밥 먹는 도중에 종종 서랍에서 시가를 꺼내 물었다. 그것은 좋은 신호였다. 그의 오전 작업이 순조로웠다는 뜻이기 때문이다. 술과 담배는 금욕주의자 말러가 그나마 즐기던 작은 호사였다. 함부르크극장에서 알게 된 유명 배우 카를 바그너는 해마다 그에게 고급 수입 시가를 한 상자씩 선물했다. 말러는 이 시가 상자를 여름 별장에 가져와서 작곡이 만족스러울 때마다 한 대씩 꺼내 피웠다. 마치 열심히 일한 자신에게 상을 내리듯 작곡가의 얼굴에는 행복한 미소가 가득 피어났다. 식사 후 가벼운 낮잠을 자고 난 뒤에는 동생이나 혹은 방문한 친구들에게 책을 낭독해 주기도 했다. 이때 읽은 니체의 『차라투스트라는 이렇게 말했다』에서 말러는 자신의 교향곡 3번에 삽입할 '밤의 노래' 가사를 찾았다.

낭독이 끝나면 이들은 다 함께 긴 산책을 나섰다. 혹은 알프스 산맥 줄기를 따라 본격적인 하이킹을 떠나기도 했다. 말러는 어린 아이처럼 하이킹을 좋아했다. 그는 늘 일행 뒤에 처지거나 혹은 너무 앞서가기 일쑤였는데, 그 또한 음악적 영감이 떠올랐다는 신호였다. 일행과 어느 정도 동떨어지면 그는 품속에서 작은 노트를 꺼내 막 떠오른 음표들을 옮겨 적기 바빴다. 주변의 모든 자연 풍경이 그의 영감을 자극했다. 한 번은 산책 도중 까마귀 두 마리가 갑자기 나타나 그의 눈앞에서 '까악' 하는 무시무시한 괴성을 지르며 푸드득 날아올랐다. 그 울음소리는 말러의 머리에서 교향곡 2번 〈부활〉 마지막 악장에 필요했던 모티프를 끄집어냈다.

풍성한 창작의 산물은 악보로 옮겨지는 족족 여행 가방 안에 들어갔다. 말러의 이 특별한 여행 가방은 여관 종업원은 물론 슈타인바흐 마을 주민들 사이에서 꽤나 유명했다. 호텔에 불이 날 때 사람보다 이 가방부터 먼저 챙겨 달라고 말러가 신신당부했기 때

말러의 첫 번째 작곡 오두막

1893년, 슈타인바흐에서 첫 휴가를 성공적으로 보낸 말러는 이듬해에는 이곳에 아예 작곡을 위한 오두막을 지어 세 번의 여름을 보냈다. 이곳에서 말러는 그에게 많은 영향을 끼친 선배 음악가인 브람스를 찾아가 음악에 대한 이야기를 나누었고, 자연이 선사한 신선한 영감을 자양분 삼아 엄청난 속도로 곡을 써 내려갔다. 그의 초기 교향곡들의 산실이라 할 수 있다.

호수가 내게 말을 걸어왔다

문이다.

　말러의 오두막에서는 어떤 마술이 펼쳐진 것일까? 호텔에서 받은 낡은 구식 열쇠로 나무 문에 달린 자물쇠를 따고 들어갔다. 작디작은 정사각형의 공간 한가운데를 낡은 베이비 그랜드피아노가 차지하고 있었다. 말러가 슈타인바흐에 창작의 둥지를 처음 틀 무렵 뵈젠도르퍼사가 그에게 기증했던 바로 그 피아노다. 피아노를 제외하면 단칸 오두막 살림은 단출했다. 책상 하나와 의자 두어 개, 그리고 난로 하나가 전부였다.

　1896년 여름을 끝으로 말러 일행이 떠난 뒤 주인을 잃은 오두막은 사용 용도가 계속 바뀌었다. 세탁실이나 도살장으로 사용된 적도 있고, 심지어는 화장실로까지 이용되는 비참한 상황을 겪었다. 이 모든 수모를 극복하고 다시 원래 모습으로 복원되어 순례자들을 맞이하기 시작한 것이 불과 1984년부터의 일이다.

자연의 권능

　피아노를 비롯해 말러가 사용한 낡은 살림살이를 보고 있자니 가슴이 뭉클해졌다. 간소하게 남아 있는 창작의 터전은 그가 예술가이기 이전에 소박한 개인이었음을 증언한다. 자신의 교향곡에 바벨탑처럼 켜켜이 쌓아 올린 오케스트라 화성과 달리 그는 허례나 치장, 장식을 귀찮아하는 사람이었을 것이다. 마차나 자동차 대신 자전거와 도보와 수영을 즐긴 것을 보면 또한 활동적인 성격

슈타인바흐 작곡 오두막 내부

피아노 한 대, 책상 하나, 의자 두어 개, 난로 하나가 전부다. 복잡하고 거대한 그의 교향곡과는 달리 매우 단순하고 소박하기 그지없다. 창문 너머로 보이는 날것 그대로의 자연은 이 오두막의 내부와 커다란 대조를 이루며 방문객의 넋을 놓게 한다. 말러는 젊은 추종자이자 보조 지휘자였던 브루노 발터에게 그 정경을 자신의 교향곡 3번에 모두 담았다고 말했다.

의 소유자였을 것이 분명하다.

여기 와서 나는 말러처럼 걸어 보고, 자전거도 타 보았다. 도로 사정이 훨씬 나아진 지금조차도 거리로 보나 경사로 보나 결코 가볍게 다닐 수 있는 코스가 아니다. 하물며 당시 부르주아들이 선호하던 말끔한 정장이나 장식이 가득 달린 옷을 입고, 발을 꼭 죄는 구두를 신고서는 예사로 다닐 수 있는 길이 아니었을 것이다. 모든 가식의 허물을 벗어던지고 거침없이 자신의 품에 파고드는 이 예술가에게 자연은 무엇을 공유해 주었던 것일까?

이 오두막에는 현관문을 제외한 나머지 삼면에 저마다 창문이 두 개씩 달려 있다. 창문 사이 벽면에는 말러의 연대기와 흑백 사진들, 그리고 이곳에서 작곡한 교향곡들에 대한 설명이 전시되어 있었다. 하지만 사진이나 글씨보다 이목을 끄는 것은 역시 창문 너머 풍경이었다. 바로 앞에 펼쳐진 차갑고도 매혹적인 아테르제 정경 너머로 멀리 빙하를 녹여 흘려보내는 알프스 자락이 눈에 들어왔다.

그 정경을 감상하고 있으려니 갑자기 벽면에 설치된 스피커로 교향곡 3번 1악장이 울려 퍼지기 시작했다. 이 오두막에서 1년 반 만에 완성한 바로 그 교향곡이다. 호른 여덟 대의 웅장한 포효가 좁은 오두막을 가득 채웠다. 이 진취적인 팡파르는 잠자던 목신 판Pan의 기상나팔 소리다. 말러는 자필 악보 중 이 부분에 "선전포고!"라고 적어 놓았다. 선전포고의 대상은 당연히 인간이다. 그런 의미에서 목신의 기상은 인간에게 그다지 이로운 상황이 아니다. 반인반수의 판은 자신의 잠을 방해하는 자들에게 반드시 보복한다고 알려져 있다. 극심한 공포를 느끼거나 공황 상태를 의미하는 단어 '패닉panic'도 바로 이 목신에게서 비롯된 것이다.

이렇게 압도적인 위압감과 공포로 자연을 묘사하는 경우는 말러 이전에는 흔하지 않았다. 친구 나탈리 바우어 레히너에게 보낸 편지에 따르면 말러는 이 1악장 표제를 처음에는 '신이 내게 말하는 것'으로 붙였다고 한다. 창문 너머 보이는 알프스산맥은 그에게 자연 그 자체로 다가왔다. 그가 느끼는 자연은 그러나 그것을 휴양과 안식의 대상으로만 삼았던 여느 귀족이나 부르주아들과 달랐다. 말러는 음악학자이자 대본 작가인 리하르트 바트카에게 이런 편지를 쓴 적이 있다.

"사람들은 자연 하면 꽃이나 작은 새, 숲 냄새 같은 것만 떠올리니 참으로 이상하죠?"

문명 세계에 사는 이들이 기껏해야 정원 수준에 머무는 인간 친화적인 자연을 떠올릴 때, 말러는 슈타인바흐에서 마냥 아름답고 아기자기하며 푸근하지만은 않은, 인간의 상상을 압도하는 자연의 권능을 경험하지 않았을까?

교향곡 3번 1악장은 생명도 영혼도 없는 신의 세계인 침묵의 무無에서 시작한다. 이윽고 팡파르가 선전포고를 끝내고 나면 한여름의 뜨거운 열기가 뿜어져 나온다. 그 뜨거운 열기 속에서 새 생명들이 발악하며 꿈틀거리다가 마침내 무로부터 탈출하는 데 성공한다. 그렇게 험한 환경을 극복하고 태어난 생명들이 차례차례 내게 말을 건다. 교향곡 3번 1악장 자필 악보에 적혀 있는 표제는 다음과 같다.

1부

서주 – 판이 잠에서 깨어나다

1악장 – 여름이 행진해 오다(바쿠스의 행렬)*

2부

2악장 – 목장의 꽃들이 내게 말하는 것

3악장 – 숲속의 동물이 내게 말하는 것

4악장 – 인간이 내게 말하는 것

5악장 – 천사가 내게 말하는 것

6악장 – 사랑이 내게 말하는 것

　말을 걸어오는 상대는 나름 순서가 있다. 무에서 생명이 탄생한 뒤 식물(꽃), 동물, 인간, 천사로 점차 고차원적 존재들이 등장하며 곡의 말미에 인류의 가장 형이상학적인 감정인 '사랑'에 방점을 찍는다.

　진화적 내러티브는 악기에도 고스란히 반영되어 있다. 원초적인 타악기와 금관악기가 장악하는 첫 악장 여름의 행진이 끝나고 꽃과 동물의 이야기가 2악장에서 시작되면 목관악기가 두각을 나타낸다. 고대 그리스 시대로 거슬러 올라가면 목관악기는 메두사가 목이 잘릴 때 그 자매들의 통곡 소리를 본떠 만든, 감정을 분출하는 디오니소스의 악기다. 반면 리라부터 시작된 현악기는 우주

* 본래 '산이 내게 말하는 것'에서 변경되었다.

의 조화와 질서를 상징하는 아폴론의 악기로 자리매김했다. 말러의 교향곡 3번 에서도 문명과 관련된 인간, 천사, 그리고 신의 사랑을 말하는 악장에서는 현악기가 주도한다. 이렇듯 말러의 음악은 선율과 화성을 넘어 악기 편성에서조차 치밀하게 설계한 철학이 돋보인다.

오두막 창문 너머로 다시 호수 풍경을 바라보았다. 이런 장엄한 영감을 선사한 바로 그 날것 그대로의 자연이다. 말러의 제자이자 음악적 동료요 친구였던 지휘자 브루노 발터는 1896년 스무 살 여름에 이 오두막을 방문했을 때의 감흥을 잊지 못했다. 그 또한 창문 너머 경치에 넋을 놓았다. 창문 너머를 한참 동안 응시하고 있는 그에게 말러는 이렇게 말했다.

"그렇게 자세히 볼 필요 없네. 내가 몽땅 남김없이 여기(교향곡 3번)에 작곡해 버렸으니까."

안타깝게도 그 여름은 말러가 슈타인바흐에 머무는 마지막 계절이 되었다. 새로 바뀐 여관 주인은 말러 일행의 장기 투숙을 반가워하지 않았다. 휴양지로서의 명성이 그곳까지 스며들면서 점차 찾아오는 관광객들이 눈에 띄게 늘었고, 아마도 전 주인보다 더 비싼 숙박료를 요구했을 것이다. 말러는 이곳에 머물 때마다 자주 찾았던 비젠베르크산을 마지막으로 올라가 자신의 오두막을 내려다보았다. 이때 작곡가의 눈에는 눈물이 그렁그렁 고였다고 한다.

08

두 번째
오두막

오스트리아의 목욕탕

오스트리아 남부 클라겐푸르트Klagenfurt라는 아기자기한 도시에 도착한 것은 늦가을 이른 오후였다. 오스트리아를 넘어 유럽의 대표적 휴양 도시로 명성이 자자하지만 휴가철이 지나서인지 이 도시 또한 꽤나 한적했다. 동양인의 존재는 더더군다나 드물어서 거리를 걸을 때마다 은근히 주목받는 느낌이 들 정도였다. 시청 앞에는 16세기에 돌로 만든 드래건 분수가 있는데, 도시 민담에 나오는 용을 형상화한 것이다. 전설에 따르면 이곳에는 홍수를 일으키는 용이 살았다고 한다. 용감한 사내들이 사투를 벌여 용을 물리쳤고, 용을 무찌른 바로 그 장소에 주춧돌을 얹은 도시가 바로 클라겐푸르트다.

이 석상과 멀지 않은 곳에는 그보다 작은 조각상이 하나 더 있다. 어린아이 키만 한 귀여운 난쟁이 석상인데, 허리춤에 안고 있는 작은 물통에서 물이 졸졸 흘러내리고 있다. 이 난쟁이 또한 용처럼 먼 옛날부터 이 지역에 살고 있던 터줏대감이었다고 한다. 그는 조용한 것을 좋아하는 점잖은 난쟁이였지만, 이곳에 모여든 사람들이 매일같이 시끄러운 잔치를 벌이자 화가 나서 마법의 물통으로 마을 전체가 다 잠길 때까지 물을 들이부었다. 그렇게 생긴 호수가 바로 클라겐푸르트를 끼고 있는 뵈르테제Wörthersee다.

한 방송사의 〈비정상회담〉이라는 프로그램에서 '오스트리아의 목욕탕'이라 소개한 이 호수는 물이 맑고 따뜻해서 여름에는 수영과 레저를 즐기러, 겨울에는 스케이트를 타러 찾아오는 관광객들로 사시사철 붐빈다. 사람들을 쫓아내려 쏟아낸 물로 인해 오히려 인파가 더욱 북적거리게 되다니, 난쟁이로서는 참으로 약이 오를 일이다.

뵈르테제는 아테르제에 이어 말러가 작곡을 위해 찾은 두 번째 양수다. 1897년, 슈타인바흐에서 머물던 여관과 숙박비 협상이 결렬되면서 말러 일행은 그곳으로 두 번 다시 돌아가지 못했다. 그 후 말러의 작업 능률은 적어도 작곡에 한해서만큼은 현저히 떨어졌다. 같은 해 궁정오페라극장 음악감독으로 임명되고 거의 동시에 필하모닉오케스트라 지휘까지 맡으면서 리허설과 공연을 소화하는 것만으로도 숨이 가빴다. 당연히 책상에 차분하게 들러붙어 작곡을 할 수 있는 시간은 거의 없었다. 세상과 격리되어 창작의 세계에 매몰될 수 있었던 슈타인바흐가 그로서는 절실하게 그리울 수밖에 없었다.

이번에도 말러의 구원자로 발 벗고 나선 이는 유스티네였다. 1899년, 빈에 꼼짝없이 묶여 있는 말러를 대신해 그녀는 제2의 슈

클라겐푸르트 중앙 광장과 드래건 분수

오스트리아 남부의 휴양 도시로 유명한 클라겐푸르트에는 홍수를 일으키는 용을 물리치고
도시를 세웠다는 전설이 전해진다. 시내에는 이곳에 사람들이 모여들면서 시끄러워지자 화
가 나서 마을 전체가 물에 잠길 때까지 물을 들이부었다는 전설 속 난쟁이의 석상이 있다.

타인바흐를 찾기 위해 휴양지를 물색했다. 마침 상류층 사이에서 입소문이 퍼지던 뵈르테제호를 답사하던 중 유스티네는 우연히 말러의 옛 연인인 소프라노 안나 폰 밀덴부르크를 만났다. 밀덴부르크는 말러가 함부르크극장 음악감독 재임 시절에 뜨거운 사랑을 나눈 이였다. 어디까지 믿어야 할지 알 수 없는 알마의 비망록에 따르면 말러는 밀덴부르크의 이기적인 행동과 과도한 집착에 질려 함부르크를 떠나면서 그녀와의 관계도 정리했다고 한다.

어쨌거나 밀덴부르크와 뵈르테제에서 우연히 마주쳤을 때 유스티네는 말러를 짝사랑하던 나탈리와 동행 중이었다. 불편하고 어색하기 짝이 없는 만남이었을 텐데도 밀덴부르크는 유스티네 일행에게 꽤나 구체적이고 유용한 제안을 했다. 여관에 장기 투숙을 하는 것보다는 별장을 가지고 있는 것이 장기적으로는 더 경제적이라는 실리적인 충고와 함께, 자신의 별장이 있는 마이에르니히Maiernigg를 추천하면서 택지와 건축가까지 소개해 준 것이다. 유스티네의 전언을 듣고 직접 마이에르니히로 답사 온 말러는 매우 흡족해했다. 철도가 개통하여 북적거리는 호수 북쪽이 아니라 아직 인적이 드문 남쪽 호반인 것도 마음에 들었다.

말러는 밀덴부르크가 추천한 부지는 물론 뒤쪽 울창한 숲으로 뒤덮인 언덕까지 추가로 매입했다. 호수 근처에서는 말러의 여름 별장 공사가, 숲속 언덕에서는 자그마한 오두막 공사가 동시에 시작되었다. 당연한 훨씬 규모가 작은 오두막이 1900년에 먼저 완성되었다. 아직 본채 별장 공사가 끝나지 않았음에도 불구하고 말러는 마이에르니히로 직행했다. 여관에 여장을 풀자마자 그는 바로 숲속 작곡 오두막에 처박혀 작곡을 시작했다. 슈타인바흐를 떠난 이래 처음으로 누구의 방해도 없이 자신만의 창작 세계에 빠져들 수 있었다. 그리고 그 성과는 생각보다도 빨리 찾아왔다. 오두막을 다 지은 그해 여름, 지지부진하던 교향곡 4번을 깔끔하게 완성한 것이다.

세상은 나를 잊었네

클라겐푸르트와 마이에르니히를 잇는 교통편은 다양하다. 깔끔하게 잘 닦여 있는 도로를 자동차를 타고 가면 15분, 버스로도 30분, 자전거로는 40여 분이면 주파할 수 있다. 이번에도 나는 자전거를 택했다. 오스트리아 휴양지를 가득 채운 알프스의 신선한 공기와 건강한 햇살을 자동차 안에서 낭비하는 것은 그리 좋은 선택이 아니니까. 클라겐푸르트를 주름잡던 드래건 동상 아래에서 마침 공용 자전거를 발견했다.

뵈르테제의 풍광은 아테르제와 사뭇 달랐다. 아테르제가 남북으로 길쭉하고 면적이 작은 반면, 그보다 남쪽에 위치한 뵈르테제는 동서로 뻗어 있다. 끼고 있는 도시와 마을도, 인구도 압도적으로 더 많다. 아테르제가 인적 드문 시골에서 볼 수 있는 소박한 호수라면 뵈르테제는 도시화가 상당히 진행된 대형 리조트에 가깝다. 케르텐주의 주도인 클라겐푸르트를 품고 있어서일 것이다.

무엇보다 피부에 와닿는 차이는 물리적 체감 온도였다. 아테르

뵈르테제 호수 전경
아테르제보다 남쪽에 위치한 뵈르테제는 훨씬 크기가 큰 호수로 주변에 클라겐푸르트를

비롯한 여러 중소 도시와 마을을 끼고 있다. 날씨가 온화해서 '오스트리아의 목욕탕'이라는 별명으로 불린다.

제에서는 뙤약볕 아래서조차 서늘함이 느껴졌지만 뵈르테제의 공기는 포근하고 온화했다. 해가 중천에 이르자 포근함은 약간의 인내를 요구하는 후덥지근한 더위로 바뀌었다. 오스트리아의 목욕탕이라는 별명은 과연 빈말이 아니었다. 헐벗은 몸으로 호수에 뛰어드는 유럽 휴양객들의 다이빙 소리가 자전거 페달 소리 사이로 경쾌하게 끼어들었다.

어느덧 마이에르니히에 도착했다. 구글 지도상으로는 말러가 여름을 보낸 별장 본채 근처인데, 시야에는 들어오지 않았다. 호수 가까이 지은 말러의 별장과 주변 터는 지금은 타인의 사유지라 일반인이 들어갈 수 없다. 다만 호수에서 보트를 타면 별장 근처까지 접근할 수 있다. 실제로 말러가 머물던 당시 그의 별장은 휴양객들의 명소로 소문이 자자했다. 보트를 타고 지나가다 야외 발코니에 앉아 있는 말러가 보이면 그의 이름을 외치며 만세를 부르는 관광객도 있었다. 그럴 때마다 말러는 겸연쩍어하며 도망치다시피 안으로 몸을 숨겼는데, 싫지만은 않았던 듯 입가에 엷은 미소가 묻어 있었다고 한다.

별장은 방문할 수 없지만 작곡 오두막은 다행히도 대중에게 개방되어 있다. 근처 리조트 주차장에 자전거를 세우고 말러 오두막으로 안내하는 표지판을 따라 숲속으로 걸어 들어갔다. 지금까지 자전거로 달려온 도로와 달리 오두막으로 난 숲속 오솔길은 야생 그 자체였다. 멀리 리조트에서 관광객들이 떠드는 소리도 울창한 나무에 가로막혀 들리지 않았다. 손과 발목이 자갈길 위로 삐죽 튀어나온 나뭇잎과 풀잎에 스쳐 빨갛게 부어오르더니 따끔거리기 시작했다. 누가 보아도 문명과 거리가 먼 이 공간에 유일하게 존재하는 사람의 손길은 말러 오두막 안내 표지판이었다. 이 이정표는 잊을 만하면 불쑥 튀어나와 내가 길을 잃은 것이 아니라고 격려해 주었다. 그것마저 없었다면 대체 이런 곳에 집이 있다고 상상이나 할 수 있을까 싶을 정도로 숲은 깊고 적막하다 못해 으스스하기까지 했다.

말러는 매일 새벽 이 숲길을 가로질러 다녔다고 한다. 슈타인바흐에서 지낼 때와 마찬가지로 그의 하루는 매우 이른 시간에 시작되었다. 새벽 5시 반경에 일어나면 아직 태양에 달구어지지 않은 차가운 뵈르테제호에 뛰어들었다. 그가 호수 건너편까지 헤엄쳤다가 돌아오는 동안 가정부는 소박한 아침 식사를 지어서 오두막에 가져다 놓았다. 그녀가 별장으로 돌아올 때는 다른 길로 빙 둘러 와야 했는데, 이는 고용주의 요구였다. 말러는 오두막으로 걸어 올라가는 길에 그녀와 아침 인사를 나누다가 기껏 떠오른 악상을 방해받고 싶지 않았던 것이다.

마침내 나무들 사이로 흰색 오두막이 모습을 드러냈다. 슈타인바흐 오두막보다 조금 작았지만 삼면에 창이 하나씩 나 있는 외형은 거의 똑같았다. 내부 또한 중앙에 피아노만 없을 뿐 말러와 관련한 흑백 사진과 악보 복사본이 벽면 가득히 붙어 있는 것도 대동소이했다. 결정적으로 다른 점은 창문 밖 풍경이었다. 따사로운 햇살과 그에 반사되어 반짝이는 호수, 저 멀리 웅장한 알프스산맥이 펼쳐지던 슈타인바흐의 창밖 풍경과 달리 마이에르니히 오두막 창문은 삼면 모두 온통 나무 몸통과 빽빽한 잎들로 가로막혀

마이에르니히에 있는 말러의 별장

호수 근처에 지은 말러의 별장(오른쪽의 빨간 지붕)은 지금은 개인 소유라 일반인이 접근할 수 없다. 말러가 살던 시절 그의 별장은 휴양객들의 명소로 소문이 자자했다. 보트를 타고 이 별장을 지나던 사람들은 말러를 발견하면 이름을 외치면서 만세를 부르고는 했다.

있었다. 언뜻 보면 창살 감옥처럼 보이는 이 나무들은 너무 울창한 나머지 햇살마저 가로막아 오두막 안은 낮에도 조명이 필요할 정도였다. 그런 창밖을 내다보고 있자니 말러가 이곳에서 작곡한, 프리드리히 뤼케르트의 시에 붙인 가곡 하나가 절로 머릿속에 떠올랐다.

세상은 나를 잊었네

내가 그토록 많은 시간을 허비한 세상이지만
나에 대해 아는 것이 아무것도 없는 세상이기에
이제 내가 죽은 것으로 믿고 있다 해도 이상할 것 없네.
그렇다 해도 상관없네.
나를 죽었다 알고 있다 한들
반박할 수 있는 것도 아니라네.
정녕코 나는 이 세상에게 죽은 자와 다름없으니.
세상의 시끌법적한 소동도 나와는 상관없다네.
평온한 나라에서 평화를 누리네.
나는 나만의 천국에서 혼자 살고 있네.
나만의 사랑, 나만의 노래 속에서.

말러는 이 오두막에서 일곱 번의 여름을 보냈다. 인생 최고의 전성기라 할 수 있는 궁정오페라극장 음악감독으로 일할 때 찾아왔다가 첫째 딸 마리아가 사망하는 최악의 비극을 경험한 뒤 이곳을 정리했다. 그 사이 그는 알마를 만났고, 결혼해서 두 딸을 낳으며 가정을 꾸리는 행복을 맛보았다. 대중과 티격태격하는 와중에도 어쨌거나 빈 최고의 오페라 지휘자로 인정받으며 황금기를 누렸다. 동시에 작곡가로서는 모욕스러울 만큼 평가절하를 당하기도 했다.

이 모든 희로애락을 겪는 동안 말러는 아무리 바빠도 여름에는 이곳 마이에르니히로 돌아왔다. 호숫가 외진 별장에 일단 발을 디디고 나면 불가피한 일이 아니고서는 시내 외출조차 하지 않았다. 꼭 필요한 가구만 갖추어 놓은 이 소박한 오두막 안에 은둔하며 그는 철저하게 자신을 고립시켰다. 〈세상은 나를 잊었네〉는 이런 자신의 자발적인 고립의 이유를 노래한 가곡이다. 황제보다도 더 큰 유명세를 누리고 있던 합스부르크 제국 최고 음악가의 입에서 "세상은 나를 잊었네"라는 말이 튀어나오다니. 당시 말러의 입지를 생각하면 실로 모순적이다. 자신의 창조물을 알아주지 않는 동시대 세상으로부터 문을 걸어 잠근 이 오두막은 아직 태어나지 않은 시간, 그의 음악을 인정해 주는 미래를 향해서 열려 있었다.

최대한 천박하게 연주하라

마이에르니히에서 작곡한 4~8번 교향곡은 당시 인간 말러가 경험한 인생에 대한 충실한 음악적 기록이다. 그 가운데는 언뜻언뜻 행복한 순간도 엿보인다. 가령 교향곡 5번 4악장 아다지에토는 말러가 연애 시절 알마에게 보낸 러브 레터다. 동시대 지휘자 빌럼 멩엘베르흐의 증언에 따르면 말러로부터 이 악장의 자필 악보를 받아 든 알마는 음표에 담긴 사랑 고백을 알아차리고 즉각 응답했다. 말러의 작품 가운데 가장 대중적으로 알려진 이 아다지에토는 교향곡 5번 중 가장 짧지만 동시에 가장 강렬한 악장이라 사실 이 음악에 매료되어 말러에 입문한 애호가들도 적지 않다.

교향곡 5번 3악장 스케르초도 생명의 에너지로 가득하기는 매한가지다. 낙천적인 호른의 팡파르가 개시를 알리고 나면 농부의 춤 랜틀러와 귀족의 춤 왈츠가 각자의 리듬 세포를 가지고 3박자로 박동하며 전진한다. 말러 자신의 말마따나 "모든 음표가 삶의 충만함을 상징하고 모든 것이 춤으로 녹아들어 소용돌이친다."

진취적인 교향곡 7번 5악장도 빼놓을 수 없다. 서두에 앞세운 우렁찬 팀파니 독주가 음습한 어둠을 일거에 몰아내고 나면 찬란한 태양이 떠오르고 그 햇살을 마주하며 새로운 세계로 활기차게 출발하는 기분이 든다. 쾌활함에 들뜨다 못해 정신이 사나워지는 이 악장에서만큼은 적어도 슬픔이 끼어들 여지가 없어 보인다.

하지만 말러는 가장 행복한 순간에조차 늘 도사리고 있는 주변의 불행 또한 직시했다. 교향곡 5번 서두를 여는 1악장 장송 행진곡은 물론이거니와, 두 딸의 출생으로 인생의 가장 기쁜 순간에 작곡한 교향곡 6번 〈비극적〉은 니체의 『비극의 탄생』으로부터 영감을 받아 아예 대놓고 '비극적'이라는 타이틀을 달고 있다. 가장 낙천적인 교향곡 7번과 가장 '비극적'인 교향곡 6번 〈비극적〉은 거의 동시에 작곡한 이란성 쌍둥이로, 작곡가의 모순된 양면성을

말러의 마이에르니히 오두막으로 가는 오솔길

리조트 주차장에서 시작되는 이 오솔길은 사람의 손길이 닿지 않은 듯 숲으로 우거져 있다.
말러 또한 매일 새벽 이 숲길을 가로질러 다녔다.

드러낸다.

마이에르니히에서 만든 교향곡은 똑같은 뵈르테제를 양수 삼아 탄생한 브람스의 교향곡 2번과 사뭇 결이 다르다. 뵈르테제 휴양지의 온화한 정기를 가득 담은 브람스의 교향곡은 자연의 밝고 아름다운 면을 부드럽게 다스린다. 인생에서 벌어지는 모든 사건을 자연의 순리라 받아들이고 흘려보내려는 달관의 마음을 이 음악에서 실감할 수 있다.

반면 말러의 교향곡은 순종을 거부한다. 팡파르나 팀파니를 앞세우는 출발부터 그리 고분고분하게 끌려가지 않을 것이라는 경고처럼 들린다. 군대 행진, 집시 댄스, 궁정 왈츠, 농부들의 투박한 춤곡이 개연성 없이 나열되거나 겹치는 본론은 다음 스텝을 예측하기 어렵다. 이런 교향곡을 듣고 나면 처음부터 끝까지 아름다운 선율로 일관된 교향곡 5번 4악장 아다지에토가 지극히 예외적인 작품이라는 것을 알게 된다(바로 그 예외적인 작품에 매료되어 말러에 빠져드는 것 또한 아이러니다). 잘 달래서 유려하게 잘 흘러가는 듯싶다가도 멈칫거리다 역류하고, 짜증을 내다가, 날카로운 불협화음을 발산하며, 세상을 갈기갈기 찢을 것처럼 폭발하고, 처량하게 잦아들었다가, 전열을 가다듬고 다시 비장하게 흘러간다.

이렇듯 조울증에 걸린 양 부자연스러운 악상은 마치 현실 세계에 순응하지 못하는 말러의 몸부림 같다. 마이에르니히 오두막만 벗어나면 불행은 도처에서 말러를 엄습했다. 단원들과의 불화, 나태한 분위기의 오페라 문화, 유대인에 대한 멸시, 자신의 작품에 대한 비난, 작곡가로서 인정받지 못하는 자괴감에 그는 고통을 겪었다. 이 교향곡들은 말러가 겪은 상처의 기록이다. 하지만 그 상처를 말러는 패배자처럼 수동적으로 받아들이지 않았다. 왜 내가 불행해야 하지? 왜 나한테 이런 일이 생겼지? 어떻게 하면 벗어날 수 있지? 끊임없이 반문하다가 하소연하고, 큰소리로 항의하고, 그럼에도 변하지 않는 세상을 빈정거리고 냉소를 던진다. 그리고 똑같은 불행에 처한 이들을 선동한다. 이 상황은 무언가 잘못되었다고. 우리가 겪고 있는 고통은 부당하다고.

말러의 음악에 매료될 수밖에 없는 이유는 바로 이런 보이지 않는 저항 정신 때문이다. 그는 고상함의 최고봉을 달리는 오케스트라 무대 위에 감히 길거리 집시들이나 쓰는 깽깽이 피들fiddle을 초대한다. 평민의 선술집에서나 들을 수 있는 저속한 선율을 노래하고, 심지어 악보에 "최대한 천박하게 연주하라"라고 지시한다. 자신이 선택하지 않은 인종과 종교를 타고난 죄로 태어날 때부터 당연하게 차별받아 온 말러는 자신을 부당하게 대하는 기득권 문화의 중심부에 순전히 혼자만의 힘으로 당당히 입성했지만 그들에게 동화되지는 않았다. 그러기는커녕 음악이라는 추상적 언어로 그들의 문화를 조롱하고 비판을 일삼았다.

그렇다고 그가 체제의 전복을 꿈꾸거나 승리를 예견한 것도 아니다. 어차피 이길 수 없는 게임인 것을 알면서도 그는 저항을 포기하지 않았다. 그 불편한 울림이 어디서 비롯된 것인지 알고 나면 우리는 말러의 음악을 외면할 수 없다. 베토벤의 교향곡과 마찬가지로 그 음악은 인간, 즉 나와 당신이 태어난 이상 감당하고 살아야 하는 도전과 싸움에 대한 이야기이기 때문이다.

말러의 두 번째 작곡 오두막

슈타인바흐에 있는 첫 번째 오두막과 같이 소박하게 지었다. 다만 웅장한 알프스의 대자연이 보이던 슈타인바흐의 창문과 달리 마이에르니히 오두막은 창밖이 울창한 숲으로 가려져 있다. 창밖에 보이는 숲과 나무들은 마치 세상으로부터 오두막을 차단하는 창살을 상징하는 듯 보였다.

두 번째 오두막

말러 교향곡 6번 〈비극적〉 자필 악보

마이에르니히 오두막에서 작곡한 교향곡으로 제목과 달리 말러의 인생에서 가장 행복한 순간, 즉 장녀 마리아 안나가 태어나고 둘째 안나 유스티네의 출산 직전에 탄생한 것이다. 〈비극적〉이라는 제목은 작곡에 영향을 미친 니체의 『비극의 탄생』을 염두에 두고 붙인 것으로 알려졌다.

죽음에 부치는 음악

죽음은 어린 시절부터 말러에게 익숙한 경험이었다. 한 방을 쓰던 동생들이 관에 실려 나가는 모습을 여러 차례 목격했던 말러가 죽음을 창작의 소재로 사용한 것은 지극히 자연스러운 시도였다. 친구 나탈리는 말러가 여섯 살 때 이미 〈장송 행진곡을 서주로 붙인 폴카〉를 작곡했다고 증언했다. 교향곡 1번 〈거인〉의 3악장을 비롯해 교향곡 5번과 교향곡 6번 〈비극적〉은 모두 장송 행진곡으로 시작한다. '죽음의 무도'는 장송 교향곡보다도 더 자주 사용했다. 교향곡 2번 3악장, 교향곡 4번 2악장, 교향곡 6번 〈비극적〉 2악장, 교향곡 7번 3악장, 교향곡 9번 2악장 등 그야말로 도처에 존재해서 말러를 듣기로 결심한 이상 죽음의 속삭임을 피해 갈 방도는 없다.

말러가 장송 행진곡과 죽음의 무도를 통해 바라본 죽음은 한 개인의 물리적 죽음이라기보다는 정신적 또는 사회적 죽음을 암시한다. 전쟁, 인종차별, 문화적 소외로 무의미해진 인간들에게 현실은 파편화되고 미래는 존재하지 않는다. 그런 불우한 존재들의 사회적 죽음을 암시하는 말러의 장송 행진곡에서는 그러나 애도의 분위기를 전혀 느낄 수 없다. 대신 그들의 부당한 죽음에 시위하듯 저벅저벅 행진해 온다.

죽음의 무도는 장송 행진곡보다도 더 과격하다. 회오리바람처럼 휘몰아치는 그 기괴한 음악을 듣노라면 마법에 걸려 탈진해 나가 고꾸라질 때까지 미친 듯이 춤을 추어야만 할 것 같다. 그렇게 남은 생명을 모조리 끌어모아 춤에 가져다 바치기라도 한 것처럼 말러의 죽음의 무도는 마지막에는 화려한 클라이맥스 없이 허무하게 사그라진다. 간신히 모은 마지막 숨결로 훅 불어 꺼 버리는 촛불마냥.

말러가 죽음을 늘 이렇듯 역동적인 운명으로만, 저항의 대상으로만 받아들인 것은 아니다. 그는 마이에르니히에서 새로운 죽음의 상을 발견했다. 그 계기는 뤼케르트의 시를 통해서였다. 뤼케르트는 말러보다 한 세대 앞선 시인으로, "나는 시를 쓰지 않고서는 생각이라는 것을 할 수가 없다"라고 말할 정도로 자신의 일거수일투족을 시로 옮겨 적었다. 가족, 아내, 친구와 함께하는 일상을 소재로 삼은 그의 시들은 대중으로부터 많은 사랑을 받았으며, 그중에서도 특히 사랑을 노래한 시는 낭만주의 음악가들에게 영감을 불어넣었다. 슈만, 슈베르트, 브람스, 후고 볼프, 리하르트 슈트라우스 같은 작곡가들이 뤼케르트의 시로 작곡한 가곡은 한결같이 온화하고 낙천적인 원작의 시풍을 그대로 담고 있다.

반면 말러는 뤼케르트의 어두운 이면에 주목했다. 그중에서도 그에게 지대한 영향을 끼친 시집은 『죽은 아이를 그리는 노래』다. 뤼케르트는 모두 열 명의 자녀를 낳았지만 그 시대 부모들이 그러하듯 그중 세 명을 어린 시절에 잃었다. 특히 1833년 마지막 날 막내딸 루이제가 성홍열에 걸려 닷새 만에 사망했고, 그로부터 보름 뒤 다섯 살이던 아들 에른스트 역시 같은 병으로 죽었다. 어린 남매를 연달아 잃은 슬픔에서 쉽게 헤어나지 못한 뤼케르트는 매일 서너 편의 시를 쓰며 자신만의 방식으로 아이들을 추모했다. 그렇

프리드리히 뤼케르트

1788~1866. 독일의 시인으로 프라이문트 라이마르라는 필명으로 활동했다. 특히 그가 필명
으로 발표한 〈동방의 장미〉는 괴테의 절찬을 받았다. 페르시아어, 아라비아어, 인도어, 중국
어 등을 독학해서 이 지역의 문학을 독일어로 번역해 소개하는 데 남다른 공을 들였다. 슈
베르트, 슈만, 브람스, 볼프, 리하르트 슈트라우스 등 수많은 낭만주의 작곡가들이 그의 시
를 가사로 한 성악곡들을 작곡했다. 말러 또한 뤼케르트의『죽은 아이를 그리는 노래』의 시
들을 발췌해 연가곡집을 작곡했으며, 이 가곡의 테마는 중기 교향곡(5~7번)의 모티브가 되
었다.

게 완성한 시들은 무려 423편으로, 다른 미발표 시와 함께 1866년 뤼케르트가 사망하고 나서야 그의 서랍에서 발견되었다. 이 작품은 사후 출판된 열두 권의 전집 중 『프리드리히 뤼케르트의 죽은 아이를 그리는 노래』라는 제목으로 세상에 공개되었다.

말러가 이 시집을 접한 것은 지휘자로 막 데뷔하던 시절이었다. 빈음악원 재학 시절 장 파울과 니체, 쇼펜하우어에 심취해 있던 말러는 어릴 적부터 문학에 조예가 깊었다. 알마는 자신의 남편이 시각예술보다 텍스트에 더 민감한 감수성을 가지고 있다고 증언한 바 있다. 말러가 이 시집에 공감한 이유는 자신 또한 가족의 죽음을 경험했기 때문일 것이다. 뤼케르트가 잃은 아들 에른스트는 말러가 가장 사랑한 죽은 동생의 이름이기도 했다. 뤼케르트가 아무에게도 털어놓지 못하고 죽을 때까지 서랍 속에 감추어 둔 상실감을 1인칭 시점으로 담담하게 풀어놓은 시를 말러는 마치 자신이 직접 쓴 내적 고백처럼 읽어 내려갔을 것이다.

마이에르니히에 안착할 즈음 말러는 뤼케르트의 시집을 다시 펼쳤다. 『죽은 아이를 그리는 노래』에 실린 423편의 시 가운데 다섯 편의 시를 골라 1901년 열흘 만에 세 곡을 작곡하고, 1904년 추가로 두 곡을 작곡해 시집과 동명의 연가곡집을 완성했다. 이후 작곡한 교향곡 5~7번은 이 〈죽은 아이를 그리는 노래〉의 모티브를 인용하거나 음악적 어법을 공유한다.

『어린이의 이상한 뿔피리』 민담으로부터 영감을 받아 작곡한 교향곡 1번 〈거인〉부터 교향곡 4번까지의 교향곡이 '뿔피리' 교향곡이라 불리듯, 마이에르니히 시절에 만든 교향곡은 이른바 '뤼케르' 교향곡이라 불린다. 투박하리만큼 진취적인 풍자와 해학이 돋보이던 뿔피리 교향곡에 비해 뤼케르트 교향곡들은 내향적이고, 섬세하며, 인간 내면의 고독 속으로 침잠한다. 부당한 죽음에 항의하는 장송 행진곡과, 삶의 마지막 불꽃을 격렬하게 산화하는 죽음의 무도 사이에서 〈죽은 아이를 그리는 노래〉의 모티브는 죽음이 끝이 아니라고 잔잔하게 읊조린다. 오히려 그토록 몸부림치며 거부하던 죽음의 본질은 인생의 결실이라고, 영원한 빛의 왕국으로 이어지는 다리라고 속삭인다.

자식의 죽음을 슬퍼하는 노래를 작곡하는 동안, 아이러니하게도 말러는 두 딸의 아버지가 되는 기쁨을 맛보았다. 〈죽은 아이를 그리는 노래〉는 말러가 알마와 결혼해서 첫째 딸 마리아와 둘째 딸 안나를 낳던 시기에 작곡한 것이다. 사실 마이에르니히 시대는 말러 인생에서 최고로 생명력이 충만한 때이지 죽음을 논할 시기는 아니었다. 오히려 이 시절 말러는 처음으로 행복한 가정을 누렸다. 적어도 가정에서만큼은 그 어떤 것에도 방해받지 않고 두 딸과 함께 "그 어떤 갈등도 없이 기쁘고 행복했다"라고, 심지어 남편이 회춘하고 있었다고 알마는 회고록에 적었다. 몸이 건강한 만큼 인품 또한 관대하고 느긋해졌는지 말러는 빈에 있을 때와 달리 마이에르니히에서는 아내에게 더 헌신적인 남편이 되었다. 알마에게 책을 읽어 주고, 때로는 미완성곡을 피아노로 들려주었다. 빈에서라면 평소에 절대로 볼 수 없는 풍경이었다.

말러와 함께 바그너 음악극을 제작한 무대 디자이너 롤러의 증언도 이와 크게 다르지 않다. 롤러에 따르면 이 시절 말러는 극도

로 건강했다. 수영을 할 때면 바다표범 같았고, 하이킹을 갈 때면
'함께 산책한다'는 표현이 무의미할 만큼 혼자 저만치 앞서갔다.
오르막길이 나타나면 다리에 전동기라도 달린 양 걸음이 더 빨라
져 아무도 쫓아갈 수 없었다. 노 젓는 팔뚝도, 자전거 페달을 밟는
종아리도 모두 힘찼다.

끝장났어!

마이에르니히에서 누린 평화는 7년 만에 종지부를 찍었다. 그
보다 1년 전, 오페라 지휘자로서의 명성이 정점을 찍은 1906년부
터 말러의 내리막길은 이미 암시되고 있었다. 아니 자초했다고 보
는 게 더 맞겠다. 그는 자신의 교향곡을 예전보다 더 부지런히 연
주하고 다니기 시작했다. 3월에 네덜란드에서 교향곡 5번을 초연
했고, 10월에는 브레슬라우에서 교향곡 3번을, 11월에는 뮌헨과
브륀에서 교향곡 6번 〈비극적〉과 교향곡 1번 〈거인〉을, 12월에는
그라츠에서 교향곡 3번을 연주했다. 빈을 제외한 다른 유럽 도시
에서는 말러의 교향곡에 비교적 우호적인 태도를 보여 주었기 때
문에 그는 자신의 교향곡을 연주할 수 있다면 무리를 해서라도 찾
아갔다. 여행은 늘 철도를 이용했으며, 잠자는 시간마저 절약하기
위해 야간 기차를 타고는 했다. 이런 세월이 이어지다 보니 말러는
유럽의 열차 시간표를 달달 외우는 경지에 이르렀다. 그만큼 잦은
장거리 여행으로 인한 피로가 소리 없이 누적될 수밖에 없었다.

말러의 잦은 외유를 잠자코 지켜보던 궁정오페라극장 관리는 마침내 연말에 그의 근태에 대해 진지한 경고를 내렸다. 음악감독으로서 극장을 너무 자주 비우는 문제를 지적당하자 말러는 자신의 해외 활동이 궁정오페라극장의 명성에 도움이 될 것이라고 응수했다.

이듬해 1907년 1월 4일, 말러는 자신에게 악감정을 가지고 있던 필하모닉오케스트라 대신 빈콘체르트페라인오케스트라를 데리고 자신의 교향곡 6번 〈비극적〉을 빈에서 연주했다. 반응은 처참했다. 교향곡이라는 꼬리표가 달린 '비극적' 소음이 새해 벽두부터 울려 퍼지자 청중은 경악했다. 빈 언론은 말러가 온갖 시끄러운 소음으로 자신의 빈약한 창의성을 숨기려고 든다며 악평을 쏟아냈다.

빈에 입성할 때부터 반유대주의에 시달려 온 말러는 극장 바깥에서 벌어지는 깡패 같은 언론의 공격에 개의치 않고 새해에도 해외 원정을 멈추지 않았다. 하지만 음악감독의 부재중에 빈의 언론은 마치 약속이나 한 듯 말러의 사임을 본격적으로 거론하기 시작했다. 드디어 꼬투리를 잡은 듯이 보수 언론은 토끼몰이를 하듯 말러의 일거수일투족을 문제 삼으며 그를 궁지에 몰았다.

말러의 교향곡은 평론가들의 난도질에 희생당했고, 그가 지휘하는 오페라도 사정이 크게 다르지 않았다. 신문은 말러의 가수 채용 방식을 문제 삼으며 행정가로서 실격이라 비난했고, 말러가 빈에 없을 때는 근무 태만이라 집중포화를 퍼부었다. 여기에는 "우리가 다른 데서 연주하려고 휴가를 신청하면 절대 허락하지 않으면서 정작 본인은 허구한 날 휴가를 내고 객원 지휘를 다닌다"
라는 단원과 성악가의 불평불만이 첨부되었다. 궁정오페라극장
은 적자에 허덕이는데 말러는 '교향곡 투어'를 다니며 수입을 은
닉하고 있다는 기사도 실렸다. 말러 자신도 궁정오페라극장 측도
아무런 반응을 하지 않는 와중에 말러의 사임은 언론에 의해 기정
사실화되었다. 이에 대응하여 클림트나 후고 폰 호프만슈탈, 쇤베
르크, 프로이트 같은 빈의 문화계 거장 70명이 말러의 사임을 반
대하는 서명운동을 벌이기도 했지만 역부족이었다.

　외부의 적대 세력이 말러의 커리어를 위협하는 와중에 집안에
도 끔찍한 비극이 일어났다. 마이에르니히에 머물던 7월 12일, 첫
째 딸 마리아가 다섯 살을 못 채우고 성홍열로 세상을 떠난 것이다.
〈죽은 아이를 그리는 노래〉는 이제 환상에서 현실이 되어 버렸다.

　내 귀여운 딸아,

　네 엄마가 촛불을 들고

　문을 열고 들어올 때면

　너도 여느 때처럼 재잘대며

　같이 따라 들어올 것만 같구나.

　오 너 아버지의 분신아,

　아 너무 빨리 꺼져 버린

　기쁨의 빛아!

　　─ 〈죽은 아이를 그리는 노래〉 중 3곡 '만일 네 엄마가' 중

말러 초상화

핀란드의 국민 화가인 악셀리 갈렌칼레라가 그린 것이다. 말러와 갈렌칼렐라가 처음 만난 것
은 1904년 제체시온의 열아홉 번째 전시회를 통해서다. 이후 말러가 1907년 연주를 위해 헬
싱키를 방문했을 때 이들은 두 번째로 만났다. 이 초상화는 그때 그린 것으로, 말러는 알마
에게 이렇게 말했다. "황혼을 바라보며 우리는 용광로처럼 타오르는 장작더미 앞에 앉았소.
그는 마치 사냥감을 노리듯 나를 날카롭게 바라보더니 갑자기 이젤을 세우고 나를 그리기
시작했소. 렘브란트처럼 오로지 불꽃의 조명에만 의지하면서. 한 시간쯤 지나 내가 사람들
과 작별 인사를 나누고 있는데 그가 이젤을 가져와 그 사이에 완성한 초상화를 보여 줬다오.
훌륭한 작품이었고, 나와 아주 닮았소. 당신이 봤다면 정말 놀랐을 거요."

마리아의 죽음으로 말러의 가정은 무너졌다. 먼저 징후를 보인 것은 알마였다. 어린 딸의 장례식이 끝나고 극심한 우울증을 보이던 알마는 심장이 끔찍하게 두근거린다고 호소했다. 말러는 아내를 위해 의사를 별장으로 불렀다. 자신의 진찰을 마친 뒤 알마는 남편도 진찰해 달라고 고집했다. 딸을 잃은 지금 남편마저 문제가 생기면 어떡하냐고 히스테리를 부리는 알마를 달래기 위해 말러는 형식적으로 의사 앞에 섰다. 말러의 가슴에 청진기를 댄 의사의 반응은 예상 밖이었다. 그는 말러의 심장 소리가 예사롭지 않다며 빈으로 가서 심장 전문의를 만나 보라고 강권했다.

급하게 빈으로 달려가 만난 당시 가장 유명한 심장 전문의는 말러의 심장 판막에 문제가 있다고 진단했다. 수영과 등산, 사이클 같은 격렬한 운동에 금지령이 내려졌다. 매일같이 바다표범처럼 뵈르테제호를 헤엄치고, 알프스 산자락을 뒷동산처럼 오르내리던 말러로서는 마른 하늘의 날벼락같은 선고였다.

말러는 급격히 쇠약해졌다. 자신을 지탱해 주던 모든 것이 의미를 잃기 시작했다. 생명력 넘치는 창작의 안식처가 되어 준 마이에르니히는 첫째 딸을 상실한 죽음의 황무지로 역변했다. 완벽한 예술을 위해 고군분투하던 도시 빈 또한 득실거리는 반대파의 공격에 정나미가 떨어졌다. 언론이 음악감독 사임설을 본격적으로 떠들 무렵부터 자신에게 꾸준히 러브콜을 보내온 뉴욕으로 떠나기로 말러는 결심했다.

1907년 11월 24일 일요일, 빈에서 말러의 고별 콘서트가 개최되었다. 무지크페라인 황금홀에서 펼쳐진 이날 프로그램은 말러의 교향곡 2번 〈부활〉이었다. 객석은 말러를 사랑한 모든 친구와 추종자로 만석이었다. 이날 공연을 취재한 언론에 따르면 "청중은 공연이 끝나도 자리에서 떠나지 않았다."

그로부터 2주 뒤인 12월 9일 월요일 아침 8시 30분, 빈 서부역에는 약 200명의 말러 추종자들이 다시 집결했다. 그들끼리 말러몰래 서로 편지를 돌려 기차역에서 깜짝 환송식을 준비한 것이었다. 부지런히 기차역을 찾은 구성원의 면모는 화려하고도 다양했다. 클림트를 비롯한 빈 분리파 화가들과 무대 디자이너 롤러, 작곡가 쳄린스키, 쇤베르크, 베베른, 베르크, 말러가 기용한 궁정오페라극장 가수들과 여전히 말러를 지지하던 극소수의 필하모닉 오케스트라 단원들에 이르기까지 말러를 사랑한 빈의 모든 예술가들이 집결했다. 그들은 들고 온 꽃다발을 말러가 타고 갈 기차 바닥과 좌석에 가득 뿌렸다.

사랑하는 이들이 만들어 준 꽃길을 즈려밟고 좌석에 앉을 때까지, 알마의 증언에 따르면 말러 부부는 일말의 슬픔이나 아쉬움조차 느끼지 못했다. 그만큼 빈은 말러에게 단 1분도 머물고 싶지 않은 고통의 근원이 되어 버렸다. 말러를 태운 기차가 마침내 기적 소리를 내며 출발했다. 떠나가는 기차를 쳐다보며 클림트는 슬픔과 두려움이 가득 찬 목소리로 외쳤다.

"끝장났어Vorbei!"

세 번째
오두막

말러의 마지막 오두막을 찾아서

말러의 세 번째 오두막이 있는 토블라흐에 도착했다. 그 여정은 슈타인바흐나 마이에르니히보다 다소 복잡했다. 오스트리아 서부 인스부르크에서 출발해 이탈리아 브레네노Brennero와 메라노Merano에서 각각 한 시간 간격으로 열차를 갈아타고 가자니 창밖 풍경이 점차 생경하게 바뀌어 갔다. 유럽에서 국경을 넘을 즈음에 느껴지는, 기분 나쁘지 않은 이질감이다. 주스를 적신 리트머스가 서서히 붉은색으로 변하듯이 모르는 사이 간판의 언어가 바뀌고, 나무에 달린 열매가 바뀌고, 사람들의 옷차림이 바뀌고, 교회 지붕 모양이 바뀌어 있었다. 북쪽은 휴전선으로 막혀 있고 삼면은 바다인 우리나라에서는 절대로 볼 수 없는 풍경이다. 우리에게 국경 이동이라는 것은 비행기라는 밀폐된 공간을 거치는 순간 이동에 가깝다.

메라노에서 한국의 비둘기열차(지금은 없어진 지 오래다) 같은 간이 열차를 타고 30분쯤 달리니 도비아코Dobbiaco라는 역 간판이 보였다. 내가 내려야 할 역이다. 말러가 살던 시절에는 토블라흐Toblach라 불렸다. 그 시절에는 합스부르크 영토였으나 제1차 세계대전 이후 제국이 망하면서 이탈리아에 복속되고, 그에 따라 지명도 이탈리아어로 바뀌었다. 하지만 '도비아코'와 '토블라흐'를 함께 표기한 기차역과 마찬가지로 시내에서 흔히 볼 수 있는 이탈리아어와 독일어를 혼용한 간판은 오랜 시간 이곳에 토착화된 오스트리아 문화를 함축하고 있다. 일부 보수적인 오스트리아인들은 이 지역을 쥐트티롤Südtirol(남쪽 티롤)이라 부르며 여전히 자국의 영토로 간주하기도 한다. 하지만 그 호칭에 심기가 불편한 이탈리아인들은 이곳이 알토아디제Alto Adige(아디제강 북쪽)라고 응수한다.

기차역을 나오자마자 장작 타는 냄새가 코끝을 기분 좋게 건드렸다. 아기자기한 꽃으로 발코니를 장식한 알프스 특유의 통나무 산장과 만년설로 덮인 바위산들의 장엄한 모습은 이탈리아니 오스트리아니 국경을 구분하는 것을 무의미하게 만들었다. 그렇다. 여기는 다만 알프스일 뿐이다. 그중에서도 동쪽 끝자락에 위치한 이곳 돌로미티 지역은 '알프스의 보석'이라 불리는 곳으로, 저마다 아름다운 풍경을 머금은 광활한 산맥 한 줄기 한 줄기가 요술피리처럼 전 세계 등산객들을 유혹한다.

국적 문제만 건들지 않는다면 지역 주민들은 지적이고 합리적인 편이어서 이탈리아의 경쾌함 대신 중유럽의 차분한 분위기가 도시 전체에 깔려 있다. 관광지 특유의 거품이나 부산함도 없어서 잠깐 들르는 이방인도 안심하고 돌아다닐 수 있다. 하지만 처음부

도비아코 기차역

도비아코는 오스트리아와 맞닿아 있는 이탈리아 국경에 위치한 마을이다. 말러가 살던 시대에는 합스부르크 영토로 '토블라흐'라 불렸지만 제1차 세계대전 이후 이탈리아로 복속되었다. 기차역을 비롯해 시내 어디서나 볼 수 있는 이탈리아어와 독일어가 혼재한 간판들은 이 지역의 역사가 남긴 흔적을 보여 준다.

터 이런 분위기는 아니었던 것 같다. 토블라흐는 돌로미티로 들어가는 출입문에 해당하는 도시다. 독일 황제 프리드리히 3세가 황태자 시절 휴가를 보내면서 세간의 화제로 떠올랐지만, 철도 개통과 더불어 본격적으로 휴양객의 주목을 받기 시작했다. 1895년경이 지역을 방문한 사진가 겸 작가 테오도르 분트Theodor Wundt는 당시 토블라흐 기차역 풍경을 이렇게 남겼다.

> 한 무리의 관광객이 기차역 출구를 향해 돌진하더니 연기를 내뿜는 철마로부터 기꺼이 등을 돌리고 신선한 산 공기를 들이마셨다. 기차역 밖에는 그러나 전투 태세에 돌입한 짐꾼과 마차꾼이 떼를 지어 우리를 기다리고 있었으며, 그들로부터 벗어나기란 쉽지 않았다. 그들은 먹잇감을 향해 탐욕스럽게 들이댔다. 호텔 암페초! 호텔 토블라흐! 호텔 플로네르! 마차가 필요하신가요? 코르티나행 마차 여기 있습니다! 등등의 소리가 사나운 혼돈 속에서 메아리쳤다. 그러나 우리는 굴하지 않고 단단하게 버텼다. 그러고 나서야 처음으로 우리는 평온을 누릴 수 있었다.
>
> — Thomas Peattie, "Mahler's Alpine Journey", *Acta Musicologica* 중

분트의 에세이가 출판되고 그로부터 5년 뒤 말러가 처음 토블라흐를 찾을 때도 풍경은 크게 다르지 않았다. 말러가 이곳과 첫 인연을 맺은 것은 1900년 여름의 일이었다. 마이에르니히에 짓던 두 번째 작곡 오두막을 막 완성한 시점이었고, 덕분에 지지부진하던 교향곡 4번 작곡의 진도도 잘 빠지고 있었다. 하지만 이해 여름

은 유난히 기승을 부리던 폭염 탓에 '오스트리아의 목욕탕'인 뵈르테제의 수온이 한층 더 뜨거워졌다.

마이에르니히 오두막에 칩거한 지 3주째 되던 어느 날 말러는 더위를 못 참고 돌로미티행 기차표를 끊었다. 말러 자신이 '번개 여행Blitzaufluege'이라고 했을 만큼 이 여행은 대단히 즉흥적인 것이었다. 이를 가능하게 해 준 것은 물론 철도였다. 철로가 깔리기 시작하면서 어지간한 결심이 없이는 접근조차 불가능했던 험지로 나들이하는 것이 일상이 되었고, 중부 유럽 알프스 휴양지는 대중적인 관광지로 급부상했다. 말러도 문명의 이기에 편승했다. 첫 여행이 상당히 만족스러웠는지 말러의 토블라흐행 '번개'는 1903년과 1904년 여름에도 연이어졌으며, 이 지역에서 얻은 영감을 가지고 교향곡 6번 〈비극적〉을 완성했다.

그러나 1908년 여름의 방문은 단순한 '번개'가 아니었다. 1907년에 일어난 비극이 말러의 가슴에 드리운 그늘은 1년이 지나도 가시지 않았다. 장녀 마리아를 잃은 끔찍한 장소로 각인된 마이에르니히 별장과 오두막을 청산하고 궁정오페라극장도 그만둔 말러는 바다 건너 뉴욕으로 보금자리를 옮겼다. 그럼에도 여전히 남아 있는 창작에 대한 본능만큼은 어찌할 도리가 없었던 그가 여름휴가를 습관대로 알프스에서 보내기로 결심했을 때, 그의 뇌리에는 마이에르니히에서 매년 방문하던 토블라흐가 후보지로 자연스럽게 떠올랐다. 혹은 그로부터 쉽사리 벗어나지 못한 것일지도 모르겠다.

이곳에 일단 발을 디디면 기차에서 내리는 그 순간부터 우리를

1900년경 말러

말러는 마이에르니히 오두막에 머물고 있던 1900년 여름에 더위를 피하기 위해 토블라흐를 처음 찾았다. 이 번개 여행에서 크게 만족한 그는 1903년과 1904년에도 토블라흐를 다시 찾 았으며, 1908년에는 마이에르니히 시절을 청산하고 이곳에 새 작곡 오두막을 마련했다.

제우스처럼 굽어보는 저 알프스의 스케일에 압도당할 수밖에 없다. 이 웅장한 자연에 아늑하게 포위당한 인간들의 문명, 통나무 산장이며 자동차며 도로는 어린아이의 장난감처럼 하찮게 보일 뿐이다. 어디를 가든 내 일거수일투족을 말없이 관조하는 초월적 존재의 시선이 느껴진다. 그 전지적 시선을 의식하며 이곳에서 내가 할 일은 두 가지였다. 하나는 말러에게 교향곡 6번 〈비극적〉의 영감을 선사한 하이킹 코스를 밟는 것, 다른 하나는 그의 마지막 작곡 오두막을 방문하는 것이었다.

저세상의 고독

1900년 7월 16일, 푸스터탈행 열차를 타고 토블라흐에 도착한 말러의 최종 목적지는 철도가 아직 깔리지 않은 돌로미티 지역의 동쪽 관문이자 거점인 코르티나담페초Cortina d'Ampezzo였다. 이곳은 조그마하고 외진 산골 마을이지만 아름다운 풍광 때문에 사시사철 관광객들로 북적였으며, 그 인기는 철도가 개통되고 동계올림픽을 유치하고 돌로미티국립공원이 만들어지면서 오늘날까지 계속 이어지고 있다.

코르티나담페초까지 여정을 이어 가기 위해 철도 대신 이용할 수 있는 교통 수단은 다양했다. 도보로 가거나, 자전거나 마차, 아니면 자동차를 이용할 수도 있었다. 특히 이 경로로 개통된 마차 도로는 풍광이 좋기로 유명해서 관광객들 사이에 인기가 높았다.

말러는 자전거를 택했다. 유스티네에게 보낸 편지에 따르면 말러는 오후 3시에 토블라흐를 출발해 이 마차 도로를 경유해 코르티나담페초에 도착했다.

오늘날의 사정은 말러가 살던 시대보다 훨씬 나아졌다. 지형상의 이유로 철도는 결국 깔리지 못했지만 버스가 정기적으로 다니고, 도로도 잘 닦여 있어서 자동차로 반 시간이면 주파할 수 있다. 하지만 이렇게 버스나 자동차에 수동적으로 실려 닦인 도로로만 달리면 말러가 경험했을 정취를 온전히 감상할 수 없음이 자명했다. 그렇다고 무려 여섯 시간이 걸리는 도보를 선택하는 것은 무리였다.

그리하여 나는 말러와 똑같이 자전거를 선택할 수밖에 없었는데, 도로가 제법 잘 닦인 지금도 편도 세 시간이 걸리는 거리였다. 오르막길도 있을 터이고 아름다운 풍경 앞에서 멈추게 될 것이니 숙소까지 돌아올 것을 고려하면 하루를 꼬박 잡아먹을 하이킹이다. 나는 말러를 방문하기 위해 이곳에 찾아온 지인들이 주로 묵었다는, 그래서 말러도 자주 찾아왔다는 그랜드호텔에 여장을 풀었다. 호텔 레스토랑에서 이탈리아 음식을 주문해 든든하게 저녁 식사를 마친 뒤, 다음 날 아침 일찍 자전거를 대여해 알프스를 향해 출발했다.

휴가철이 끝난 늦가을임에도 비슷한 시간에 비슷한 코스의 트래킹을 떠나는 관광객은 나 말고도 꽤 많았다. 주말이라서인지 트래킹 전날 저녁에 둘러본 토블라흐 시내도 북적거리기는 매한가지였다. 기차역에 내린 한 무리의 관광객과 그들을 붙잡기 위해 모여든 호객꾼이 북적거리던 20세기 초는 지금보다도 더 많은 인파로 붐볐을 것이다. 고독한 개인으로서 자연과 독대하기 위해 찾아온 낭만주의자들의 소원은 철도 개통과 더불어 실현 불가능한 꿈이 된 지 오래였다. 창작을 위해서 작곡 오두막에 틀어박혀 철저히 고립을 추구하던 말러에게는 더더군다나 어울리지 않는 풍경이었다. 그 또한 엘리트 사이에 유행하던 '알프스 순례'에 그저 세속적으로 동참한 것일 뿐일까?

이런 의구심은 알프스의 위용을 과소평가한 데서 비롯된 오판이었다. 다른 관광객과 떼 지어 시작된 트래킹 경주는 10분도 안 되어 사적인 여정으로 탈바꿈했다. 그 과정은 마치 마라톤 경주와 유사했다. 저마다의 보폭과 자전거 페달을 밟는 속도에 따라 무리가 하나둘 소그룹으로 나누어지기 시작했으며, 풍경을 감상하기 위해 멈추는 지점도 각양각색이었다.

완만한 오르막길을 지나 토비아코 호수Lago di Dobbiaco에 이르자 마치 처음부터 혼자 떠난 길처럼 내 주변에는 아무도 남지 않았다. 누군가와 부대낄 걱정을 전혀 하지 않아도 좋을 만큼 알프스의 품은 넉넉하고 광활했다.

나탈리에 따르면 말러는 이 여행 중에 대단히 만족스럽게 고독을 즐겼다고, 트래킹 중 단 한 번도 "타인과 대화하지 않았다"라고 자랑했다고 한다. 누군가 궁정오페라극장의 음악감독을 알아보고 인사를 하려고 다가오려 할 때면 그는 화가 난 얼굴로 그들을 싸늘하게 쏘아보았다. 말러의 반응에 기선 제압을 당한 이들은 멀찌감치 사라져 말러를 평화롭게 내버려 두었다. 그렇게 말러는 그

토블라흐에서 코르티나담페초로 가는 길

지형상의 이유로 철도는 깔리지 못했지만 잘 닦인 도로 덕분에 매년 수많은 관광객들이

찾아오는 명소다. 1900년 말러가 토블라흐에 도착했을 때 그도 자전거를 이용하여 코르티나 담페초에 도착했다. 말러가 경험했을 정취를 맛보기 위해 나 역시 자전거를 이용했다.

어떤 '살아 있는 영혼'과도 만나지 않은 채 이 산과 숲을 몇 시간씩 활보했다. 마치 신이 그에게 내려준 그만의 영토처럼.

확실히 인간의 사소한 접촉이 성가시게 느껴질 만큼 이 길은 오감을 풍부하게 자극했다. 우선 조용히 나를 내려다보는 알프스의 웅장한 시선은 가히 압도적이었다. 트래킹 루트를 따라 산속 깊숙이 걸어갈수록 큼직한 돌산이 더 높이 솟아올랐다. 동행 없이 홀로 걸으며 그 시선을 온전히 감당하려니 위압감마저 느껴질 정도였다. 돌로미티의 산은 뾰족한 봉우리를 가진 프랑스나 스위스 쪽 알프스와 다소 다른 모양새였다. 이곳 산의 정상은 올림포스 신들이 원한다면 원탁 회의를 열어도 좋을 만큼 꼭대기를 칼로 댕강 도려낸 것마냥 평평했다.

무엇보다 신비로운 것은 시시각각 바뀌는 색깔이었다. 먹구름이 낀 와중에 드문드문 해가 비출 때마다 산 위와 골짜기 사이사이에 갈라져 내려온 창백한 흰색 가루가 오묘한 빛깔을 발산했다. 만년설인 줄로만 알았던 그 가루의 정체는 인류가 출현하기 전부터 켜켜이 쌓인 산호 가루와 조개껍데기였다. 나중에 호수 근처 식당에서 만난 독일인 부부에 따르면 이곳 산은 과거 바다 밑에 있던 땅이 솟아오른 것이라 한다. 이때 함께 땅 위로 올라온 산호와 조개껍데기가 햇빛에 반사되어 아침과 오후의 산의 색깔이 달라지는데, 전 세계에서 이런 풍경을 볼 수 있는 곳은 여기 돌로미티가 유일하다.

다채롭게 변하기는 호수도 마찬가지였다. 숙소에서 출발한 지 한 시간이 채 되지 않아 도착한 도비아코호 또한 산 그림자가 드리울 때마다, 먹구름 사이로 태양이 숨바꼭질을 할 때마다, 바람이 불 때마다 출렁거리며 짙은 초록색과 하늘색, 또는 노란색 물감을 풀어 냈다. 산과 물 사이에는 길쭉한 침엽수가 병풍처럼 늘어서 있었다.

광활한 풍경에 어느 정도 익숙해지자 자연은 다음 순서로 눈 대신 귀를 공략하기 시작했다. 빙하가 흘러 내려오는 물소리와 소프라노 같은 새소리, 바람에 첨벙거리는 호수의 희롱 소리, 나무와 나무 사이를 쏴쏴거리며 가르는 바람 소리는 다양한 악기가 동원된 한 편의 관현악곡처럼 들려왔다. 그렇지 않아도 이 지역의 나무는 현악기 제작자들 사이에서 인기가 높다. 바이올린 제작자 안토니오 스트라디바리우스가 악기를 제작할 때 이 지역과 가까운 카발레제라는 곳에서 자란 가문비나무와 개암나무만 사용했다는 일화는 유명하다. 그곳은 오늘날 '바이올린의 숲'이라는 별명으로 관광객들의 발길을 끌고 있다.

호수를 어슬렁거리다가 다시 자전거에 올라타 페달을 밟았다. 속도가 빨라진 만큼 바람 소리가 더욱 거세게 귀를 때렸다. 그렇게 자연의 소리에 취해서 천천히 달려가고 있는데 갑자기 숲속 깊숙한 곳에서 딸랑딸랑 소 방울 소리가 바람을 타고 흘러왔다. 그 반가운 소리의 근원을 돌아보려고 브레이크를 밟다가 그만 자전거와 함께 옆으로 넘어지고 말았다. 1900년, 말러 또한 이 길을 지나다가 소 방울 소리를 들었노라 증언했다. 그 소리는 그대로 그의 교향곡 6번 〈비극적〉과 교향곡 7번에 삽입되었다. 오케스트라 악기가 모방하는 종소리가 아닌 시골 소들의 목에 다는 진짜 카우벨

도비아코 호수
미주리나 호수, 브라이에스 호수와 더불어 코르티나담페초 근처의 아름다운 명소로 유명하다. 시간과 날씨에 따라 형형색색 변화하는 호수의 색깔이 경이롭기까지 하다.

이 무대 위에 등장하여 교향곡에 합류한 역사상 최초의 순간이다.

단순히 전원적 이미지를 표현하는 교향곡 7번과 달리 교향곡 6번 〈비극적〉에 등장하는 소 방울 소리가 지닌 의미는 한층 더 추상적이다. 1악장에서 군대 행진곡으로 변형된 '알마의 테마'가 불안하게 돌진하다 말고 침묵이 흐르면 갑자기 저 멀리서 소 방울이 들려오기 시작한다. 이 독특한 울림은 1악장이 끝나는 피날레에서 다시 한 번 등장하는데, 이 소리의 연출을 위해 말러는 1906년 악보에 구체적인 지시를 적어 놓았다.

소 방울 소리는 각기 따로따로 연주해야 한다. 멀리 떨어진 들판에서 풀을 뜯는 소 떼의 높고 낮은 방울 소리처럼 들려야 한다. 이 기술적 지시는 그 어떤 표제적 의미로도 해석되어서는 안 된다.

이 소리를 통해 말러가 그리고 싶었던 것은 '세상에서 멀리 떨어진 존재의 고독함'이었다. 하지만 1906년, 에센에서 초연을 목격한 청중과 비평가들은 이 소리로부터 '알프스의 전원 풍경' 이상을 상상할 수 없었고, 이는 말러를 좌절시켰다.

자전거를 일으켜 세우고 다시 소 방울 소리가 들리는 곳을 응시했다. 어두운 침엽수 숲 사이에서 끊길 듯 말 듯 아련하게 울려 퍼지는 그 소리는 어쩐지 이 세상에 속한 것 같지 않았다. 소의 울음소리라도 같이 들린다면 훨씬 현실적으로 다가왔을 터인데, 아무리 귀를 기울여도 함께 들리는 것은 나무 사이를 헤집고 다니는 바람 소리와 물소리, 그리고 초롱초롱한 새소리뿐이었다. 그렇지 않아도 목초지가 아닌 저렇듯 울창한 숲에 소를 풀어놓는 것도 이해가 가지 않았다. 차라리 시간에 맞추어 울리는 교회의 종소리가 더 세속적으로 느껴질 만큼 그 순간 들려오는 방울 소리는 신비로움으로 가득했다. 이 소리로 저세상의 고독을 그리고 싶었던 말러의 심정을 아주 어렴풋이 이해할 수 있을 것 같았다.

알프스의 품에 기대어

자전거 트래킹을 마친 다음 날, 토블라흐의 두 번째 목적지로 향했다. 그곳은 알트슐루터바흐 마을에 있는 트렌커의 농장으로, 말러가 세 번째 작곡 오두막을 지은 곳이다. 전날 감행한 한나절의 트래킹 덕분에 종아리가 근육통으로 욱신거렸지만 다행히 시내부터 쭉 뻗어 있는 말러거리Mahler gasse를 따라 느긋하게 30분만 걸어가면 도착할 수 있는 곳이었다.

마이에르니히에서 첫째 딸 마리아를 잃은 뒤, 말러와 알마는 그곳에서 도망치듯 빠져나와 이곳으로 흘러들어 왔다. 딸을 잃은 트라우마가 아니더라도 뉴욕 메트로폴리탄오페라극장과 새로운 계약을 맺고 궁정오페라극장 음악감독도 사직한 말러로서는 굳이 유럽에 더 머물 이유가 없었다. 하지만 '천인 교향곡'이라는 별명이 붙은 교향곡 8번을 완성한 지도 2년이 지났고, 가곡은 그보다도 더 이른 4년 전 이후 손을 대지 않았다. 매년 여름마다 작곡에 몰입하던 인생 패턴이 무너졌다. 그는 창작 인생을 쇄신할 계기가

코르티나담페초

이탈리아 북부의 휴양 도시로, 돌로미티 산맥으로 진입하는 동쪽 입구에 해당한다. 여름에는 하이킹, 겨울에는 스키 명소로 각광을 받고 있다. 2006년 동계올림픽을 유치한 뒤 더욱 유명해졌다.

필요했고, 지난 10년간 자신에게 교향곡을 위한 위대한 영감을 기꺼이 제공해 준 알프스의 아우라에 다시 한 번 기대고자 했다.

말러의 마지막 오두막은 트렌커의 농장 옆에 위치해 있다. 시내에서 한참 떨어져 있다는 것은 이미 지도를 보아 알고 있었지만, 울창한 자연만이 연이어 펼쳐지는 길을 걸으면 걸을수록 두 번째 오두막을 찾을 때와 똑같은 의구심, 즉 '과연 이런 곳에 사람 사는 집을 지을 수 있을까'라는 생각이 들었다. 우렁찬 소리를 내며 세차게 흐르는 개울과 짙은 가문비나무 숲을 지나 언덕 위에 뭉뚝하니 올라와 있는 2층짜리 농장이 마침내 시야에 들어오자 반가운 마음마저 들었다.

말러를 위해 알마가 자신의 어머니와 수소문해서 찾은 이 농장은 무려 15세기에 지어진 것으로, 방이 열한 개나 되는 2층짜리 집이었다. 이듬해인 1908년, 알마는 남편을 위해 이 농장에서 5분 정도 거리에 떨어진 한적한 숲속에 위치한 작은 오두막까지 임대했다. 바로 말러의 세 번째 작곡 오두막으로, 〈대지의 노래〉와 교향곡 9번을 완성하고, 미완의 교향곡 10번 스케치를 남긴 곳이다. 작곡가 생전에 초연하지 못한, 소리로 완성되지 못한 악보들이 바로 그곳에서 태어났다.

말러 가족이 여름마다 2층을 통으로 세를 낸 뒤에도 농장주 트렌커는 1층에 그대로 살았다. 매년 봄 두 대의 그랜드피아노와 한 대의 업라이트피아노가 실려 오면 트렌커의 가족은 그랜드피아노는 2층으로 올려 보내고, 업라이트피아노는 숲속 오두막에 가져다 두었다. 그렇게 여름 준비를 마치면 말러의 가족이 찾아왔다.

트렌커 농장

말러 가족이 토블라흐에서 휴가를 보낼 때 머물던 농장이다. 여름이면 말러 가족은 2층에, 농장주 트렌커 가족은 1층에 그대로 살았다. 지금도 이곳에는 트렌커 농장의 마지막 후손이 살고 있으며, 1층은 카페로 바뀌었다. 바로 옆에 있는 작곡 오두막 주변이 동물 농장으로 변해 들어가려면 여기에 입장료를 지불해야 한다.

말러는 아침 6시부터 틀어박혀 하루의 대부분을 숲속 오두막에서 지냈다. 오두막에 설치해 놓은 스토브로 직접 음식을 요리해서 먹으며 도통 밖으로 나오지 않았다. 이전의 슈타인바흐나 마이에르니히에서와 마찬가지로 말러가 자신만의 동굴에 들어가고 나면 아무도 그를 방해할 수 없었다. 인적 드문 숲속에 자리했지만 그래도 방해받고 싶지 않아서 그는 오두막 주변에 사람 키 높이의 울타리를 세웠다.

하지만 세 번째 오두막에서는 이전 오두막보다 사건 사고가 많았다. 어느 날은 떠돌이 노동자 두 명이 울타리를 타고 넘어와서는 한 푼 적선해 달라며 성가시게 했다. 그 후 말러는 울타리에 철조망까지 감았다. 또 다른 날은 까마귀를 쫓던 독수리 한 마리가 오두막에 날아들어 작업실이 한바탕 전쟁터로 변했다. 이 사건에 크게 화가 난 말러는 농장주인 트렌커를 찾아가 이 무례한 침입자에 대해 심각하게 불만을 표시했다. 하지만 트렌커는 웃음보를 터뜨렸고, 말러도 따라 웃는 수밖에 도리가 없었다.

새로운 방해 세력은 순서 없이 출몰했다. 이번에는 트렌커의 농장에서 기르는 수탉이 문제였다. 너무 이른 새벽부터 우는 통에 말러는 늘 잠을 설쳤다. 말러는 트렌커에게 물었다. "아침에 닭이 울지 못하게 하려면 어떻게 해야 합니까?" 트렌커는 이렇게 답했다. "그냥 목을 비틀면 되죠." 물론 그것은 말러가 원한 답이 아니었다.

이렇게 나열한 에피소드만 봐서는 참으로 까칠한 예술가의 이미지가 떠오르지만, 트렌커의 수양딸 마리아나는 작곡가 말러를 참으로 따스하고 겸손한 사람이었다고 회상했다.

가난한 대가족 사이에서 자란 그는 학비를 벌기 위해 빵 한 조각으로 하루 끼니를 해결했다는 이야기를 우리에게 종종 해 주었다. 그는 토블라흐 거리에 있는 떠돌이 일꾼들에게 돈과 옷을 주고 일자리를 주선해 주기도 했다

— Norman Lebrecht, *Mahler Remembered* 중

토블라흐가 이전 휴가지와 다른 점은 또 있었으니, 바로 호수가 없다는 점이었다. 마이에르니히에서 심장병 진단을 받은 이후 말러는 많은 것을 포기해야 했다. 아침 수영은 물론이거니와 산행도 장거리 산책도 금지되었다. 앞의 두 오두막에 비해 토블라흐 오두막이 본가인 농장과 지나치게 가까운 거리에 위치한 것 또한 쇠약해진 그의 육체를 방증하는 것이었다.

역동적인 활동을 통해 창조의 에너지를 흡수하던 그의 정신은 질병에 꼼짝없이 묶여 버린 육체 안에서 괴로워했다. 장엄한 교향악적 영감을 선사하던 알프스를 위시한 자연 풍경은 그저 바라만 볼 수밖에 없는 대상이 된 이후부터는 신체가 얼마나 고장 나 있는지 실감 나게 해 줄 뿐이었다. 내면에 귀를 기울이게 되면서 나날이 엉망진창이 되어 가는 심장박동 수를 세어 보게 되었고, 그는 그만큼 깊이 병들어 갔다. 자신의 나약함을 각성시키는 자연에 대해 말러는 처음으로 두려움을 느꼈다. 그래서 휴가가 어서 끝나기를 간절히 바랄 정도였다. 발터에게 보낸 편지에서 그는 이렇게 적었다.

토블라흐에 있는 말러의 세 번째 작곡 오두막

이곳에서 작곡한 〈대지의 노래〉와 교향곡 9번, 그리고 미완성의 교향곡 10번은 모두 작곡가 생전에 초연되지 못했다. 현재 이 오두막은 이곳을 관리하는 농장주와 토지 소유주의 갈등 때문에 주변에 울타리를 쳐 놓고 일반인의 출입을 막고 있다.

세 번째 오두막

나는 일 말고는 아무것도 할 줄 모르는 사람이고, 나머지는 세월이 너무 오래 지나 하는 법을 잊어버렸네. 지금 내 처지는 모르핀이나 술을 금지당한 약물중독자와 같아. 지금 이 순간을 아직까지 남아 있는 유일한 내 미덕으로 버티고 있다네. 바로 인내 말이지!

— 엔스 말테 피셔, 『구스타프 말러』 중

삶은 어둡고 죽음 또한 그러하다

토블라흐에 머무는 동안 말러는 두 권의 책에 매달렸다. 하나는 교향곡 8번을 작곡할 때 자신에게 지대한 영감의 원천이 되어 준 괴테의 『파우스트』였고, 나머지 하나는 황실 고문관에게서 선물로 받은 『중국 피리』였다. 말러는 『중국 피리』에 실린 이태백의 시에 마법처럼 빨려들었다. 온전히 내면에 집중하며 불완전한 육신을 받아들이고 극복한 그 순간부터 그는 이 시들을 기반으로 6주 동안 쉼 없이 음악을 써 내려갔다. 교향곡 8번 이후 무려 2년 만에 발화한 창작의 불꽃이었다. 6악장의 형태로 곡을 최종 완성했을 때, 알마는 말러가 그 작품에 '9번'이라는 번호를 붙이기를 꺼렸다고 전했다. 베토벤 이후 모든 교향곡 작곡가들이 9번을 완성한 뒤 사망한 이른바 '교향곡 9번 징크스'를 말러 또한 두려워했다는 것이다. 그리하여 이 곡에는 〈대지의 노래〉라는 제목이 붙게 되었고, '테너와 알토(또는 바리톤) 성부와 오케스트라를 위한 교향곡'이라는 부제가 뒤따랐다.

말러는 진정 죽음을 두려워했을까? 이 곡에서는 죽음을 두려워하기보다는 예정된 죽음을 수긍하고 기다리는 자가 가질 법한 무상함이 더 강렬하게 감지된다. 이 곡은 사실 듣기 괴로운 음악이다. 음악에 대해 아무것도 모르고 들을 때는 난해하고 지루해서 힘들지만, 알고 들으면 그보다 더 고통스럽다. 딸의 죽음과 지병의 고통 속에서 작곡가는 산다는 것이 얼마나 괴로운 것인지 자신이 할 수 있는 한 가장 아름다운 소리로 노래한다.

1악장 '현세의 불행에 대한 주가酒歌'에서 메아리처럼 반복되는 후렴 가사 "삶은 어둡고 죽음 또한 그러하다"는 사실상 이 곡 전체의 주제나 다름없다. 그렇게 삶의 허무주의를 다섯 악장에 걸쳐 논하다가 마지막 6악장 '이별'에 이르면 삶의 끝에 선 작곡가는 세상에 두고 가는 것을 일일이 열거한 뒤 이별을 고한다. 그리고 자신이 떠나고 난 뒤에도 여전히 세상에 남아 있을 푸른 '대지'를 찬양한다.

나는 내 고향, 내 집으로 돌아간다네.
결코 머나먼 곳에서 방황하지 않으리.
고요한 내 마음은 때를 기다리고 있다네!
사랑스러운 대지는 봄을 맞이하며
여기저기 꽃을 피우고 새롭게 초록빛으로 거듭나나니!
저 멀리 어디서나 영원히 푸르게 빛나는도다.
영원히, 영원히……
— 구스타프 말러, 〈대지의 노래〉 중

〈대지의 노래〉는 이 음악이 지닌 양면성을 참으로 잘 살린 감탄스러운 제목이다. 원제 'Das Lied von der Erde'의 'Erde'는 자연을 품은 대지를 의미하면서 동시에 현세를 지칭하는 단어다. 이 노래는 슬픔과 고통으로 점철된 인간의 현세를 이야기하면서 동시에 그렇게 인간의 삶이 허무하게 끝난 뒤에도 영원히 계속 생을 이어 갈 자연을 품은 대지를 찬양한다. 자연 속에서 살아가야 할 이유와 창조의 기쁨을 찾던 역동적인 젊은 말러는 이제 존재하지 않는다. 말러는 발터에게 마지막 장 '이별'의 악보를 보여 주며 이렇게 물었다. "사람들이 이 곡을 과연 견딜 수 있을까? 혹시 듣고 자살하지는 않을까? 이 곡을 어떻게 지휘하면 좋은지 떠오르는 게 없는가? 나는 도통 모르겠거든."

인생무상을 노래하다

말러가 죽음을 두려워할 이유가 있었다면, 그래서 〈대지의 노래〉에 교향곡 번호를 제대로 부여하지 않았다면 그중 하나는 아마도 아직 작곡하고 싶은 음악이 남아 있었기 때문일 것이다. 죽으면 모든 것이 덧없고 허무한 것을 깨달은 와중에도 그는 아직 소진시켜야 할 에너지가 남아 있다는 듯 창작을 멈추지 않았다. 토블라흐를 방문한 평론가 에른스트 덱세이는 말러와 함께 나선 산책길을 이렇게 회고했다.

MAHLER
Das Lied von der Erde
The Song of the Earth · Le Chant de la terre
KATHLEEN FERRIER
Julius Patzak

Wiener Philharmoniker
BRUNO WALTER

〈대지의 노래〉

말러가 사망한 뒤 그의 조수였던 지휘자 브루노 발터는 1911년에 〈대지의 노래〉를 초연했으며, 이 곡만 세 차례 녹음했다. 그중 영국 콘트랄토 캐슬린 페리어와 녹음한 1952년 음반은 역사적인 명반으로 손꼽힌다. 당시 암 투병 중이던 페리어는 '영원히ewig'라는 가사를 부르다 감정이 북받쳐 울먹이다 노래를 이어 가지 못했다. 페리어가 프로답지 못했다며 단원들과 지휘자에게 사과하자 발터는 "당신처럼 훌륭한 음악가라면 누구든 울었을 것입니다"라고 다독였다. 페리어는 이 녹음을 끝으로 마흔두 살의 젊은 나이로 생을 마감했고, 이 음반은 시간을 초월한 명반으로 남았다.

인생무상vita fugax…… 토블라흐 설원 위로 해가 지고 있을 때 들려온 그의 깊은 금속성의 목소리가 아직도 내 귓가에 생생하다. 그것은 그가 가장 좋아하는 격언이었고, 나로서는 영원히 잊지 못할 격언이 되어 버렸다. 그가 "인생무상"이라고 읊조릴 때면 쏜살같이 지나가 버리는 인생을 막을 수 없는, 자신이 존재하는 모든 순간을 자신의 풍요로운 정신으로 채울 수 없는, 순간순간을 행동으로 옮기지 못하는 데서 오는 자괴감이 엿보였다. 그는 자신을 완전히 소진해야 성이 차는 인간이었다. 그의 내면에는 언제나 뜨거운 불덩이가 타오르고 있었다. 말러와 한 시간 정도 있으면 그는 그 내면의 불덩이를 토해 냈고, 사람들은 그로부터 무엇이든 얻고야 말았다. 자신을 어디에든 온전히 내던지는 방식으로 그는 자신의 삶을 채워 나갔다. 그것은 충동에 의한 것이 아니라 그의 근원적 본성이었다. 그와 함께한 모든 순간이 충만했던 이유는 바로 이 때문이다.

— Norman Lebrecht, *Mahler Remembered* 중

〈대지의 노래〉를 기점으로 말러는 예전의 창작력을 회복했다. 그리고 마치 누군가에게 쫓기듯 미친 듯이 작품을 써내려 갔다. 〈대지의 노래〉와 마찬가지로 한 달 반이라는 대단히 짧은 시간 만에 또 하나의 교향곡을 완성했다. 말러는 이번 교향곡에는 두려움 없이 '9번'이라는 번호를 내주었다.

교향곡 9번의 화두 또한 이별이다. 1악장 첫 번째 주제가 전작인 〈대지의 노래〉 6악장 '이별' 중 '영원'의 모티프에서 가져온 것

이기 때문에 이 곡은 〈대지의 노래〉의 속편처럼 거론된다. 아직 작별 인사를 다 끝내지 못한 것이었을까? 그렇게만 보기에는 〈대지의 노래〉와 교향곡 9번은 분위기가 사뭇 다르다.

다시 돌아온 투박한 댄스 퍼레이드가 펼쳐지는 죽음의 무도(2악장)와 아찔한 론도(3악장)는 비극이 일어나기 전 마이에르니히 시절을 연상하게 할 만큼 힘이 넘친다. 특히나 3악장이 날리는 신랄한 펀치는 그 조롱의 대상이 부질없는 삶인지 아니면 죽음인지 가늠하기 어렵다. 이어지는 마지막 4악장에서야 교향곡은 다시 진지한 분위기로 돌아온다. 황금빛 누에가 자기 피부색과 똑같은 실을 야금야금 자아내듯 한없이 아름다운 선율이 물결처럼 넘실거리며 안식을 구한다. 그 소리는 순수하고 아름다워서 허무나 자조, 냉소에 부정 탈 여지를 주지 않는다. 찬란한 절정을 지나 첼로 독주가 이끄는 마지막 코다에서 극단적으로 느리고 조용한 소리로 교향곡은 가곡 〈죽은 아이를 그리는 노래〉의 선율을 속삭인다. '아이들은 잠시 산책하러 나갔을 뿐'이라고.

동물 농장으로 탈바꿈한 세 번째 오두막

말러가 유언처럼 남긴 세 편의 마지막 작품이 탄생한 '유적지'를 방문하는 마음은 당연히 엄숙할 수밖에 없었다. 그가 마지막 여름을 보낸 언덕 위 농장은 지금도 그 시절 주인이었던 트렌커 후손들의 소유였다. 다만 1층은 카페를 겸한 식당으로 운영되고

말러와 알마

1909년 토블라흐에서 여름휴가를 보낼 때의 모습이다. 이 시절 말러는 몸이 쇠약해지면서
내면으로 더욱 파고들 수 밖에 없었다. 이때 이태백의 시에서 깊은 영감을 받은 그는 그 시들
을 토대로 〈대지의 노래〉를 완성했다.

있는 듯 보여서 부담 없이 문을 열고 들어갈 수 있었다. 카운터에 서 있던 젊은 여성이 접시를 닦다 말고 나를 반겨 주었다. 커피를 한 잔 시키며 혹시 2층을 돌아볼 수 있는지 물어보았다. 에스프레소 기계를 닦으며 그녀는 안타깝다는 듯 고개를 도리질했다. "가정집이라 안 돼요. 주인장이 아파서 드러누워 있거든요."

그 주인장은 트렌커 가문의 후손이었다. 일흔을 넘긴 그는 가족 없이 홀로 살고 있다고 한다. 말러의 오두막을 방문하고 싶어서 왔다고 했더니 그녀는 다시 안타까운 도리질을 했다. "밖에서 구경하는 것은 괜찮은데 안에 들어갈 수는 없어요. 트렌커 씨가 자물쇠로 잠가 버렸거든요. 그리고 그 주변이 이제는 동물원이 되어서 입장료로 5유로를 내야 한답니다."

말러의 작곡 오두막이 동물원이 되었다고? 이 웃지 못할 부조리극의 근원은 돈 문제였다. 가세가 급격하게 기울며 빚에 시달리던 트렌커의 후손은 농장 주변의 땅을 여러 차례에 걸쳐 팔았고, 그중에는 말러의 오두막이 포함된 토지도 포함되어 있었다. 그로 인해 말러의 오두막은 여전히 트렌커 가문의 소유인 채로, 오두막을 둘러싼 주변 부지는 다른 이의 부동산으로 귀속되어 버렸다. 토지 소유자는 외부인이 자신의 땅에 찾아오는 것을 꺼려 우리를 만들어 놓고 자신이 키우던 동물들을 거기에다 풀어놓았다. 그리고 말러의 오두막 주변에는 나무 울타리를 쳐 놓았다. 이 모든 일이 불과 2015년에 벌어졌다. 빈에 거점을 둔 말러협회가 오두막을 다시 대중에게 개방하기 위해 두 소유주 사이를 중재하고 있지만 해결이 쉽지 않은 모양이었다.

농장을 찾을 때 마음에 품었던 엄숙함은 당황스러움으로 바뀌었다. 농장에서 치른 커피값의 두 배나 되는 입장료를 내고 찾은 '동물원'은 구색이 심히 엉성하고 시설도 형편없었다. 동물이라기보다는 가축으로 분류될 법한 익숙한 조류와 포유류가 모처럼 나타난 호모사피엔스를 보고는 기괴한 소리를 내며 웅성거리기 시작했다. 그 소리는 갈수록 요란해졌다. 매가 오두막 안으로 날아들어 한바탕 전쟁을 치르고 수탉 울음소리에 아침잠을 설치던 말러가 지금 이 상황을 보면 어떻게 반응할지 궁금해졌다.

동물 우리를 따라 걷노라니 가문비나무 숲 기슭에 단칸 오두막이 나타났다. 슈타인바흐와 마이에르니히 오두막과 똑같이 단칸짜리 작은 집이었다. 다만 벽에 시멘트를 칠한 앞의 두 오두막과 달리 토블라흐 오두막은 벽면부터 지붕까지 모두 나무로 지어 낡고 부실해 보였다. 농장의 여성이 알려 준 대로 오두막 주변에는 울타리가 쳐져 있었다. 하지만 내 키보다 낮아서 오두막 창문 너머로 실내를 들여다볼 수 있었다. 아직 대중에게 개방되던 시절 전시되었을 다양한 자료 사진이 벽면에 그대로 걸려 있는 것이 보였다. 이곳에서 음미할 수 있는 말러의 흔적은 그것이 전부였다. 말러가 느린 걸음으로 산책했을 뒤편 가문비나무 숲마저도 다른 이의 사유지가 되어 "출입 금지"라는 팻말이 걸려 있었다.

〈대지의 노래〉의 산실이 지금은 동물의 왕국이라니. 극장 내 취식을 끔찍하게 혐오하던 말러의 이름을 가져다 붙인 궁정오페라 극장 카페만큼이나, 일렉트로닉 댄스 뮤직 페스티벌로 시끄럽던 이흘라바의 말러 추모 공원만큼이나 아이러니하다. 선뜻 받아들이기 어려운 부조리였다. 하지만 다른 한편으로는 말러의 음악에 이만큼 어울리는 역설도 없었다. 권주가를 장례 음악 삼아 동생들의 시신이 담긴 관을 떠나보낸 유년 시절부터 말러의 인생에는 희극과 비극이 야누스처럼 공존했으니 말이다.

다른 한편으로 말러의 흔적 주변에 새겨진 아이러니는 남은 자들의 인위적인 추모가 얼마나 헛된 몸부림인지 비웃는 듯 다가왔다. 인생무상. 말러가 말년에 입버릇처럼 달고 다니던 말이다. 그는 영혼의 마지막 1그램까지 모조리 음악을 만드는 데 소진했다. 그의 본질은 뒤늦게 복원한 이런 인공적인 유적지가 아니라 형체 없는 음악에 담겨 있다. 그 음악은 매일 새로운 세대에 의해 새로운 생명을 가지고 태어난다. 나약한 육체를 타고난 인간 말러는 죽었지만 그의 음악은 다행히도 영생을 얻었다. 우리는 그의 음악만을 온전히 직시해야 한다.

뉴요커
말러

유랑하는 마에스트로

뉴욕에 도착하자마자 M20번 버스를 타고 종합 예술 센터인 링컨센터로 향했다. 이곳의 공연 예술 전문 도서관에는 말러와 관련된 도서는 물론 말러가 뉴욕에 머무른 3년 동안 그의 삶과 관련한 다양한 기록들이 마이크로필름으로 보관되어 있다. 병원 진찰 기록과 여권 발급 서류 등과 같은 공적 서류에서부터 친구에게 사적으로 보낸 친필 편지까지 방대한 범위를 아우른다. 적어도 유산 보존의 측면에서는 말러가 세 배나 더 많은 시간을 보낸 빈보다도 거장에 대한 성의가 진하게 느껴진다.

링컨센터는 말러가 뉴욕에서 처음으로 몸담은 메트로폴리탄오페라극장이 있는 곳이기도 하다. 무대 규모와 객석 수에서 세계 최대 규모를 자랑하는 세계 오페라의 메카다. 하지만 1908년, 말러가 알마와 함께 처음 뉴욕에 도착했을 때 '메트'는 이곳이 아닌 남쪽 브로드웨이 39번가에 자리 잡고 있었다. 말러는 그곳으로 출

링컨센터
뉴욕 맨해튼에 있는 복합 공연 예술 센터다. 본래 빈민가로 뮤지컬 〈웨스트 사이드 스토리〉
의 오리지널 배경 무대이기도 했다. 뉴욕의 도시 재생 사업의 결과로 기존 주거 시설이 모두
철거되고 1960년대 각 공연장들이 차례로 개관했다. 말러가 지휘한 메트로폴리탄오페라극
장과 뉴욕필하모닉오케스트라가 현재 모두 이곳에 상주한다. 이곳의 공연 예술 도서관에는
편지부터 치과 진단서에 이르기까지 뉴욕과 관련된 말러의 모든 문서와 기록이 마이크로필
름으로 보존되어 있다.

근했을 것이다.

유럽에 있을 때와 마찬가지로 말러는 자동차를 운전하지 않았
다. 심장병 진단을 받은 뒤 체력이 급격히 쇠약해진 탓에 자전거
도 타지 못했을 것이다. 대신 그는 전철을 이용하거나 걸어 다녔
다. 바둑판 모양으로 정갈하게 구역이 나누어진 이 도시에서 말러
는 길을 자주 잃는 편이었다. 자기만의 생각에 골똘히 빠져 줄곧
직진하다가 한참 뒤에야 돌아야 할 모퉁이를 놓친 것을 깨닫고 낭
패 났다는 표정을 짓는 말러의 모습을 뉴요커들은 심심치 않게 목
격했다.

말러가 지금의 링컨센터가 위치한 웨스트가 62~66번가를 찾
아왔다면 음악과 관련 없는 용건 때문이었을 것이다. 도시 재생
사업의 결과로 지금의 링컨센터가 들어서기 전, 이곳에는 아우자
피아 팔라디노라는 꽤 유명한 이탈리아 영매가 살았다. 말러 부부
는 그녀를 상류층 사교 모임에서 처음 소개받았다. 그녀와 처음
만난 날, 말러는 눈앞에서 만돌린이 갑자기 날아올라 자신의 머리
에 부딪히고, 위험이 다가오니 조심하라는 소리가 환청으로 들려
오는 기이한 체험을 했다. 아무리 강신술이나 예언에 회의적인 말
러라도, 심지어 건강까지 좋지 않은 시점에 이런 경험을 하고 나
면 마음이 혹할 수밖에 없었을 것이다. 어쨌거나 19세기 말부터
심령술은 미국과 유럽 양쪽 대륙에서 전성기를 누리고 있었다. 과
학자들이라고 예외는 아니었다. 물리학자인 퀴리 부인도, 진화론
을 주장한 찰스 다윈도 강령회에 드나들었다. 물론 말러를 비롯한
미국과 유럽의 사교계를 홀리던 팔라디노의 초자연 현상은 훗날

모두 속임수로 드러났다.

　뉴욕에서 말러는 호텔에 기거했다. 첫해에는 센트럴파크웨스트와 72번 도로가 교차하는 곳에 위치한 마제스틱호텔에서 묵었지만, 이듬해부터는 메트로폴리탄오페라극장과 더 가까운 사보이호텔로 거처를 옮겼다. 5번가와 59번가 도로 모퉁이에 위치한 이 12층짜리 호텔은 지금의 첼시사보이호텔과는 전혀 다른 건물로 1925년에 철거되었다. 철거되기 전까지 이 호텔은 엔리코 카루소를 비롯한 메트의 성악가들의 단골 호텔로 명성이 높았다.

　애초부터 말러는 뉴욕에 정착할 생각이 없었다. 그가 메트로폴리탄오페라극장의 제의를 받아들인 이유는 단기간에 많은 돈을 벌어 유럽에서 안정된 작곡 활동을 하고 싶었기 때문이다. 뉴욕에서 3개월 동안 바싹 일해서 모든 공연을 마치고 나면 그는 유럽으로 돌아갔다. 여름이면 토블라흐에 지어 둔 세 번째 작곡 오두막에 칩거했고, 다른 계절에는 빈에서 머물렀다. 다만 궁정오페라극장 음악감독직을 사임하며 살던 집도 청산한 터라 빈에서도 호텔을 전전하기는 매한가지였다. 어디에도 정착하지 못하는 예술가의 불안정한 말년의 모습이 안타깝게 다가오는 대목이다.

뉴욕의 새로운 오페라 아지트

　뉴욕은 말러 부부에게 문자 그대로 '신세계'였다. 말러가 도착할 무렵 이곳은 규모로 보나 인프라로 보나 유럽의 파리나 런던과 대결 가능한 문화도시로 성장했다. 1880년, 브로드웨이에 처음 전기가 들어온 것을 신호탄 삼아 같은 해 메트로폴리탄미술관이, 1883년과 1891년에는 훗날 말러의 둥지가 될 메트로폴리탄오페라극장과 카네기홀이 차례로 개관했다. 마침 메트로폴리탄오페라극장이 개관한 해 브루클린다리가 개통되었고, 말러가 도착하기 10년 전 즈음 뉴욕, 브루클린, 퀸즈, 스태튼아일랜드가 통합되어 이곳은 미국 최대 도시로 급부상했다. 유럽에서 오는 이민이 급증한 것 또한 이즈음이어서 당시로서는 이례적인 350만 명의 인구를 자랑했다.

말러를 바다 건너 불러들인 메트로폴리탄오페라극장은, 부를 축적한 뒤 문화 예술계로 눈을 돌린 뉴욕 신흥 부유층이 합심해서 세운 민영 공연장으로, 국왕의 소유인 궁정오페라극장이나 정부의 지원을 받는 빈무지크페라인잘과는 성격이 달랐다.

메트 이전에도 뉴욕에는 크고 작은 오페라극장이 대여섯 개 존재했다. 그중에서 1870년대 문을 연 아카데미오브뮤직은 일찌감치 미국에서 주도권을 선점한 독일계 미국 이민 1세대들이 결성한 문화 예술 카르텔이었다. 부동산 사업과 선박업, 무역 등으로 뒤늦게 갑부가 된 신흥 부유층 가문들이 이 모임에 합류하고자 했지만 거절당했다. 워낙 고고하고 폐쇄적인 집단이기도 했지만, 기존의 오페라극장은 너무 협소해서 후속 회원들에게 전용 박스석을 제공할 수 없었다.

하지만 아카데미오브뮤직의 활동은 지지부진했고, 신흥 부유층 가문들의 전폭적인 후원에 힘입어 브로드웨이 39번가의 건물

메트로폴리탄오페라극장의 옛 모습(1905)

메트로폴리탄오페라극장(올드 메트)은 1883년 10월 22일에 브로드웨이 39번가에 문을 열
었다. 뛰어난 음향과 우아한 인테리어로 유명했지만 백스테이지 시설이 부족해 그랜드 오페
라를 상연할 때마다 스태프들이 건물 외부로 무대 장치와 소품들을 운반해야 하는 단점이
있었다. 맨해튼에 새 오페라극장이 완공된 뒤 1966년 4월 16일 작별 갈라 콘서트를 끝으로
올드 메트의 역사는 막을 내렸으며 1967년에 철거되었다.

무대 뒷면에서 바라본 올드 메트 전경

1937년 11월 28일 폴란드계 미국 피아니스트 조지프 호프만의 연주회 직전에 찍은 사진이다. 올드 메트 객석은 전형적인 말발굽horseshoe 모양으로 지어졌다. 그중에서도 무대를 에워싸고 있는 1층 박스석은 일등 좌석으로 '골든 호스슈Golden Horseshoe'라는 별명으로 불렸다. 1년 단위로 계약할 수 있는 이 박스석은 최고의 뉴욕 상류층만이 구입할 수 있었다. 또한 아무리 부자여도 유색 인종이나 히스패닉, 유대인들은 박스석 구입은 물론 입장마저 통제되었다.

에 메트로폴리탄오페라극장이 1883년 10월 22일에 새롭게 문을 열었다. 링컨센터에 있는 오늘날의 오페라극장과 구별하기 위해 지금은 올드 메트Old Met라 불리는 이 극장의 일등 좌석은 무대를 정면으로 바라보는 1층 박스석들로, 말발굽 모양으로 무대를 에워싸고 있어서 '골든 호스슈Golden Horseshoe'라는 별명으로 통했다. 1년 단위로 계약할 수 있는 이 박스석을 소유하는 것은 뉴욕 상류층 가운데에서도 톱클래스임을 상징했다. 매년 누가 골든 호스슈 박스석을 구입했는지는 뉴요커들의 최고 관심사 중 하나였다.

아카데미오브뮤직 가입을 거부당한 신흥 가문들은 골든 호스슈에 전용 박스석을 확보하기 위해 치열한 신경전을 펼쳤다. 모건, 루스벨트, 록펠러, 밴더빌트 등 뉴욕 토박이 신흥 부유층들이 올드 메트의 새로운 강자로 떠오르기는 했지만, 골든 호스슈의 대부분은 이미 오래전 미국에 정착한 독일계 이주민 기업가들이 독점하다시피 했다. 사교계 리더이던 독일 이민 1세대 애스터가는 미국 최초의 억만장자 가문으로, 당시 맨해튼 지역의 절반을 소유한 부동산 재벌이기도 했다. 보수적인 세력이 장악한 만큼 오페라극장에서는 금전적인 차별 이상으로 인종차별이 극심했다. 유색인종은 오페라극장 출입이 아예 금지되었으며, 유대인은 아무리 많은 돈을 기부해도 골든 호스슈 박스석을 구입할 수 없었다.

그처럼 까다로운 카르텔의 포디엄에 초대된 말러가 하필 유대인이었던 사실, 나아가 메트 주주들 중 독일파의 적극적인 지지를 얻었다는 사실은 모순적이다. 당시 메트 주주들은 이탈리아파와 독일파로 분열되어 있었다. 친독일파 총지배인 하인리히 콘리트의 임기가 끝나 가는 것을 계기로 이탈리아파가 당시 유럽에서 새로운 돌풍을 일으키고 있던 밀라노 스칼라극장의 지휘자 아르투로 토스카니니를 음악감독으로 영입하고자 고군분투하고 있는 가운데, 말러는 이들을 견제할 독일파 주주들의 대항마로 거론되었다.

실제로 말러에 대한 뉴욕의 반응은 나쁘지 않았다. 1907년 12월 21일 오전, 아우구스타빅토리아호에서 내리자마자 말러 부부는 벌떼처럼 모여든 뉴욕 기자들에게 둘러싸였으며, 호텔에 도착하고 나서도 여장을 풀기도 전에「뉴욕타임스」기자와의 인터뷰에 시달렸다. 그만큼 그는 지휘봉을 잡기도 전에 이미 관심의 대상이었다. 1908년 새해 그가 지휘하는〈트리스탄과 이졸데〉가 막을 내렸을 때, 메트에 모여든 약 4000명의 관중은 일제히 기립 박수를 치며 뜨겁게 환호했다. 이때까지만 해도 평론가들 또한 말러의 연주를 "정교하게 짜인 텍스처"이자 "다채로운 색깔이 아름답게 엮인 음색의 그물망"이라며 아낌없는 찬사를 보냈다.

토스카니니와의 악연

성공적인 데뷔 무대 이후 말러는 모차르트의〈돈 조반니〉베토벤의〈피델리오〉등 자신의 장기 레퍼토리를 속속 꺼내 보이며 얼마간은 승승장구했다. 말러 또한 성악가들만 놓고 본다면 성공을 어느 정도 확신할 수 있었다. 표도르 샬랴핀, 엔리코 카루소 등 당대 황금 가수들이 포진한 그의 오페라는 흥행에 성공하지 않으면 이상한 상황이기는 했다.

　문제는 오케스트라였다. 유럽 악단보다 수준이 월등히 떨어지는 오케스트라를 붙들고 말러는 엄격한 카리스마를(빈에서 퇴출당한 원인이 되었던) 다시 발동할 수밖에 없었다. 극장과 지휘자 사이의 기싸움은 연습 첫날부터 시작되었다. 〈트리스탄과 이졸데〉 전주곡을 시작하자마자 말러는 바로 지휘를 멈추고 극장 안에서 벌어지고 있는 모든 리허설을 중단하라고 지시했다. "내 오케스트라 소리를 들을 수 없지 않소!"

　그 시간 대합실에서는 합창단이 자신들의 파트를 연습 중이었다. 올드 메트는 무대만 크고 객석 수만 많았을 뿐 부대 시설과 공간이 형편없이 부족했다. 심지어 바그너의 〈니벨룽의 반지〉라든가 베르디의 〈아이다〉와 같은 그랜드 오페라를 상연할 때는 무대 전환 공간이 따로 없어 세트를 다음 막이 오를 때까지 브로드웨이 도로 위에 두었다가 옮기기도 했다. 스태프와 합창단을 위한 연습실은 당연히 없었다. 연습 중 들려오는 소음은 일상적이고 관례적인 것이었으며, 이전 지휘자 중 어느 누구도 그것을 트집 잡지 않았다. 하지만 말러의 한마디 호통에 극장은 바로 쥐 죽은 듯 고요해졌다.

　함께하는 시간이 길어질수록 말러는 극도로 철저한 완벽주의자의 면모를 노골적으로 드러냈다. 그는 궁정오페라극장에서 그러했듯 메트에서도 가혹하리만큼 철저한 작업 방식을 포기하지 않았다. 메트는 독재자의 모든 요구에 순순히 응했다. 이전에 여

링컨센터에 위치한 메트로폴리탄오페라극장

세계에서 가장 규모가 큰 오페라극장으로, 총 3732개의 좌석과 245개의 입석 공간을 보유하고 있다. 로비에는 샤갈이 그린 〈음악의 승리〉와 〈음악의 기원〉이 전시되어 있다. 1966년 9월 16일 바버의 오페라 〈안토니와 클레오파트라〉 세계 초연으로 공식 개관 행사를 했다. 현재 해마다 240여 편의 오페라가 무대에 오르고 있다.

러 차례 상연한 바 있는 모차르트의 〈돈 조반니〉 공연을 앞두고 유례없이 열다섯 번의 리허설을 요구할 때도 군소리 없이 받아들였다. 이를 두고 한 평론가는 "메트가 '염가 판매'를 당했다"라고 조롱하기도 했다. 혹독한 연습의 대가는 한 치의 오차도 없는 완벽한 앙상블과 마지막 커튼이 내려갈 때 극장 지붕이 떠나갈 듯 터져 나오는 청중의 '미친 듯한 함성'으로 돌아왔다. 전통이 짧았던 미국 오페라계에 말러의 엄격함은 처음에는 생소하게, 그 다음에는 고통스럽게 다가왔지만 결국 대단히 매력적인 무엇으로 받아들여졌다.

말러에게나 메트에게나 불행한 사실은 그들의 허니문이 오래 가지 못했다는 점이다. 공연의 연이은 성공에 고무된 메트는 말러에게 음악감독직을 타진할 만큼 호의적이었다. 하지만 말러는 이에 비관적으로 응했다. 그 자리는 1년의 절반 이상을 뉴욕에 살아야 한다는 사실을 의미했다. 궁정오페라극장에서 받던 연봉의 세 배를 제안받으며 뉴욕까지 온 이유는 '짧고 굵게' 일하고 재정적 안정을 확보한 뒤 작곡에 온전히 몸과 마음을 투신하기 위함이었다. 그는 뉴욕에서 매년 3개월 이상은 머물고 싶지 않았다.

무엇보다 메트는 손볼 곳이 많은 극장이었다. 빼어난 성악진을 제외하면 나머지 상황은 그리 좋지 않았다. 오케스트라 수준은 당연히 성에 차지 않았고, 예술적 판단과 상관없이 극장을 마음대로 좌지우지하는 주주와 경영진의 행태도 거슬렸다. 메트에 대한 회의적인 소견은 말러가 궁정오페라극장에서 함께 일했던 무대 디자이너 롤러에게 보낸 편지에 고스란히 남아 있다.

"거의 이민자 위주로 구성된 무대 권력자들(감독, 연출가, 무대 디자이너 등)의 절대적인 무능과 협잡의 결과로, 이곳 극장은 참담한 상황에 이르러 있소."

말러가 메트의 음악감독직 제안을 거절하자 독일파는 당황했다. 반면 이탈리아파는 이를 기회로 독일 중심 분위기와 유대인들의 영향력으로부터 벗어나고자 밀라노에서 토스카니니를 영입하려고 시도했다. 결국 말러는 메트의 주도권을 자신의 대안으로 선택된 토스카니니에게 빼앗길 운명에 처했다.

토스카니니가 거론될 때만 해도 말러에게는 이 후배 지휘자로부터 독일 레퍼토리, 특히 바그너 음악극만은 사수할 자신이 있었다. 당시 토스카니니는 베르디와 푸치니 오페라의 일인자로 각광받고 있었다. 말러는 토스카니니는 이탈리아 오페라를, 자신은 독일 오페라를 지휘하는 이원 체제를 구상했다. 하지만 토스카니니의 야망은 말러의 상상 이상이었다. 그는 일찍이 이탈리아에서 〈트리스탄과 이졸데〉는 물론 〈뉘른베르크의 마이스터징거〉, 〈니벨룽의 반지〉 시리즈 등을 연달아 상연했고 의미 있는 반응도 얻었다. 이탈리아인들에게 베르디나 푸치니에 비해 존재감이 미미한 바그너를 오페라 작곡가로 각인시킨 장본인이 바로 토스카니니였다. 그런 그가 뉴욕에서 바그너를 지휘하지 못할 이유는 어디에도 없었다.

토스카니니는 보란 듯이 〈트리스탄과 이졸데〉를 자신의 메트 데뷔 오페라로 골랐다. 이 소식에 말러는 격하게 분노했고, 이에 놀란 메트는 토스카니니를 구슬려 프로그램을 베르디의 〈아이다〉

로 변경했다. 동시대를 산 두 라이벌의 첫 번째 대결은 일단 말러의 승리로 끝났다. 하지만 이는 말러의 마지막이자 유일한 승리이기도 했다. 이듬해 토스카니니는 메트 무대에 올라 소원대로 〈트리스탄과 이졸데〉를 지휘하고야 말았다. 말러가 거절한 자리를 받아들인 그는 1915년까지 메트의 왕으로 군림했다. 또한 말러가 상임 지휘자로 있었던 뉴욕필하모닉오케스트라에서도 1928년부터 1936년까지 상임 감독을 역임했다.

〈트리스탄과 이졸데〉를 둘러싼 악연 때문인지 말러에 대한 토스카니니의 평가는 그리 좋지 않았다. 말러는 생전에 "나와 전혀 다르지만 대단한 지휘자"라며 토스카니니를 높이 평가한 반면 토스카니니는 말러를 "병들고 지친 가련한 신사"에 불과하다고 폄하했다. 그의 교향곡들 또한 "그 어떤 개성도 없는, 기존 작곡가들로부터 이것저것 따온 모자이크 음악"이라고 혹평했다. 토스카니니는 말러보다 겨우 일곱 살 어렸지만 아흔 살까지 장수하며 말러보다 두 배나 긴 생을 누렸다. 그 긴 생애 중에 117편의 오페라와 480곡의 관현악곡을 지휘했지만 말러의 작품은 단 한 번도 손대지 않았다.

새로운 제안

말러와 메트의 관계가 삐거덕거린다는 소식에 미국 사교계는 들썩였다. 특히 말러의 활동을 주시하던 세력으로 부인회라는 모임이 있었다. 신흥 사업가들의 부인들로 구성된 이 모임은 남편의 재력을 등에 업고 유동자금을 굴리며 자신들의 세를 확장할 궁리를 하고 있었다.

앞서 말했듯이 메트는 독일계 사업가들와 그 부인들의 입김이 센 극장이었고, 신흥 부호들은 상대적으로 위축되어 있었다. 하지만 오케스트라라면 이야기가 또 달랐다. 보수적인 오페라계에 비해 미개척지나 다름없는 관현악계에는 아직 신흥 세력이 지분을 확보할 기회가 충분히 있었다.

뉴욕에서 말러는 사교계와 적극적으로 관계를 유지하는 편이었다. 자신을 뉴욕으로 불러 기회를 준 고마움에 대한 답례이기도 했거니와, 차별도 유럽과 비교하면 상대적으로 덜했다. 황제와 관료가 장악한 유럽 음악계에 비해 뉴욕 사교계는 말러 부부를 평등하게 대해 주었고, 호의적이었으며, 그의 음악성을 절대적으로 신뢰해 주었다. 첫 번째 뉴욕 체류를 끝내고 유럽에 잠시 돌아온 말러는 지인들과 이런 대화를 나누었다.

"미국은 유럽과 완전히 다른 곳이오. 다른 무엇보다도 내 위로 누구도 군림하지 않는 것을 실감할 수 있소. 원한다면 대통령에게 '좋은 아침입니다. 루스벨트 씨!'라고 인사를 건넬 수 있소. 그러고 싶지 않다면 또 안 그래도 상관없죠."

"아주 좋네요. 하지만 거기에 음악 문화라는 것이 존재하기는 합니까?"

"문화라, 아니요. 그렇지는 않습니다. 하지만 모든 것이 완벽할 수는 없지 않소."

— Norman Lebrecht, *Mahler Remembered* 중

애써 발걸음 한 사교 파티에서 말러가 사람들과 어울리지 못한 이유는 아마 이 때문일 것이다. 지휘자 레오폴드 스토코프스키의 부인이자 피아니스트인 올가 스토코프스키는 피아노 제작사 사장인 스타인웨이 부부가 마련한 만찬에서 말러를 만난 경험을 이렇게 회고했다.

그가 미국에 도착한 지 얼마 되지 않았을 때, 찰스 스타인웨이는 말러 부부를 초대한 디너에 나도 초대해 주었다. 나는 기대감에 잔뜩 부풀어 약속 시간보다 30분이나 일찍 도착해 버리고 말았다. 스타인웨이 부인은 내게 이런 인사말을 건넸다.

"오늘 밤 말러 씨 옆자리에 앉게 해 드릴게요, 하지만 대화를 기대하지는 마세요. 그는 디너 파티에서는 도통 입을 열지 않는답니다."

나는 한번 도전해 보겠다고 응답했지만 말러가 도착했을 때 그만 용기를 잃고 말았다. 척 보기에도 그는 너무도 거리감이 느껴져서 평범한 대화를 상상할 수 없는 인물이었다. 저녁 식탁에 앉았을 때 그는 내 쪽에는 아예 눈길조차 주지 않았다. 그는 껍데기 한쪽에 붙어 있는 굴 알맹이에만 집중할 뿐이었다. 하지만 수프에는 그다지 관심이 없었고, 그 틈을 비집고 나는 소심하게 내 소개를 해 보았다. 그는 나를 쳐다보지도 않은 채 '예'라고 답하고는

뉴욕필하모닉오케스트라

미국에서 가장 오랜 역사를 가진 오케스트라로, 빈필하모닉오케스트라와 마찬가지로 극장
이나 귀족에 종속되지 않는 콘서트 전문 악단이다. 말러는 1909년부터 죽을 때까지 뉴욕필
하모닉오케스트라의 상임 지휘자를 역임했다. 말러와 함께 일했던 이 시절과, 1958년부터
1969년까지 상임 지휘자를 맡은 말러 스페셜리스트 레너드 번스타인의 활동기를 거치면서
뉴욕필하모닉오케스트라는 말러 교향곡에 관한 한 역사적으로 가장 강렬한 DNA를 품은
악단이 되었다.

다시 혼자만의 침묵에 빠졌다.

— Norman Lebrecht, *Mahler Remembered* 중

토스카니니에게 밀린 말러가 마음속으로 메트를 포함한 뉴욕이라는 도시 전체와 작별 수순을 밟고 있을 때, 부인들은 말러를 설득해 그들 편에 끌어들이고자 했다. 뉴욕에서 이미 활동하는 기존의 오케스트라는 연주력과 경험이 빈약해 말러의 성에 차지 않았다. 부인회는 말러를 위해 뉴욕과 브루클린에서 엄선한 최고 음악가들로 구성한 새 오케스트라를 창단해 주겠노라 달콤하게 제안했다. 빈에서도 가져 보지 못한 자신만의 악단이라니. 말러의 병든 심장을 다시금 기운차게 뛰게 할 만큼 환상적인 속삭임이었지만 결국 이 제안은 속삭임으로 끝났다. 대신 부인들은 한참 슬럼프로 고전 중인 뉴욕필하모닉오케스트라를 말러의 힘을 빌려 재생하는 쪽으로 방향을 틀었다. 1909년 2월, 말러는 이 오케스트라와 상임 지휘자 계약을 체결했다.

뉴욕필하모닉오케스트라의 재탄생

뉴욕필하모닉오케스트라는 1893년 드보르자크의 교향곡 9번 〈신세계로부터〉를 초연하는 등 화려한 경력을 소유한 악단이었지만 말러가 뉴욕에 머물던 시절에는 재정적으로나 실력으로나 엉망 그 자체였다. 말러의 편지를 보면 악단의 상태가 고스란히

드러난다. 상임으로 임명되기 전인 1908년에 말러는 뉴욕필하모닉오케스트라를 총 세 차례 객원 지휘를 했다. 그중에는 자신의 교향곡 2번 〈부활〉 뉴욕 초연도 포함되어 있었다. 리허설을 진행하면서 말러는 자신의 추종자이던 스위스 작가 윌리엄 리터에게 보낸 편지에서 분통을 터뜨렸다.

> 유감스럽게도 악단은 내 리허설을 전혀 따라오지 못하고 있소. 미국인들은 처음에는 나와 무엇을 어떻게 해야 하는지 도통 모르는구려. 미국은 어떤 예술적 능력도 없는 나라라는 것이 내 생각인데, 아마도 그들의 사전에는 예술을 한다는 말이 없는 듯하오.
>
> — Norman Lebrecht, *Mahler Remembered* 중

악단에 대한 극도의 불신을 안은 채 상임 지휘자 제안을 수락한 이유는 당시 말러에게 다른 선택지가 없었기 때문일 것이다. 이미 메트가 커다란 실망감을 안겨 준 상황에서 뉴욕필하모닉오케스트라는 작곡에 전념하기 위한 수입을 보장하는 유일한 대안이었다. 게다가 희망을 품을 이유도 있었다. 독일파와 이탈리아파가 서로 주도권 다툼을 하고 프로그램 간섭도 심했던 메트 경영진에 비해 신흥 부유층들로 구성된 뉴욕필하모닉오케스트라 경영진은 상임 지휘자의 결정권을 적극적으로 보장해 주었다.

말러 영입은 오케스트라에 지각변동을 가져왔다. 그가 궁정오페라극장에 음악감독으로 처음 입성할 당시의 상황이 비슷하게 반복되었다. 그가 1902년 2월 뉴욕필하모닉오케스트라 계약서에

서명할 때까지만 해도 100명 넘게 있던 단원들이 11월에 상임 지휘자로서 취임 연주회를 할 때는 56명밖에 남지 않았다. 단원 중 절반 이상이 말러의 음악적 수준을 만족시키지 못한 죄로 악단을 그만둘 수밖에 없었다. 특히 목관 단원들은 핵심 단원 두 명만 빼고 모조리 해고되어 거의 초토화 수준이었다. 악장은 말러가 직접 발탁한, 독일 거장 바이올리니스트 요제프 요아힘의 애제자인 시어도어 스피어링으로 교체되었다.

리허설 분위기 또한 쇄신했다. 뉴욕필하모닉오케스트라 단원들은 말러의 개혁과 엄격한 연습에 생각보다 순순히 따라왔다. 당시 뉴욕의 오케스트라는 유럽보다 노조의 힘이 강해서 정해진 연습 시간을 1분이라도 넘기면 단원들이 연습실에서 퇴장해 버리는 것으로 유명했다. 하지만 말러가 지휘하는 뉴욕필하모닉오케스트라에서는 그런 장면을 단 한 차례도 볼 수 없었다. 1910년 1월 16일, 뉴욕 카네기홀에서 말러가 지휘하는 뉴욕필하모닉오케스트라와 자신의 피아노 협주곡 3번을 연주한 작곡가 겸 피아니스트 세르게이 라흐마니노프 또한 이러한 현장을 직접 목도했다.

리허설은 (다른 곡 연습을 위해) 10시에 이미 시작되었고, 나는 11시부터 리허설에 합류할 예정이었다. 나는 시간에 맞추어 도착했지만 내 협주곡은 12시까지 시작하지 못했다. 드디어 리허설을 시작했을 때는 연습 시간이 불과 30분밖에 남지 않았다. 36분짜리 내 협주곡을 나는 가급적 모두 연주해 보고자 최선을 다했다. 우리는 연주하고 또 연주했다. 30분이 훌쩍 넘은 지 오래였지만

GUSTAV MAHLER 10

말러는 전혀 개의치 않았다. (중략) 45분 뒤 말러는 오케스트라를 향해 "1악장을 다시 반복해 봅시다"라고 말했다. 내 심장은 꽁꽁 얼어 버렸다. 끔찍한 소동이 일어나든지, 아니면 최소한 단원들이 격렬하게 항의할 것이라 예상했지만, 그들은 그 어떤 불만도 표시하지 않았다. 단원들은 1악장을 반복하면서 오히려 먼저 연주보다 더 열정적이거나 혹은 더 익숙해진 듯 보였다. 마침내 끝났다. 나는 지휘대 앞으로 가서 말러와 함께 악보를 살펴보았다. 뒤에서는 단원들이 악기를 케이스에 넣고 퇴장하려고 했다. 말러가 화를 내며 외쳤다.

"지금 뭐 하는 거요?"

악장이 대답했다. "1시 반이 지났습니다, 지휘자님."

"그게 어쨌다는 거요! 내가 있는 한 단원 중 그 누구도 먼저 일어나서는 안 돼!"

— Norman Lebrecht, *Mahler Remembered* 중

말러가 활동했던 카네기홀

맨해튼에 위치한 클래식 음악 전용 공연장으로 철강왕 앤드루 카네기의 기부로 세워졌다. 1891년 차이콥스키의 지휘로 개관 연주회를 했으며, 지금은 뉴욕시가 운영하고 있다. 뉴욕필하모닉은 1892년부터 1962년까지 이곳을 상주 공연장으로 사용했지만 이후 완공된 링컨센터로 이전했다. 뉴욕필하모닉오케스트라가 이전한 뒤 이용 가치가 떨어지고 시설마저 노후해진 카네기홀을 뉴욕시는 철거하고자 했지만 음악가들의 강한 반발로 이 계획은 철회되었다. 당시 철거를 적극적으로 반대하고 카네기홀 운영을 위한 지원금 마련에 앞장선 미국 바이올리니스트 아이작 스턴의 이름을 따서 1997년 대공연장 이름이 아이작스턴오디토리엄으로 개명되기도 했다. 올드 메트가 사라진 지금 뉴욕에 남아 있는, 말러가 활동했던 유일한 공간이다.

말러가 뉴욕필하모닉오케스트라의 체질 개선을 위해 독재의 칼날을 휘두르는 동안 경영진은 소리 없는 박수를 보냈다. 언론 재벌 조지프 퓰리처를 비롯한 이사회는 새로운 단원 영입과 늘어난 콘서트를 위해 금전적인 후원을 아끼지 않았다. 말러 이전 뉴욕필하모닉오케스트라의 콘서트 횟수는 시즌당 18회에 불과했지만, 말러는 임기를 시작하자마자 첫 시즌에만 46회의 공연을 소화했고, 두 번째이자 마지막 시즌(1910~1911)에는 무려 65회의 공연을 예정하고 있었다. 이 가운데 그는 11월 초부터 건강상의 이유로 포디엄에서 내려오기 전인 2월 21일까지 무려 49회의 콘서트를 완성했다. 메트에서 활동할 때보다 두 배나 많은 일정이었고, 시즌 기간도 2개월이나 더 길었다.

콘서트는 하나하나가 다양한 프로그램으로 짜였고, 어떤 때는 당시 크게 취향을 가리지 않던 뉴욕필하모닉오케스트라 청중에게조차 지나치게 자극적이고 실험적으로 다가왔다. 베토벤의 교향곡은 물론 당시에는 동시대 음악에 가깝던 브람스의 교향곡 1번과 슈만의 교향곡 2번과 교향곡 3번 〈라인〉, 차이콥스키의 교향곡 5번과 교향곡 6번 〈비창〉, 리하르트 슈트라우스의 교향시 〈틸 오일렌슈피겔의 유쾌한 장난〉도 포함했다.

레퍼토리 확장을 위해 말러는 현대 곡뿐만 아니라 시대를 역행하는 시도도 주저하지 않았다. 베토벤과 모차르트를 중심에 두고 고전주의 위주로만 돌아가던 뉴욕 공연계에서 바흐, 헨델, 라모 같은 18세기 바로크 음악이 말러의 지휘봉 아래 처음 소개되었다. 말러가 미국에서 초연한 바흐의 관현악 모음곡(BWV 1066~1069)은

말러의 뉴욕필하모닉오케스트라 데뷔 콘서트 포스터

1909년 3월 31일과 4월 6일에 말러의 데뷔 콘서트가 열렸다. 3월 31일에는 슈만과 베토벤, 바그너를 연주했으며, 4월 6일에는 〈합창〉 교향곡을 포함한 베토벤 교향곡 위주로 프로그램이 구성되었다. 평론가들은 이 두 공연에 대해 호평을 남겼다.

'역사적 연주회Historical Performance'라는 제목 아래 진행되었는데, 작곡가 생존 당시의 연주법을 역사적으로 고증해서 재연한다는 의미였다. 이를 위해 말러는 바소 콘티누오Basso Continuo*를 작곡해 추가했으며, 피아노 제작사인 스타인웨이사에 이 공연을 위해 특별히 의뢰해서 제작한 슈피네트**를 그랜드피아노와 번갈아 가며 연주했다.

물론 바로크 시대와 달리 여전한 대편성 오케스트라에 모던 악기를 사용한 이 연주회를 '완벽한 고증'이라 부르기에는 무리가 있다. 그럼에도 이른바 '시대 연주'*** 운동의 시조라 불리는 아놀드 돌메치의 『16~18세기 음악 해석』이라는 책이 말러가 사망하고도 3년 뒤인 1914년에야 출판되었음을 감안할 때, 시대 악기를 동원한 말러의 공연은 분명 남보다 앞서가는 시도였다. 말러가 작곡한 음악이 현대음악으로 향하는 들어가는 관문이라면, 말러의 지휘봉은 현대음악의 디딤돌이 된 바로크 시대까지 거슬러 올라갔다. 말러 덕분에 뉴욕필하모닉오케스트라는 아주 이른 시기부터 방대한 레퍼토리와 연주 관습을 축적하며 '멀티플레이어' 악단으로 성장할 수 있었다.

빈에서 베토벤의 교향곡을 연주할 때 그러했듯 뉴욕에서도 말

---

* 바로크 시대 유행한 음악 기법으로, 기존의 베이스 라인 위에 부분적으로 즉흥적 화음을 더해 반주 성부를 완성하는 연주법이다. '통주저음'이라 불리기도 한다.

** 15~18세기 유럽에서 사용하던 오각형 모양의 건반악기. 하프시코드보다 크기가 작고 현을 비스듬하게 연결했다.

*** 악기와 조율 방식과 연주법, 편성 등을 당대 원형 그대로 고증해서 재연하는 방식의 연주.

러는 작품을 편곡해서 연주하기를 주저하지 않았다. 이는 원곡에 더욱 정교한 오케스트레이션을 부여하기 위한 것이기도 했지만, 악단의 불완전한 연주력을 커버하기 위한 불가피한 가필이기도 했다. 하지만 빈에서 그러했듯 말러의 편곡은 뉴욕에서도 그리 환영받지 못했다. 특히 「뉴욕데일리트리뷴」의 악명 높은 평론가 헨리 에드워드 크레빌 같은 사람은 말러의 이런 시도를 절대로 용납할 수 없었던 것 같다. 그는 말러가 메트에서 지휘할 때부터 음악 해석에 대해 늘 시비를 걸었고, 뉴욕필하모닉오케스트라의 수장이 된 이후에는 가장 신랄한 비판자가 되어 보통 사람들은 쉽게 찾을 수 없는 편곡의 흔적을 매의 눈으로 간파하고는 사사건건 문제 삼았다. 말러는 오케스트라 내부에 악보를 (크레빌의 관점에서 '부당하게') 변경하는 것을 그에게 고자질하는 스파이가 있다고 의심했다.

이런 증언은 말러가 빈 필하모닉오케스트라에서 그러했듯 뉴욕필하모닉 단원들과도 원만한 관계를 이루지 못했다는 인상을 준다. 단원들 대부분이 자신들의 지휘자를 대단히 무서워했던 것은 사실인 듯싶다. 말러가 서거한 뒤 그와 함께 일한 뉴욕필하모닉오케스트라 단원들은 저마다 라디오나 텔레비전에 출연해 자신들의 수장을 얼마나 어려워했는지 에피소드를 열거했다. 말러는 지각이라면 늘 그랬듯 질색했고, 리허설 중에는 아주 사소한 소음 하나도 견디지 못하고 분통을 터뜨렸다. 하지만 결이 다른 증언도 있다. 리허설이 일단 성공적으로 끝나면 그는 흥에 겨워 단원들을 데리고 펍에 맥주를 마시러 가기도 했다. 이렇듯 격이 없이 단원들과 교감하는 기분파 수장의 모습은 빈에서는 찾아볼 수 없는 말러의 이면이다.

　뉴욕에서의 직장 생활은 빈에서보다 훨씬 수월했던 것이 분명하다. 빈 필하모닉오케스트라에서 산전수전을 다 겪어 본 말러는 뉴욕필하모닉오케스트라와의 전투에서는 한층 노련하게 대응했다. 뉴욕필하모닉오케스트라 또한 말러의 공로를 인정하지 않을 수 없었을 것이다. 말러와 언론의 갈등이 날이 갈수록 악화하고, 말러에게 서럽게 당한 단원들의 탄원이 빗발치는 와중에도 뉴욕필하모닉오케스트라 경영진은 1911년에 새로운 시즌을 위한 대안을 찾지 못한 채 말러와 연임 계약을 맺었다. 말러는 "내 후임자로 내가 왔다"라고 단원들에게 농담처럼 말하고 다녔다.

미완의 교향곡

　1908년 2월 16일, 뉴욕에서 두 번째 겨울을 보내고 있던 말러는 11층 호텔 발코니에서 한 장례 행진을 목격했다. 화재를 진압하다 순직한 소방관의 장례식이었다. 소방관의 희생은 신문을 통해 이미 널리 알려져 있었다. 위에서 내려다본 센트럴파크 옆 대로는 장례 행진에 참여한 수많은 군중으로 가득 메워져 있었다. 어느 순간 장례 행진이 멈추었고, 수석 소방관이 순직한 동료를 기리는 짧은 연설을 했다. 연설이 끝나고 큰 북소리가 울렸다. 사람들은 약속이나 한 듯 모두 침묵했고, 이윽고 장례 행진은 다시 시작되었다.

　이 장면을 멀리서 지켜본 말러는 눈물을 흘리고 있었다고 알마는 회고록에서 전했다. 그녀는 이때 멀리서 들려오던 짧고 굵은 북소리가 말러의 교향곡 10번에 사용되었다고 주장했다. 실제로 이 교향곡 4악장 말미에서 짧고 먹먹하게 단 한 번 울려 퍼지는 북소리(소리를 죽이기 위해 천으로 감싼 북)는 이 작품 전체의 강력한 상징이다. 또한 말러가 자신의 에너지를 소진했을 뿐 창조적인 영감을 얻지 못한 장소로 거론되는 뉴욕을 옹호하기 위해 자주 거론된다. 다른 교향곡과 다른 방식으로 나아가는 템포, 무엇보다 그 어느 작품에서도 엿볼 수 없는 거대한 삭막함은 분명 유럽의 작곡 오두막에서 받은 자극과는 다르게 다가온다.

그럼에도 많은 사람들은 알마의 증언을 곧이곧대로 받아들이지 않는다. 말러가 교향곡 10번을 작곡할 때는 세상을 뜨기 1년 전인 1910년 여름이었다. 하지만 소방수의 장례식은 그로부터 2년 전인 1908년의 일이었다. 1910년 말러는 물리적으로나 정신적으로나 지난 과거로부터 음악적 영감을 떠올릴 만큼 한가롭지 않았다. 교향곡 8번의 초연 준비로 바쁘기도 했거니와, 무엇보다 이 당시 그를 가장 괴롭힌 사건은 알마와 그로피우스의 불륜이었다. 그는 프로이트를 찾아가 정신 상담을 받을 만큼 고통스러운 하루하루를 보냈다. 미완성으로 남은 교향곡 10번 자필 악보에는 이 당시 작곡가를 사로잡고 있던 번뇌를 토로하는 내용이 여기저기 적혀 있다. 그 가운데 이 북소리가 있는 4악장의 마지막 페이지에 그는 이런 시를 적어 놓았다.

이것이 무엇을 의미하는지는 오로지 너만이 알고 있지!

뉴욕에서 유럽으로 돌아가는 배 위의 말러

말러를 찍은 마지막 사진으로 병색이 완연한 모습이다. 그 와중에도 왼쪽 다리를 오른쪽 다리에 꼬고 오른손으로 지팡이를 쥐고 있는 그의 전형적인 포즈를 취하고 있다.

아! 아! 아!

안녕, 나의 리라여! 안녕!

안녕! 아! 아! 아!

Du allein weisst was es bedeutet!

Ach! Ach! Ach!

Leb wohl mein Saitenspiel! Leb wol!

Leb wol! Ach wol! Ach Ach!

　이 지극히 사적이고 비밀스러운 낙서는 무엇을 의미하는 것일까? 말러와 일면식 없는 소방수의 장례식에 대한 감흥이 아닌 것만은 확실하다. 다른 부분은 차치하더라도 '리라Saitenspiel'는 말러가 알마를 부를 때 사용하던 애칭 중 하나다. 말러는 다른 남자와 바람을 피운 아내를 용서하고 매달렸지만 내면 깊숙한 곳으로부터는 그녀에게 이별을 고하고 있다. 육신은 함께하더라도 멀리 떠난 아내의 마음을 돌이킬 수 없다는 것을 깨달은 버림받은 남편의 체념이 감지된다. 그 이별의 이유를 당사자 리라는 알고 있을 것이라 이 낙서는 말한다. 이 먹먹한 북소리는 아내로 인해 입은 정신적 충격을 소리로 형상화한 것이라 볼 수 있다.

　말러는 알마를 놓으면서도 놓지 못했다. 말러가 연주 때문에 자신의 곁을 비울 때마다 알마는 내연남을 만나러 다녔고, 말러는 이를 묵인했다. 애정을 표현하는 방법에 지독히도 무지했던 이 가부장적인 남자는 생애 가장 마지막 순간, 그것도 최악의 상황에 이르러서야 자신이 얼마나 아내를 사랑하는지 깨달았다. 결국 완성하지 못하고 남긴 교향곡 10번은 천수를 다 누리지 못하고 때이르게 찾아온 말러의 죽음을 상징하는 듯하다. 그 다 쓰지 못한 악보에 마치 자신의 때늦은 각성을 기록이라도 하려는 듯 그는 마지막 악장의 가장 마지막 페이지, 바로 코다가 시작되는 부분에 "너를 위해 살고 너를 위해 죽는다"라고 적고, 그 아래 하단 현악기 파트가 날아오르는 부분에 알마의 애칭인 "알므쉬!Almsch!'라고 새겨 넣었다.

1910년 가을, 뉴욕에서 세 번째 시즌을 진행하며 말러의 건강은 급속도로 악화했다. 1911년 2월 21일, 카네기홀 공연은 생애 마지막 연주회가 되었다. 3일 뒤 똑같은 프로그램 지휘가 예정되어 있었지만 그의 건강 상태는 지휘봉을 쥘 수 없는 지경에 이르렀다. 오케스트라 악장 시어도어 스피어링에게 지휘봉을 대신 맡기고 그는 병상에서 사경을 헤맸다. 알마를 비롯한 주변의 모든 이들이 말러가 돌아올 수 없는 길에 들어섰음을 감지했다.

그나마 여행할 기력이 남아 있을 때 파리로 가서 저명한 의사를 만나 보라는 주변 친구들의 의견에 말러 부부는 유럽으로 돌아가기로 결심했다. 4월 8일, 말러는 호텔을 나섰다. 호텔 측에서 제공한 들것을 거절하고 대신 친구의 부축에 온몸을 기대어 엘리베이터 쪽으로 한 걸음 한 걸음 움직였다. 그런 말러의 모습을 본 엘리베이터 보이는 눈물을 감추기 위해 고개를 숙이고 1층에 내려 주었다. 당연히 북적여야 할 로비는 한산했다. 말러가 사람들의 호기심 어린 시선에 시달리지 않도록 하기 위한 호텔 측의 배려였다. 옆문에서 기다리고 있던 뉴욕필하모닉오케스트라 임원의 차를 타고 말러 부부는 항구로 가서 유럽행 배에 올랐다.

배에는 두 명의 예술가가 함께 타고 있었다. 한 명은 이탈리아 작곡인인 페루초 부조니였다. 아무도 만나려 하지 않았던 말러는 자신이 총애해 마지않은 부조니의 방문만은 환영했다. 이 젊은 작곡가가 복잡한 악보를 들고 선실로 들어오면 그것을 가지고 대화를 나누는 것이 쇠약해진 말러의 유일한 낙이었다. 나머지 한 명은 오스트리아 작가인 슈테판 츠바이크였다. 그는 프랑스 셰르부르항에 상륙할 때 들것에 실려 하선하는 말러의 모습을 특유의 필체로 기록해 두었다.

그는 죽어 가는 사람처럼 창백해져서 움직이지도 않고 입술을 꾹 다문 채 누워 있었다. 바람이 그의 희게 센 머리카락을 옆으로 넘겼고, 둥근 이마는 뚜렷하고 대담하게 튀어나왔으며, 그 아래로는 의지의 추동력이 들어앉아 있는 단단한 턱이 튀어나와 있었다. 여윈 두 손은 피곤해서 탈진한 사람처럼 이불 위에 있었고, 불같은 남자였던 그의 유약해진 모습을 처음으로 보았다. 그러나 이런 그의 실루엣은—그 모습은 절대로, 절대로 잊을 수가 없다!—무한히 펼쳐진 잿빛 하늘이며 바다와 대조를 이루어 두드러졌고, 그 모습에는 한없는 슬픔이, 또한 위대함으로써 사람을 정화하는, 음악처럼 천천히 사라지며 숭고하게 승화되는 무엇인가가 있었다.

— Norman Lebrecht, *Mahler Remembered* 중

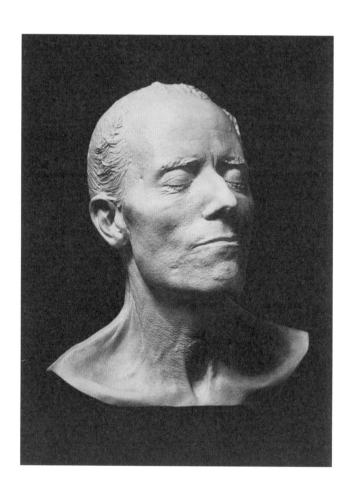

말러의 데드마스크

말러의 임종을 지켜본 유일한 측근이던 장인 쿠르트 몰에 의해 제작되었다. 뒤늦게 달려온 알프레트 롤러는 죽음에 이른 말러의 모습을 이렇게 묘사했다. "그가 죽은 밤 다음 날 아침, 작별을 하려고 바라본 그의 얼굴은 죽음과의 오랜 투쟁에서 비롯된 고통을 여전히 품고 있었다. 그로부터 몇 시간 뒤 말러를 찾아온 클림트 또한 그 모습이 얼마나 장엄한 고요와 이 세상에 속한 것이 아닌 듯한 아름다움을 품고 있었는지 내게 말해 주었다."

셰르부르에서 기차로 파리로 이동한 말러는 호텔로 옮겨졌다. 파리에 머무는 동안 파스퇴르연구소의 세균학자 샹트메스 교수는 말러의 질병이 정확히 무엇인지 확인했지만 더 취할 수 없는 조치는 남아 있지 않았다. 말러는 빈에서 죽고 싶어 했다. 파리에서 할 수 있는 모든 의학적 시도가 바닥났을 때, 5월 11일 말러는 빈으로 향하는 열차에 올랐다. 여행 내내 그는 침대칸에 누워 도착할 때까지 일어나지 못했다.

빈의 마리아넨가세에 있는 뢰브요양소에 들어간 그는 5월 17일에 혼수상태에 빠져 5월 18일 밤 11시에 사망했다. 의료진을 제외하고 말러의 마지막을 지켜본 지인은 장인인 카를 몰뿐이었다. 몰은 말러가 사망하자 데드마스크를 떴다. 뒤늦게 롤러와 클림트가 도착해 말러의 죽은 얼굴에서 마지막까지 삶을 포기하지 않았던 사투의 흔적을 확인했다.

죽음, 그 이후

말러 부활의 공신

무덤은 누가 묻혔는지에 따라 관광 명소가 되기도 한다. 뉴욕 브루클린 그린우드 공동묘지도 그런 경우다. 19세기 후반에 조성된 이 묘지는 장 미셸 바스키아 같은 유명 인사들이 하나둘 묻히면서 유명세를 타기 시작했다. 60만 명의 영혼을 보듬고 있는 이곳은 2006년에 국립 역사 유적지로 지정되어 지금은 뉴욕 최고 여행지 중 하나로 손꼽힌다.

음악가 친구와 이곳을 찾았을 때, 뉴욕은 늦봄의 토요일이었다. 구글 지도를 보면서 묘지 가장자리에는 도착했는데, 한참 걸어도 끝없이 담장만 이어질 뿐 입구가 도통 나타나지 않았다. 담장을 따라 거의 달리다시피 하다가 간신히 폐문 시간 직전에야 고딕 교회를 엉성하게 모방한 출입문에 도착했다. 입구 바로 옆에 방문객 센터가 있어 지도를 받아 들고 갈 수도 있었지만 문이 닫힐까 싶어 그럴 겨를도 여유도 없이 서둘러 입구를 통과했다.

이것이 결정적 패착이라는 것은 얼마 지나지 않아 금방 알 수 있었다. 이곳의 100분의 1도 안 되는 그린칭 묘지에서도 묘지기의 안내로 간신히 말러의 무덤을 찾았건만 무슨 배짱이었던 것일까? 대국의 묘지는 규모도 남달라서 집 대신 묘지와 비석으로 채워진 하나의 작은 도시 같았다. 친구와 아무 생각 없이 발길 닿는 대로 걷다가 우리는 길을 잃고 말았다. 어둑해지는 하늘 아래 이대로 묘비들 사이에서 밤을 지새워야 하는 것은 아닐지 살짝 두려움에 떨다가 정신을 차리고 다시 스마트폰을 들었다. 검색창과 구글 지도를 번갈아 띄우며 왔던 길을 돌아가기를 반복하다가 마침내 우리는 배틀힐에 올라 땅속에 평평하게 묻혀 있는 네모난 비석을 발견했다.

LEONARD

BERNSTEIN

1918~1990

방문객들이 하나둘 놓고 간 조약돌이 올망졸망 둘러싸고 있는 비석 양옆으로 미니 성조기와 프라이드 플래그가 앙증맞게 꽂혀 있었다. 이 무덤이 이날 나의 목적지이며, 말러 여행의 마지막 방문지였다.

말러 스페셜리스트인 레너드 번스타인의 묘

20세기 '말러 부활'에 앞장선 지휘자 번스타인이 자신의 유언에 따라 말러의 교향곡 5번 악보와 함께 뉴욕 브루클린 그린우드 공동묘지에 묻혀 있다.

1960년대, 클래식 음악계에서는 생기 없는 화석처럼 회자되던 작곡가 말러가 탄생 100주년을 맞이하며 부활의 용틀임을 하고 있었다. 번스타인은 이런 분위기에 지대한 영향을 끼친 음악인이다. 안타깝게도 그 계기는 모두 그 자신을 포함한 누군가의 죽음에서 비롯되었다. 1963년 절친인 존 F. 케네디 대통령이 암살당했을 때 번스타인은 그의 장례식에서 말러의 교향곡 2번 〈부활〉을 연주했다. 그로부터 5년 뒤 거행된 로버트 F. 케네디의 장례식에서는 말러의 교향곡 5번 4악장 아다지에토를 연주했다. 그리고 1990년, 마침내 번스타인 자신이 숨을 거두었을 때, 고인의 유언에 따라 그는 말러의 교향곡 5번 악보를 품에 안고 관에 누웠다. 무덤까지 그의 악보를 가지고 들어갈 만큼 말러는 그에게 중요한 존재였다.

물론 그 의미는 번스타인 개인에게만 한정된 것은 아니었다. 냉전 시대 자유 진영 대표 국가의 대통령 장례식장에서 울려 퍼진 말러의 교향곡은 작곡가가 이 시대 세계적으로 누리던 위상을 상징한다. 말러의 위상이 여기까지 이른 데는 번스타인의 공로가 지대했음을 부인할 수 없다. 이 때문에 번스타인은 죽은 말러의 영혼을 무덤에서 깨운 최초의 인물처럼 거론된다.

한 가지 분명히 짚고 넘어가자면 그것은 사실이 아니다. 말러의 부활은 그렇게 드라마틱하지 않았다. 작곡가의 사망과 더불어 긴 세월 동안 잊혔다가 초연 후 100년 만에 멘델스존의 지휘봉에 의해 극적으로 부활한 바흐의 〈마태수난곡〉에 비한다면 말러의 작품은 작곡가 사망 뒤에도 추종자들에 의해 꾸준히 연주되며 그럭

저럭 융숭한 대접을 받은 편에 속한다.

　말러의 작품은 그가 살아 있을 때부터 정치적 불평등과 편견에 핍박받으면서도 강인한 생명력을 과시했다. 그의 작품에 가해진 폭력은 외면이라기보다는 불공정한 과소평가였다. 반유대주의 진영은 말러가 살아 있을 때는 물론 사망 이후까지 일관되게 '불호'를 유지했다. 말러의 첫 작품에서 '촌스런 이디시 억양'이 느껴진다고 조롱한 그들의 악평은 음악 외적인 이유에 근거한, 즉 인종차별의 발로였다. 이런 분위기는 나치의 집권과 더불어 더욱 노골적으로 심화하면서 절정에 달했다. 1933년, 독일과 오스트리아, 그리고 이후 제3제국의 점령지에서 유대인 말러의 음악은 차례로 금지곡으로 지정되는 수순을 밟았다. 이전에 온갖 차별 속에서도 말러가 순수하게 음악성만으로 누리던 '독일 대표 레퍼토리'로서의 지위는 순수 아리아계 작곡가 한스 피츠너에게 돌아갔다.

　독일이 패전한 뒤 음악계는 미국을 중심으로 재편되었지만 말러는 쉽게 복권되지 않았다. 세계 음악계는 말러의 음악을 나치의 엄호를 받던 리하르트 슈트라우스와 도매금으로 "게르만 특유의 복잡하기만 하고 무미건조한 음악"이라고 비난했다. 말러의 음악을 싫어하는 사람들이 모두 반유대주의자는 아니었다. 당시 각각 유럽과 미국 오케스트라를 평정하고 있던 양대 지휘자인 빌헬름 푸르트뱅글러와 토스카니니는 저마다의 음악적 이유로 말러의 교향곡을 단 한 번도 손대지 않았다.

　반게르만와 반유대주의라는 서로 상반된 정치적 잔영에 이중으로 가려져 있던 말러의 위상을 구원한 것은 위대한 지휘자들이었다. 유럽에서는 멩엘베르흐, 클렘페러, 헤르만 셰르헨이, 미국에서는 망명한 발터와 스토코프스키 등이 말러 전도에 앞장섰다. 번스타인에게 말러를 처음 들려준 이는 폴란드 지휘자인 아르투르 로진스키였다. 1943년, 로진스키의 지휘로 뉴욕필하모닉오케스트라가 연주하는 말러의 교향곡 2번 〈부활〉을 들으며 번스타인은 처음으로 자신의 사명을 각성했다.

번스타인은 그로부터 5년 뒤 뉴욕과 이스라엘에서 이 곡을 지휘하며 자신의 시그니처 작품으로 아예 도장을 찍었다. 뉴욕필하모닉오케스트라와 함께한 1000번째 공연에서도, 그 자신의 1만 번째 지휘 무대에서도 그는 교향곡 2번 〈부활〉을 연주했다. 이는 번스타인의 유명한 멘토이던 프리츠 라이너와 드미트리 미트로풀로스, 커티스음악원 스승이던 르네 롱기가 모두 말러 광신자였기에 가능한 업적이었다. '말러리안 번스타인'은 결코 무에서 태어난 존재가 아니라 선배 거장들로부터 세례를 받은 후손이었다.

다만 번스타인은 선배들과 다른 점이 있었으니, 지난날 거장들이 그토록 노력해도 변방에서 좀처럼 벗어나지 못한 말러의 음악을 주류로 편입시킨 것이었다. 자신이 음악감독으로 있는 뉴욕필하모닉오케스트라와 여러 페스티벌에서 그는 프로그램 정중앙에 늘 말러의 교향곡을 편성했으며, 말러 교향곡 전곡 레코딩도 두 번이나 완주했다. 그의 지휘봉 아래 전 세계 오케스트라 지도는 말러를 중심으로 재편되었다.

뉴욕필하모닉오케스트라를 지휘하는 번스타인
20세기 중반, 진부하고 현학적이라 비난받던 고전음악계에 번스타인이 꺼내든 말러는 새롭
되 새롭지 않은 카드였다. 과거의 흔적으로 남아 있던 말러를 현재를 대변하는 음악으로 승
화시킬 수 있었던 것은 말러 음악이 지닌 예지적 아우라 때문일 것이다.

새롭되 새롭지 않은

이는 20세기 음악계의 새로운 전환점으로 기록된다. 연극으로 치면 아무도 주시하지 않던 '행인 3'이 어느 날 같은 무대에서 '주역'으로 부상하는 드라마틱한 반전을 이룬 셈이다. 이 반전의 기점은 말러 탄생 100주년을 전후로 하던 1960년대였다. 이 시대를 들여다보면 클래식 음악은 대중음악이 일으킨 거대한 해일 앞에 잠식될 위기에 처해 있었다. 비틀스가 선두에 선 대중음악이 새로운 언어와 신선한 카리스마, 참신하고도 진보적인 정치성으로 무장하여 기득권을 위협하고 있을 무렵, 오케스트라 레퍼토리는 작곡된 지 수백 년은 된 이른바 '고전'이라고 하는 작품을 사골 국물처럼 재탕에 삼탕을 거듭하는 것이 고작이었다. 그 와중에 어렵사리 잉태한 소수의 동시대 작품 또한 기존 체제를 옹호하는 진부함에 현학적인 난해함까지 더해져 대중으로부터 외면받고 있었다.

말러는 바로 이런 상황에서 번스타인이 꺼내든 새롭되 새롭지 않은 카드였다. 과거의 흔적으로 남아 있던 말러를 현재를 대변하는 음악으로 승화시킬 수 있었던 까닭은 말러의 음악이 지닌 예지적 아우라 때문일 것이다. 그의 음악은 이중적이다. 안티테제가 끝없이 갈등하다 화해하지 않고 어정쩡하게 마무리된다(억지스러운 해피엔딩이 아니기에 그만큼 지극히 현실적이다). 세기말 제국이 누리던 번영을 화려한 사운드로 담아내는 와중에 보이지 않게 썩어 들어가는 추잡한 사회의 이면을 노골적으로 노출한다. 귀족과 부르주아가 드나드는 공연장에 한갓 평민이 술집에서나 부르는 음탕한 권주가의 멜로디를 소환한다. 아름답게 반짝이는 사랑의 노래를 자아내지만, 그 황금빛은 곧 변질될 사랑의 마지막 슬픈 황혼이다. 들키고 싶지 않은 추잡한 뒷모습을 굳이 들추는 말러의 음악을 동시대 청중은 상당히 듣기 거북했을 것이다.

그렇다고 음악으로 사회를 고발하는 정의의 사도를 자처하기에 말러는 내성적이고 개인적인 인물이었다. 번스타인이 말했듯 말러의 모든 음악은 근본적으로 모두 그 자신에 대한 것이었다. 그의 삶은 온통 갈등투성이였다. 잘나가는 지휘자이자 삼류 작곡가였고, 기독교로 개종했지만 딱 한 번 교회에 나간 유대인이었으며, 보헤미아 시골뜨기 출신의 빈 유명 인사였고, 아내를 사랑하는 지극히 가부장적이고 권위적인 남편이었다. 그가 지닌 개인적 모순은 사회가 부여한 것이기도 하다. 어쨌거나 그는 음악으로 자신의 모순을 똑바로 마주하려고 노력한 용자였다.

고전주의가 영원한 이유는 그들이 현실적으로 도달 불가능한 이상 세계를 음악으로 꿈꾸었기 때문이다. 하이든과 모차르트는 조화로운 세계를 음악적 형식을 통해 상상했다. 베토벤은 모두가 서로 형제라 부르는 인류애 넘치는 세상을 노래했지만 그런 세상은 지금까지 한 번도 실현된 적이 없다. 이들과 달리 말러의 음악이 현재 진행형일 수 있는 이유는 그것이 품고 있는 모순된 비전이 인간, 더 나아가 사회의 변하지 않는 본질을 반영하기 때문이다. 게다가 그 모순을 당연하게 받아들이기를 거부하고 의심하며 저항한다.

우리가 말러의 음악에 적극적으로 열광할 수 있는 까닭은 그와 동시대 청중보다는 더 성숙했기 때문이 아닐까? 자신의 약점을 솔직하게 인정하고 직시할 수 있을 만큼 용감해진 것은 아닐까? 혹은 그런 용기를 그의 음악을 통해 얻고자 하는 것이 아닐까?

그 방법을 말러는 악보에 대단히 치밀하게 지시해 놓았다. 그의 악보는 광적일 만큼 꼼꼼한 지시로 악명이 높다. 가령 느린 악장을 보더라도 '아다지오'라는 단순한 표현 대신 "느리고, 평화롭게, 깊이 있게 대단히 부드럽게 이어서, 매우 표현력 있게 노래하며"라고 적어 놓았다. 여기에 "몰토 에스프레시보molto espressivo(표정을 매우 살려서)"라는 이탈리아 지시어를 덤으로 추가했다.

악보를 읽을 줄 아는 이들에게 말러가 남긴 악보는 '숨은 소리'를 찾는 흥미가 쏠쏠하다. 이 강박적 거장이 남긴 모든 지시를 충실하게 실천한 연주가 듣고 싶다면 번스타인이 뉴욕필하모닉오케스트라와 함께 완성한(교향곡 8번만 런던심포니오케스트라와 함께 녹음했다) 첫 번째 말러 교향곡 전집(소니)을 추천한다. 말러의 디테일에 경외감을 가지고 집착하는 번스타인의 이 레코딩은 다소 과장되고 부자연스럽지만, 작곡가가 추구한 표현과 소리를 생동감 있게 경험할 기회를 제공한다. 하지만 번스타인의 두 번째 말러 교향곡 전곡 레코딩(DG)은 첫 번째 레코딩보다 훨씬 자유롭다. 특히 주목을 끌 만큼 극단적으로 요동치는 템포는 작곡가보다는 지휘자의 자의식에서 비롯된 것으로 들린다.

탄생 100주년과 함께 부활한 말러는 우리 시대 콘서트홀에서 연주되면서 20세기 초 빈이 아닌 우리가 지금 살고 있는 이 순간과 이 장소를 공유하게 되었다. 원작자가 기록한, 기벽에 가까운 디테일 사이에서 새로운 맥박과 표현, 더 유연하고 다양한 의미를 추가하며 끝없이 진화 중이다. 모순과 갈등에 다가가는 방법은 반드시 동일할 필요가 없다. 감정을 철저하게 배제한 피에르 불레즈의 말러는 냉담하기 그지없는 반면, 발터의 말러는 부드럽고 인류애가 넘친다. 미하엘 길렌의 말러는 뚱하고 대단히 유물론적이지만, 조지 셀의 말러 교향곡 4번은 생크림처럼 순하고 부드럽다.

이런 차이는 동시대 지휘봉에서도 여전히 엿볼 수 있다. 최근 '클래식 음악계의 이단아'로 승승장구 중인 테오도르 쿠렌치스는 교향곡 6번 〈비극적〉의 표제 '비극적'을 그리스비극으로 해석하며 음악이 지닌 서사와 웅변에 방점을 찍었다. 사이먼 래틀이 지휘한 말러의 교향곡 5번은 인간적 고뇌를 초월한 투명한 사운드가 돋보인다.

이렇듯 말러와 동시대부터 시작된 말러 스페셜리스트의 역사는 큰 줄기를 타고 흐르기보다 저마다 다른 해석의 콜라주를 형성해 왔다. 마치 말러의 음악처럼. 그들의 해석에 대해 취향의 호불호는 가릴 수 있을지언정 옳고 그름을 따지는 것은 무의미하다. 베토벤이나 바그너와 마찬가지로 말러 또한 스스로 모순된 존재였으며, 여러 상반된 의미의 다양성을 동시에 다루는 서사적 예술가였다. 그의 음악은 거울과 같아서 들여다보면 우리 자신의 주관적 모순을 투영한다. 덕분에 말러의 교향곡들은 요한 슈트라우스의 왈츠마냥 빈의 풍경을 묘사하는 것으로 끝나지 않는다. 말러의 음악에 '센티멘탈'이나 '노스탤지어' 같은 과거 지향적인 표현은 어울리지 않는다. 그의 음악은 늘 바로 지금, 동시대의 소리로 치열하게 승화되어 울려 퍼져 왔다.

그러나 말러 음악의 동시대성, 아니 현재성을 최고의 희열과 더불어 감상할 수 있는 연주는 명반이 아닌 가장 가까운 공연장에서 벌어지는 실황 콘서트다. 수십 개의 악기가 동시에 소리를 터뜨릴 때 느껴지는 카타르시스와 무대와 객석 사이에서 벌어지는 예측 불가능한 신성한 '화합'은 인공적인 음원으로는 복제 불가능하기 때문이다. 시끄러운 소음과 음악의 경계를 아슬아슬하게 외줄 타기를 하는 와중에 말러의 음악은 듣는 이는 물론 연주하는 이 하나하나의 인생에 저마다 진한 의미를 남기고, 추억을 빚어 내며, 삶의 모순을 마주할 용기를 심어 준다. 가장 개인적이면서 동시에 가장 공동체적인 예술. 말러의 음악이 지닌 가치는 바로 그런 것이다.

말러 예술의 키워드

01 죽음

말러의 음악을 이해하기 위해서는 그가 얼마나 '죽음'이라는 주제에 강박되어 있었는지 이해할 필요가 있다. 여섯 살 때 이미 〈장송 행진곡을 서주로 붙인 폴카〉라는 곡을 작곡할 정도로 어린 시절부터 죽음은 그의 삶에 밀착된 경험이었다. 방을 함께 쓰던 동생들이 병에 걸려 죽어 관에 실려 나가는 모습을 여러 차례 목격한 그가 죽음을 창작의 소재로 사용한 것은 지극히 자연스러운 시도였다. 그는 생애 처음 작곡한 첫 번째 교향곡에 대해 "내 교향곡의 영웅은 무덤가에서 태어난다"라고 공언했으며, 말년에 작곡한 교향곡 9번에 대해서는 "죽음이 내게 들려준 것"이라 표현했다. 그 사이 대부분의 교향곡이 장송 행진곡 혹은 '죽

말러의 연가곡 〈죽은 아이를 그리는 노래〉의 악보 표지.

음의 무도'를 포함한다. 말러가 음악과 더불어 고뇌하던 죽음은 공포보다는 오히려 실존적 의미를 띤다. 죽음이 언제 어떻게 들이닥칠지 몰라도 지금 이 순간 내가 살아 있는 이유에 대해 그는 늘 호기심을 놓지 않았다. 하지만 그 관점만은 나이가 들수록 변화하는 양상을 띤다. 초기 교향곡에서 다루는 죽음이 실존적 부활을 준비하기 위한 통과의례라면, 중기 교향곡에서는 역동적인 운명의 필연적 요소이자 저항의 대상으로 다루어진다. 반면 뤼케르트의 동명 시를 가지고 작곡한 〈죽은 아이를 그리는 노래〉와 심장병 선고를 받고 작곡한 교향곡 9번에서는 사랑하는 것들에 대한 이별을 관조하는 현자의 초월적인 관점이 엿보인다.

02 바그너

빈음악원으로 유학가자마자 말러는 도시 전체가 휩싸여 있던 바그너 열풍에 빠져들었다. 젊은 시절부터 바그너의 작품 세계를 끝없이 탐독하고 연구한 그는 작곡가 이전에 바그너 전문 지휘자로서 명성을 먼저 얻었다. 당시 어렵고 난해해서 온전히 상연되지 못했던 바그너의 여러 음악극이 강박적일 만큼 완벽주의를 추구하던 말러의 지휘봉 아래 디테일을 드러냈고, 청중은 열광했다. 유대인임에도 불구하고 말러가 결국에는 궁정오페라극장 예술감독으로 입성할 수 있었던 이유는 바그너 추종자들이 집약적으로 모여 있던 빈 음악계 분위기의 영향이 컸다. 말러는 작곡가로서도 음악, 무용, 문학, 건축, 조각, 회화에 이르기까지 모든 장르의 예술이 저마다의 결핍을 극복하고 완전한 예술로 구축하기 위해서는 통합되어야 한다는 바그너의 '총체 예술'론에 적극적으로 공감했다. 이 총체 예술의 성공적인 사례로 바그너는 베토벤의 〈합창〉 교향곡을 들었다. 베토벤의 〈합창〉 교향곡처럼 성악과의 결합을 시도한 교향곡 2번과 3번, 4번, 8번은 바그너의 이론에 깊은 영향을 받은 결과물이라 할 수 있다.

03 자연

말러는 1번 교향곡 〈거인〉을 제외한 나머지 작품을 모두 대자연의 품에서 작곡했다. 지휘자로서 명성이 쌓일수록 바빠서 작곡에 몰입할 틈이 없었던 그는 여름휴가 때면 자신을 성가시게 만드는 복잡한 도시를 떠나 한적한 시골로 은둔했다. 교향곡 2번 〈부활〉과 3번은 아테르제 근처의 슈타인바흐에서, 중기 교향곡인 4번부터 8번까지 교향곡은 뵈르테제 근처의 마이에르니히에서, 그리고 〈대지의 노래〉와 교향곡 9번, 미완성 스케치로 남은 교향곡 10번은 토블라흐에서 작곡했다. 알프스의 거대하고도 압도적이며 때로는 두려울 만큼 위협적인 풍광은 도시에서 볼 수 있는 아기자기한 공원과 정원에 익숙하던 여느 빈 시민들과는 차원이 다른 자연의 형상을 말러에게 심어 주었고, 그것은 그의 교향곡에 소리로 고스란히 구현되어 있다.

말러의 세 번째 작곡 오두막이 있는 토블라흐.

04 알마 말러

교향곡 4번을 작곡한 이후 만난 알마는 말러의 음악에 다양한 방식으로 영향을 주었던 것으로 추정된다. '추정'이라 하는 이유는 작곡가 본인의 증언은 거의 남아 있지 않고 작곡가 사후 알마 본인의 주장과 동료 작곡가들의 회고와 증언만이 존재하기 때문이다. 가령 말러의 저 유명한 교향곡 5번 중 아다지에토 악장이 작곡가가 짧은 연애 중에 알마에게 보낸 러브레터라는 증언은 후배 지휘자 빌럼 멩엘베르흐의 입을 빌린 것이다. 알마는 자신의 회고록에서 말러가 결혼 이후 완성한 교향곡 5번의 총보를 옮겨 적는 것을 본인이 도왔으며, 작곡가가 피아노로 자신에게 먼저 들려주었다고 했다. 이 회고록에는 '타악기를 위한 교향곡' 같다는 자신의 의견 때문에 말러가 타악기 파트를 대폭 축소했다고 적혀 있다. 또한 알마는 교향곡 6번 〈비극적〉 1악장에 나오는 두 번째 테마가 자신을 묘사하고 있다고 주장했다. 거칠고 리듬감 넘치는 장송 행진곡 테마에 이어 갑자기 하늘로 솟구치는

듯 등장하는 아름다운 테마를 의미하
는데, 그녀의 주장에 의거해 오늘날 말
러 애호가들은 이것을 '알마의 테마'라
부른다. 말러가 자신의 작품과 관련해
아내의 이름을 공식적으로 언급한 것
은 교향곡 8번이 유일하다. 1910년 뮌
헨에서 초연한 교향곡 8번을 말러는 아
내 알마에게 공식적으로 헌정했다. 알
마와 그로피우스의 불륜 때문에 갈등
을 빚고 있던 말러 부부는 이 작품 초연
을 준비하는 과정에서 어느 정도 화해
에 이르렀던 것으로 풀이된다. 덕분에
이 교향곡은 말러의 모든 작품들 가운
데 유일하게 헌정자를 가지게 되었다.

오스카 코코슈카가 그린 알마.

말러는 알마가 불륜을 저지른 순간부터 자신이 아내를 얼마나 깊이 사랑하고 있는지 뒤늦
게 깨닫게 되었던 것 같다. 여전히 자신이 부재할 때마다 그로피우스에게 달려가는 알마
의 파렴치한 행보를 알면서도 묵인하며 부부 관계를 유지하던 말러의 마음은 쑥대밭이 되
어 갔다. 미완성으로 남은 교향곡 10번 자필 스케치 악보 중 4악장 마지막 페이지에 아내
의 이름과 그녀를 은유하는 시를 갈기갈기 적어 놓은 낙서는 이 당시 그가 아내에게 품고
있던 복잡한 심경을 드러낸다.

05 문학

빈음악원 재학 시절 장 파울과 니체, 쇼펜하우어에 심취한 말러는 어릴 적부터 문학에 조
예가 깊었다. 알마는 남편이 시각예술보다 텍스트에 더 민감한 감수성을 가졌다고 증언했
다. 1~4번 교향곡에서 음악적 모티브로 사용한 리트집 〈어린이의 이상한 뿔피리〉는 19
세기 초 독일 작가 아힘 폰 아르님과 클레멘스 브렌타노가 독일 전역을 돌아다니며 수집
한 민중 시를 모아서 출판한 동명의 시집에서 비롯된 명작이다. 마이에르니히에서 작곡한
중기 교향곡(5~7번)은 뤼케르트의 시들을 가지고 완성한 〈죽은 아이를 그리는 노래〉를

모티브로 취한다. 웅장한 합창이 처음부터 끝까지 관현악과 함께하는 교향곡 8번은 중세 시대 마인츠 대주교 라바누스 마우루스가 쓴 송가 『오소서 창조주 성령이여』를 첫 악장에 취하고 있으며, 〈대지의 노래〉는 이태백의 『중국 피리』에서 영감을 받았다. 말러가 교향곡 1번 초연 당시 표제로 붙인 〈거인〉이라는 제목(훗날 그는 청중의 감상에 선입견을 줄 수 있다며 이 제목을 철회했다)은 그가 당시 심취해 있던 장 파울의 동명의 작품에서 따온 것이다. 교향곡 2번의 제목인 〈부활〉 역시 5악장에 사용한 가사의 기반이 된 프리드리히 고틀리프 클롭슈토크의 동명 시에서 유래한 것으로, 말러가 붙인 제목이 아니다. 한편 교향곡 3번부터 중기 교향곡인 교향곡 7번까지는 니체의 『차라투스트라는 이렇게 말했다』의 영향도 강렬하게 드러난다. 교향곡 3번 4악장 '인류가 내게 들려주는 것'은 니체의 글을 그대로 인용한 것이며, 교향곡 6번에 붙은 〈비극적〉이라는 제목은 『비극의 탄생』을 집필한 니체의 중심 세계관을 상징한다. 교향곡 7번

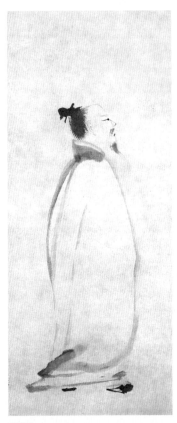

이태백.

중 '밤의 노래'라는 제목을 달고 있는 4악장에 대해 일부 평론가는 니체의 『차라투스트라는 이렇게 말했다』에 나오는 〈밤의 노래〉로부터 영감을 받았다고 주장한다. 반면 교향곡 8번에서는 그가 마이에르니히 시절부터 빠져들던 괴테의 『파우스트』의 세계관이 돋보인다. 1악장 종교적인 송가에 이어 연주되는 2악장의 가사는 어린 천사들과 성모가 악마 메피스토펠레스로부터 파우스트를 구해 하늘로 승천하는 『파우스트』의 마지막 장면을 노래한다.

06 랜틀러

말러가 즐겨 사용한 춤곡 리듬인 '랜틀러Ländler'는 단어 그대로 '요들을 부르며 땅Land을 힘차게 구르며 추는 춤'이라는 의미로, 본래 독일과 오스트리아 지방 농민들이 즐겨 추던 민속춤이다. 뮤지컬 〈사운드 오브 뮤직〉에서 대령과 마리아가 우아하게 손을 붙잡고 추던 춤이 바로 이 랜틀러 스텝이다. 3/8박자 혹은 3/4박자의 비교적 느린 템포로 진행되는 이 춤곡은 훗날 더욱 화려하고 우아한 형식으로 진화하여 19세기 빈 사교계를 지배한 왈츠의 원조격이라 할 수 있다. 왈츠로 진화하기 전, 랜틀러는 고전주의 시대부터 작곡가들로부터 많은 사랑을 받았다. 베토벤과 슈베르트가 이 리듬을 기반으로 다양한 스케르초 악장과 실내악곡을 남겼고, 브루크너는 4번과 6번을 제외한 자신의 교향곡의 춤곡 악장에 대부분 랜틀러 리듬을 사용했다. 빈 유학 시절부터 존경하던 선배의 전철을 밟듯이 말러 또한 춤곡 악장에 랜틀러를 자주 사용했다. 다만 기교적으로 우아하게 다듬어 사용한 브루크너와 달리 말러의 랜틀러는 원형 그대로의 투박하고 힘찬 질감이 강렬하게 살아 있다. 랜틀러 리듬은 오케스트라라는 지극히 엘리트적인 예술에 서민 계급의 천박한 감성을 공존하게 함으로써 삶의 아이러니를 표현하고자 했던 말러의 의도를 상징한다. 교향곡 1번 〈거인〉의 2악장과 교향곡 2번 <부활>의 2악장, 교향곡 4번의 2악장, 교향곡 5번의 3악장, 교향곡 9번의 2악장에서는 같은 유전자를 가지고 저마다 다른 개성으로 진화한 독특한 랜틀러를 들을 수 있다.

랜틀러.

말러 생애의 결정적 장면

1860 체코의 칼리슈테에서 태어나다

7월 7일, 구스타프 말러는 선술집을 운영하던 아버지 베른하르트 말러와 어머니 마리 헤르만 사이에서 둘째로 태어났다. 말러가 태어난 지 얼마 안 되어 가족이 모두 이흘라바로 이주한 관계로 말러는 이흘라바에서 유소년기를 보냈다. 그의 부모는 평생 슬하에 열네 명의 자식을 두었는데, 그중 절반은 어린 나이에 사망했다. 말러의 형도 태어난 지 얼마 안 되어 사고로 죽었다. 이렇듯 말러의 유년 시절은 죽음이 늘 가까이에서 있었고, 이에서 비롯된 원초적인 상실감은 훗날 그의 작품에 유령처럼 출몰했다.

말러가 어린 시절을 보낸 이흘라바의 거리.

1870	10월, 이흘라바시립극장에서 첫 피아노 리사이틀을 치렀다.
1875	9월, 오스트리아 빈음악원 작곡과에 들어갔다. 학업보다는 학교 밖으로 나와 숲속을 거닐거나, 바그너 음악에 심취했다.
1877	7월, 빈대학교에 들어가 빈음악원 학업과 병행했다.
1880	5월, 오스트리아 바트할에 있는 여름 극장에 지휘자로 고용되어 9월까지 일했다.
1881	9월, 슬로베니아 라이바흐시립극장 지휘자로 선임되어 이듬해 4월까지 몸담았다. 이때 베르디의 〈일 트로바토레〉로 처음으로 오페라를 지휘했다.
1883	1월, 체코 올뮈츠왕립극장 지휘자가 되어 3월까지 일했다. 5월, 독일 카셀왕립극장의 지휘자가 되어 1885년 7월까지 몸담았다.
1885	7월, 체코 프라하왕립독일극장의 지휘자가 되어 1886년 7월까지 일했다.
1886	7월, 독일 라이프치히극장의 지휘자가 되어 1888년 5월까지 일했다.
1888	10월, 헝가리 부다페스트왕립극장의 지휘자가 되어 1891년까지 일했다.
1889	2월, 아버지가 사망한 뒤 10월에는 어머니가 사망했다. 이후 동생들이 빈으로 이사를 오고, 말러는 그들의 보호자가 되었다. 11월, 부다페스트에서 교향곡 1번 〈거인〉을 초연 지휘했다.
1890	볼로냐, 밀라노, 제노바 등 이탈리아를 여행했다. 말러가 지휘한 모차르트 오페라 〈돈 조반니〉에 감명을 받은 브람스와 만났다.
1891	3월, 독일 함부르크시립극장의 수석 지휘자가 되어 1897년까지 일했다. 코펜하겐, 예테보리, 오슬로 등 스칸디나비아 반도를 여행했다.

이흘라바의 말러공원에 있는 말러 조각상

1893 아테르제 호숫가에서 여름을 보내다

함부르크시립극장의 수석 지휘자로 재직하던 시절, 말러는 여동생 유스티네를 통해 작곡에 집중하기 위한 조용한 휴가처를 물색했다. 그리하여 오스트리아 잘츠카머구트 지역에 있는 아테르제 호숫가를 찾아냈다. 처음에 말러 일행은 슈타인바흐 마을에 있는 여관의 방 다섯 개를 빌려 석 달간 지냈다. 성공적인 휴가를 보낸 뒤 이듬해에는 아예 작곡을 위한 오두막을 따로 지어 세 번의 여름을 그곳에서 보냈다. 슈타인바흐는 말러에게 탁월한 선택이었다. 호수가 그에게 말을 걸어온다고 했을 만큼 주변의 알프스 정경은 풍성한 영감의 원천이 되어 주었고, 덕분에 그의 창작 욕구도 다시 불붙어 올랐다.

아테르제 호숫가의 작곡 오두막.

1895 2월, 남동생 오토가 자살했다. 여름에 바트이슐에서 브람스와 재회했다. 12월, 교향곡 2번 〈부활〉을 베를린에서 세계 초연 지휘를 했다.

1897 빈 궁정오페라극장의 지휘자로 임명되다

말러는 부다페스트와 함부르크에서 음악감독직을 역임하면서 바야흐로 유럽 음악계의 혜성 같은 존재로 주목받기 시작했다. 그러나 음악의 도시 빈의 심장이라 불리는 궁정오페라극장에 들어가는 것은 쉬운 일이 아니었다. 가장 큰 걸림돌은 그가 유대인이라는 사실이었다. 이에 그는 함부르크성당에 찾아가 가톨릭 세례를 받았다. 결국 5월에 궁정오페라극장 지휘자로 임명된 그는 바그너의

빈국립오페라극장의 객석.

〈로엔그린〉을 지휘하며 성공적으로 데뷔했다. 1907년까지 이곳에서 재직하는 동안 그는 특유의 완벽주의로 극장에 만연해 있던 적당주의 문화를 크게 쇄신했고, 모차르트나 바그너 같은 인기 레퍼토리 외에도 푸치니, 생상스, 리하르트 슈트라우스 같은 동시대 음악가들의 신작도 부지런히 소개했으며, 거대한 베토벤의 그림자를 계승하면서도 그것과 맞서 싸워 나갔다.

1898 9월, 필하모닉오케스트라의 지휘자로 임명되었다. 11월, 여동생 유스티네와 함께 빈의 아우엔브루거가세 2번지에 있는 아파트로 이사했다.

1899 7월, 훗날 아내가 될 알마 신들러를 소개받았다. 그러나 이때는 그녀를 눈여겨보지 않았다. 이해에 클라겐푸르트 인근 마이에르니히에 작곡 오두막과 별장을 짓기 시작했다.

1900 마이에르니히에서 여름을 보내며 교향곡 4번을 완성했다.

1901 4월, 필하모닉오케스트라 지휘자에서 사임했다. 11월, 뮌헨에서 교향곡 4번을 초연했다.

1902 알마와 결혼하다

말러는 3월 9일 빈의 카를대성당에서 열아홉 살이나 어린 알마와 결혼식을 올렸다. 말러와 마찬가지로 유대인이었음에도 불구하고 알마는 저명한 화가인 친아버지와 분리파 화가인 양아버지의 후광에 힘입어 빈 사교계에 수월하게 입성할 수 있었다. 여기에 타고난 미모까지 한몫하면서 그녀는 빈 사교계 최고의 팜므 파탈로 성장했다. 1901년 11월, 지인이 초대한 파티에서 만난 말러와 알마는 불과 연애 4개월 만에 결혼에 도달하여 말러가 죽을 때까지 약 10년간 함께했다. 말러의 인생에서 알마는 '말러의 뮤즈'라 불리기도 하고, 불륜을 저질러 말러에게 큰 고통을 준 악처로 불리기도 한다. 두 사람은 슬하에 마리아와 안나 두 딸을 두었지만, 마리아는 어린 나이에 성홍열과 디프테리아로 사망했다.

알마와 두 딸.
왼쪽이 첫째 딸 마리아이고,
오른쪽이 둘째 딸 안나다.

1903	2월, 〈트리스탄과 이졸데〉를 무대에 올리기 위해 알프레트 롤러와 협업하기 시작했다.
1904	6월, 둘째 딸 안나가 태어났다. 10월, 쾰른에서 교향곡 5번을 세계 초연을 했다.
1906	5월, 독일 에센에서 교향곡 6번 〈비극적〉을 세계 초연을 했다.

1907 궁정오페라극장에서 물러나다

궁정오페라극장에서 10년간 재직하면서 음악 인생의 정점을 찍은 말러는 계속되는 언론의 공격과 자신의 교향곡에 대한 평론가들의 악평, 단원들의 불평불만에 시달리다가 결국 5월에 사의를 표명했다. 엎친 데 덮친 격으로 7월에는 마이에르니히에서 마지막 여름휴가를 보내던 중 첫째 딸 마리아가 성홍열과 디프테리아로 사망했으며, 말러 자신도 심장병 진단을 받았다. 이로써 말러를 지탱해 주던 의미 있는 것이 무너져 내리기 시작했다. 10월에 궁정오페라극장에서 〈피델리오〉 공연을 마지막으로 마친 말러는 알마와 함께 뉴욕으로 건너갔다.

1901년 빈의 한 잡지에 실린 말러의 캐리커처. "하이퍼모던 지휘자"라는 제목이 붙어 있다.

1908 1월, 뉴욕 메트로폴리탄오페라극장의 지휘봉을 잡고 〈트리스탄과 이졸데〉로 데뷔했다. 5월, 이탈리아 토블라흐에서 여름을 보냈다. 9월, 프라하에서 교향곡 7번을 초연했다.

1909 뉴욕필하모닉의 새 지휘자로 임명되었다. 토블라흐에서 여름을 보내며 〈대지의 노래〉를 완성했다.

1910 7월, 발터 그로피우스가 알마에게 편지를 보냈으나 수신자를 말러로 한 탓에 알마와 그로피우스의 관계가 탄로 났다. 8월, 지크문트 프로이트에 부부 문제를 상담했다. 9월, 뮌헨에서 교향곡 8번 E플랫장조 〈천인〉을 세계 초연을 했다.

1911 2월, 뉴욕에서 마지막으로 지휘대에 섰다. 4월, 뉴욕을 떠나 파리에 도착했다. 5월, 파리를 떠나 빈에 도착했다. 5월 18일, 빈의 뢰브요양소에서 눈을 감았다. 시신은 그린칭 묘지에 안장되었다.

참고 문헌

Brody, Elaine, "Gustav Mahler and His Vienna", *The Journal of Musicology*, Vol. 1, No.3, 1982.

Celenza, Anna Harwell, "Darwinian Visions: Beethoven Reception in Mahler's Vienna", *The Musical Quarterly*, 2010.

Davis, Peter G. "When Mahler Took Manhattan", *The New York Times*, May 17 2011.

Ditzler, Kirk, "Tradition ist Schlamperei: Gustav Mahler and the Vienna Court Opera", *International Review of the Aesthetics and Sociology of Music*, Vol. 29, No. 1, 1998.

Jones, David Wyn, *Music in Vienna: 1700, 1800, 1900*, Boydell Press, 2016.

Kaplan, Gilbert, *The Mahler Album*, Harry N. Abrams, 2011.

La Grange, Henry-Louis de, *Gustav Mahler-A New Life Cut Short(1907-1911)*, Oxford University Press, 2008.

Lebrecht, Norman, *Mahler Remebered*, Faber and Faber, 2011.

Lebrecht, Norman, *Why Mahler?-How One Man and Ten Symphonies Changed the World*, Faber and Faber, 2010.

Niekerk, Carl, "Vienna Around 1900 and the Crisis of Public Art: On Text and Music in Klimt, Mahler, and Schnitzler", *Neophilologus*, Vol. 95, 2011.

Niekerk, Carl, *Reading Mahler: German Culture and Jewish Identity in Fin-de-Siècle Vienna*, BOYE6, 2013.

Painter, Karen(ed.), *Mahler and His World*, Princeton, 2002.

Peattie, Thomas, "Mahler's Alpine Journey", *Acta Musicologica*, Vol. 83, 2011.

Peattie, Thomas, *Gustav Mahler's Symphonic Landscapes*, Cambridge University Press, 2015.

Schorske, Carl, E., "Mahler and Klimt: Social Experience and Artistic Evolution", *Daedalus*, Vol. 11, No. 3, 1982.

Snowman, Daniel, *The Gilded Stage: A Social History of Opera*, Atlantic Books, 2010.

Teachout, Terry, "Mahler in Manhatten", *Commentary*, June 2008.

김문경, 『구스타프 말러 1-방랑과 뿔피리』, 관훈기획, 2004.

김문경, 『구스타프 말러 2 - 황금시대』, 밀물, 2005.

김문경, 『구스타프 말러 3 - 대지의 노래』, 밀물, 2007.

발터, 브루노, 『사랑과 죽음의 교향곡-브루노 발터가 만난 구스타프 말러』, 김병화 옮김, 마티, 2005.

브란트슈태터, 크리스티안, 『비엔나 1900-삶과 예술 그리고 문화』, 박수철 옮김, 예경, 2013.

쇼르스케, 칼, 『세기말 빈』, 김병화 옮김, 글항아리, 2014.

아도르노, 테오도어, 『말러-음악적 인상학』, 이정하 옮김, 2008.

츠바이크, 슈테판, 『어제의 세계』, 곽복록 옮김, 지식공작소, 2014.

피셔, 엔스 말테, 『구스타프 말러-위대한 세기말의 거장』 1, 2, 이정하 옮김, 을유문화사, 2018.

클래식 클라우드 031

말러

1판 1쇄 인쇄 2023년 1월 10일
1판 1쇄 발행 2023년 1월 16일

지은이 노승림
펴낸이 김영곤
펴낸곳 아르테

책임편집 임정우
문학팀 김지연 원보람
출판마케팅영업본부장 민안기
마케팅2팀 나은경 정유진 박보미 백다희
출판영업팀 최명열
제작팀 이영민 권경민
디자인 박대성 일러스트 최광렬

출판등록 2000년 5월 6일 제406-2003-061호
주소 (10881) 경기도 파주시 회동길 201(문발동)
대표전화 031-955-2100 팩스 031-955-2151

ISBN 978-89-509-3820-8 04000
ISBN 978-89-509-7413-8 (세트)
아르테는 (주)북이십일의 문학·교양 브랜드입니다.

(주)북이십일 경계를 허무는 콘텐츠 리더

네이버오디오클립/팟캐스트 [클래식 클라우드 – 책보다 여행], 유튜브 [클래식클라우드]를 검색하세요.
네이버포스트 post.naver.com/classic_cloud
페이스북 www.facebook.com/21classiccloud
인스타그램 www.instagram.com/21_arte
유튜브 youtube.com/c/classiccloud21